本著作为江苏高校优势学科建设工程（PAPD）资助项目、“十三五”江苏省重点建设学科建设工程资助项目、江苏省公安厅“虚拟社会综合防控体系研究”项目研究成果。

Wangluo Shehui

Zonghe fangkongtixi Yanjiu

网络社会
综合防控体系研究

殷竹钧 ◎著

中国法制出版社
CHINA LEGAL PUBLISHING HOUSE

序 言

当前，随着互联网新业务、新应用的快速发展，网络与现实社会高度融合，维护网络安全的任务仍然艰巨。网络攻击、网络传播暴力恐怖信息、网络诈骗、窃取网民个人信息，以及网络黄赌毒等违法犯罪活动多发，已经成为影响国家安全和社会稳定的突出问题。2015年8月，公安部在京召开全国重点互联网站和服务企业安全管理工作会议。公安部强调要积极应对“互联网+”带来的新机遇、新挑战，坚持依法管网与综合治理并举的防控体系。公安机关要发挥网络社会安全管理主力军作用，与互联网管理部门密切合作，积极创新互联网安全管理，共同推进网络社会的法治建设；要全面推进网站信息安全等级保护工作，提升网站防范非法入侵破坏、保护网民个人信息的能力；要全面推行网警网上公开巡查执法，提升网上“见警率、管事率”，及时发现制止各类违法活动；要深入开展网站“网安警务室”建设，在重点网站和互联网企业设立“网安警务室”，第一时间掌握网上涉嫌违法犯罪情况，服务和指导网站提高安全管理防范能力；要严厉打击网络非法入侵破坏、窃取网民个人信息、网络盗窃、网络诈骗和制造传播网络谣言等多发性网络违法犯罪，全面清理整治网上暴恐、涉枪涉爆和涉黄赌毒等违法信息，依法保护互联网企业和广大网民的合法权益。

的确，当前中国网络舆论与社会舆论严重分化。在网络信息传播过程中，非常容易产生“蝴蝶效应”“沉默的螺旋”现象和“群体极化”效应。特别是伴随着新媒体（例如：微博、微信等）和移动互联网技术的使用与发展，网络信息的平级传播过程越来越明显，这为“草根力量”的彰显提供了重要的技术条件，技术赋权表现出更明显的社会效果，话语权的下移得到进一步体现，越来越多的普通网民通过网络能够很好地实现话语权，从而在社会舆论中扮演越来越重要的角色。但传统舆论场与网络舆论场的反应是：主流媒体在正面宣传、美化社会，而网络媒体则充充斥着对社会的不满情绪。这实际又是一个“二论背反”的怪圈：过多的约束和控制会遏制互联网的生命力和创新能力，而完全的放任和不加控制也只能使互联网的发展走向“死胡同”。

很显然，现有的社会治安防控机制不能满足社会发展需求。一方面，就治安防控的领域与手段而言，主要表现为防控职能转变不到位，该管的没有去管或者没有管好；社会防控手段还比较单一，重政府的作用，轻社会协同的作用倾向比较严重。另一方面，社会治安防控整体的协同效应尚不充分，主要表现在危机管理主体过于单一，社会力量的参与不足；条块分割严重，整体联动困难；制度设计粗放，形式主义严重。为此，必须更新防控模式，在全社会范围内采取一定的方式、方法，动员一切可资利用的力量，消除、遏制犯罪，从而达到提高公安机关综合控制犯罪的功能，减少乃至消除犯罪现象，促进社会治安良性循环的社会控制系统形成的目的。一是社会治理的主体由单中心向多中心转变，既包括处于主导地位的政府，也包括社会非营利组织、市场化组织、公民社会；二是社会治理的手段由平面化向网络化转变，既有政府通过行政提供公共服务，也有非营利组织提供的公共产品和公共服务；三是社会治理的目的由工具化向价值化转变，在效率实现的基础上体现社会公正。将协同治理理论运用到社会治安防控机制的构建，必然要求我们进行价值观念的转换，以平等、弹性、柔化的网络组织结构取代层级节制、主次分明的官僚制结构；以协作与互助取代命令与控制；以主动参与取代被迫应对或被动接受的传统机制。社会治安协同防控体现在整合公安机关各警种、各部门的力量，同时各种社会力量积极参与，形成以公安机关为主体，全社会共同参与社会治安防控工作的局面。

正因为社会治安协同防控机制强调权力机关与各种非正式的组织并存；强调社会管理的权力中心的多元性，各种公私团体、组织和个人均参与管理过程；强调政府与社会各种权力的互动性；强调权力与组织间的协商与合作；强调社会的自主和自治。因此，社会治安协同防控主体的多元化不仅是自身的目的，而且是在社会群体中分享资源、权利和责任，也是政治资源的整合和系统转型的过程。换言之，社会治安协同防控机制是以公民、社会组织、企业和公权力机关等为主体的相关利益方按照一定程序和规则，在互利合作的基础上，积极主动地参与资源分配和政治决策过程的一种治理模式。因此，社会治安协同防控机制强调的是防控主体多元化、治理方式民主化、治理过程协作化的多元互动的新型公共治理模式。社会治安防控采取协同治理模式，使得各种要素通过某种途径和手段有机地组合在一起，其所发挥的整体功能总和大于各子系统单独的、彼此分开时所发挥功能的代数和。

《网络社会综合防控体系研究》是江苏省公安厅软科学立项基金项目成果。作者在充分吸收学界最新研究成果的基础上力图有所创新，但任何创新都离不开对已有成果的借鉴，所以在此对学界同仁前期努力表示感谢。同时，更希望同仁不吝赐教，对该研究成果提出中肯的批判和建议，为后期更加深入的研究提供宝贵借鉴。

目 录
Contents

第一章　网络社会综合治理研究概述

网络社会治理的重要思想来源之一是治理理论。治理（governance）是相对于传统的统治（government）而言的，治理理论强调的是协调与合作，而不是统治与控制。同时，治理理论强调治理主体的多元化及治理主体与客体地位的相互转化。英国学者马克·怀特黑德（Mark Whitehead）认为："治理可以理解为，作为一种凭借正式治理结构进行的治理过程，它不再主要集中于公共部门治理形式（议会、市政厅、公务员）的政治领域，而是不断吸纳从私人部门到公民社会的一系列利益关联者。"① 随着治理理论的兴起与政府管理模式转变在实践层面的演进，一系列探索实现良好治理的理论大量涌现，这其中有许多理论正是基于网络社会兴起对治理提出的新挑战而进行的理论建构，它们为网络社会治理奠定了理论基石。本章主要探讨网络社会研究兴起的必然性、网络社会治理的基本理念、当前我国网络社会存在的主要问题及治理的主题等。

第一节　网络社会研究已成为时代议题

网络社会安全是近年来党和政府高度关注的重大战略问题。十八届四中全会做出全面推进依法治国的重大决定为我国网络空间安全和信息化法治建设提供了原则和依据。根据中国互联网络信息中心（CNNIC）2014 年 7 月 21 日发布的第 35 次《中国互联网络发展状况统计报告》：截至 2014 年 12 月，我国网民规模达 6.49 亿，互联网普及率为 47.9%。其中，手机旅行预订以

① Mark Whitehead, "'Intheshadowofhierarchy': meta - governance, policyreformandurbanregenerationinthe West Midlands", Area, vol. 24, no. 3 (March2003): 6 ~ 14.

194.6%的年度用户增长率领跑移动商务类应用，O2O市场快速发展，成为引领行业的商务模式。我国互联网在整体环境、互联网应用普及和热点行业发展方面取得长足进步。

由此可见，当代中国社会存在着巨量的网民群体，其中个体的经验已经不再局限于传统的现实社会的经验了，网络社会生活已经成为网民的另一种社会生活经验。[①] 网络社会拓宽了人类生存与发展的空间，使社会发展面临新的巨大变化，预示着人类社会正在向后现代社会迈进。网络社会与传统社会的运行规律有很大差别，这导致网络社会治理与传统社会治理必然表现出很大差别。当前，中国网络社会治理面临许多新问题与新挑战，亟待加强对网络社会治理的研究和探索。中国网络社会治理的探索极有可能会走在整个社会治理转型的前列，为社会治理转型提供经验，从而促进国家治理能力的提升。

一、网络社会研究的意义

就二十世纪中叶以来的人类社会发展而言，互联网络的生成面世、得以广泛应用并且日渐产生全面而深刻的社会影响，已经无可置疑地成为当今时代人类文明进步历程中的一大标志性事件，蕴涵着深刻而具有划时代的意义。在当今的人类社会生活中，互联网络所触及和影响的领域和内容，不但涉及社会的信息传播形态和人们的社会交往形态，同时也涉及社会的经济运行形态以及公民的社会参与和政治参与形态，而且还将涉及社会生活的深层组织架构和内在运行机制。可以认为，在当代信息化发展的时代背景下，网络平台的普及应用、网络行为的多样呈现、网络社会的整体形构、网络生活的秩序要求以及社会变迁发展当中的矛盾处理、关系调适与和谐促进等诸多社会因素，共同构成了网络社会生活的基本图景。网络社会生活的全面展开和网络社会形态的逐步建构，也就自然成为人们关注和探讨网络社会治理这一现实发展议题的逻辑起点。

---

① 《中国互联网络发展状况统计报告》（2014年7月21日），载中国互联网信息中心网，http://www.cnnic.net.cn/hlwfzyj/hlwxzbg/hlwtjbg/201407/t20140721_47437.htm，最后访问时间：2014年7月21日。

在这样的时代背景条件下，思考和探索网络社会治理的基本内涵、功能定位、体系建构、行动准则等一系列理论和实践问题，推动和实现网络社会生活的有序运行和网络社会文明的健康发展，无疑应当成为学界和相关职能部门的研究者以及社会各层面力量急需承担起来的重要职责。人类社会生活在客观上呈现为一种共同体的公共生活，无论是个人、群体，还是正式的与非正式的社会组织，都置身、参与和融入其中。无论是在什么样的社会历史条件和社会文化背景下，人类的共同体生活都要面对一个共同的问题，那就是如何来组织各方社会力量，整合各样社会资源，协调各类社会关系以及化解各种社会矛盾，以期实现共同体的不同目标。社会共同体要维系它的正常运转，不仅需要依赖相应的分工协作体系和必要的制度框架设计，需要依赖一定的社会规则和行为规范，而且还要依赖社会成员对某种文化理念甚或一整套文化价值体系的自觉认同。只有借助于这几个方面社会因素的共同作用，人们的观念和行为才会得到引领和束约，共同体生活的基本运行秩序也才会进一步得以形成。所以，从根本上来说，是共同体生活的内在需要，决定了实施社会治理的价值和意义。

二、网络社会的国内外研究现状

（一）网络社会的国内研究现状

目前，国内对网络社会管理创新的研究尚集中在零星的概念辨析、浅薄的问题描述、简单的必要性分析等粗浅层面，而对其精深层面内在机理的逻辑分析、理论创新的基础支撑、管理格局的体系构建等系统化研究还比较贫乏，致使研究探索缺乏认知深度、执行实践缺乏理论引导。国内网络社会治理的相关理论主要为：

其一是“互联网治理的分层模型及其生命周期”理论。该理论体系由闫强、舒华英提出，他们认为互联网本身要从结构、功能、意识三个层面去理解。一是对互联网结构层面的治理。这是早期互联网治理的重点，比如对域名的管理、对口地址分配的管理、网络之间的费用结算问题等。二是对互联网功能层面的治理。这是目前互联网治理的重点。随着互联网上各种各样应用的出现，相关的治理措施相继出现，比如针对垃圾邮件的治理措施、针对隐私保护的措施，以及针对网络游戏进行分级的措施等。三是对互联网意识层面的治理。这将是今后互联网治理的重点所在。从发展的观点看，上述三个层面的治理分别适用于互联网发展的不同时期。在互联网发展的初期，结构层面的治理对互联网的发展起到了重要作用：从 20 世纪 90 年代中期到现在，是互联网上应用迅速发展的阶段，也是互联网功能层面治理的主要阶段。随着网络在社会各层面的进一步蔓延，互联网意识层面的治理将变得越来越重要。

其二是互联网道德控制主体理论。有学者提出：为了维持网络空间的有序性，保障网上群体和个人的利益必须进行有效的社会控制，建构以道德控制为主体的控制体系，采用技术、法律和道德等手段。对网络空间的社会问题进行综合适度控制；在信息技术的发展中注入人文关怀防止网络空间的符号异化；加强网络社会科学新学科研究，逐渐形成新的网络社会规范。这一观点提倡建构以道德控制为主体的控制体系，弱化政府的管控职能，且未提出完整的互联网监控体系理论。

其三是互联网复杂社会系统工程理论。互联网秩序的监控是一项复杂的社会系统工程，不能简单地视为技术问题。在网络空间，政府不能依靠行政命令调拨信息和规定人们的网络行为，而应该从社会公共利益出发，根据人们的网络需求，通过倡导道德伦理规范、政策法规供给、资源和技术投入、行政监督等方式进行间接监控，确保其正常的秩序。但这一观点提倡对互联网间接监控，弱化政府的管控职能，且未提出完整的互联网监控体系理论。特别是其对行政监督描述比较宽泛，仅从政府有限管制、非政府组织积极参与、营造开放的网络空间、加强国际合作四个方面阐述，监控措施存在缺漏环节。

时任中国法学会办公室主任刘剑指出，网络社会的管理是一个越来越引起关注的热点议题。网络时代的到来，为人们的生产生活带来了许多的便捷，浓缩了社会空间，拉近了人与人的距离，但同时也带来诸多新问题，对管理者提出了新的挑战。如何利用好、管理好互联网，使其能够扬长避短，产生更多的积极效应，加强互联网的法治建设是关键环节，是推进互联网健康发展的重要保障。针对目前诸如政出多门、职责不明确带来的多头管理、交叉管理等问题，国家给予了高度重视，在网络信息管理的体制机制调整上做了大量工作，尽可能使相关职能部门的职权划分更加清晰、明确，更好地奠定了未来互联网信息管理和健康发展的基础。周汉华指出，随着互联网的普及，与之相关的法律问题也越来越突出。我们的传统部门法虽然相对比较完备，但网络领域中有很多难点问题，如：网络虚拟财产、“网婚”等都加大了管理的难度。研究网络社会的管理问题，首要的就是要认清网络社会的本质及其与传统社会的区别。他认为，网络社会是一个多节点、多中心、扁平结构的社会，人人可以参与，信息传播和流动的渠道与传统社会相比发生了很大的变化。杨建顺则提出了一个亟需重视的观念更新问题：互联网时代政府的主要关注点应是网络社会的建设、保障和服务，在这个过程中形成引导和有效管理，要牢记：“堵不如疏，管不如规”。他说，网络社会是现实生活空间的拓展，是人们实现梦想、得到成就感的领域，它已成为多样化现实社会的一部分。目前，我们在建章立制上还存在一些不明确、不完善的地方，需要进一步地明确和完善，这样才能实现有效的治理。

（二）网络社会的国外研究现状

国外对于网络社会管理创新这一课题的提出时间也较短，在这方面的研究还处于初级阶段，对网络社会管理创新的研究也大都集中在网络空间和网络立法方面，虽然已经逐步展开相关实践，但至今还没有能够得到广泛认可的理论研究成果，尚还需要经历实践的检验。

从网络社会管理的无政府理论分析，国外很多人认为网络社会的存在与发展应该是不受政府干预的，是完全自由的，政府对网络社会的管理就是一种对自由的干涉。无政府理论主义的典型代表巴洛认为，“网络社会是自由的、独立的，不需要任何管理，更不需要政府的统治”。[①] 然而目前，越来越多的人都支持依法管理网络社会，这是国际通行的做法。美国经济学家丹尼尔·F. 史普博在《管制与市场》一书中通过对管制定义的分析，深入探讨了政府管制理论，认为“管制是由行政机构制定并执行的直接干预市场配置机

① John Perry Barlow, A Declaration of the Independence of Cyberspace, Feb. 1996, http: //www. eff. org/pub/ Publications/Joh_ Perry - barlow_ 0296. declaration.

制或间接改变企业和消费者的供需决策的一般规则或特殊行为”。①

通过国外现状和实践分析，多数国家在实施公共管理的过程中，为克服网络弊端，服务公众利益，大都采取管制理论来加强对网络社会的管理。从网络社会管理的全面立法理论而言，全面立法理论是指假设在现实社会中发生的各种违法犯罪行为都可以出现在网络社会中，把网络社会和现实社会等同看待，建立起完备的网络社会管理的法律法规体系。例如美国，“是世界上目前制定网络信息安全法律规范最完备的国家，其网络社会管理的法规体系涉及网络基础设施安全、网络信息数据安全、网络内容安全、网络犯罪等数十部联邦法案，具有覆盖面广，可操作性强，立法质量高等特征。”②

因此，由于网络社会治理这一论题提出的时间尚短，国内对于这方面的研究尚处于起步阶段，研究成果较少；国外对网络社会治理模式的研究成果也不多，而且大都集中在对网络空间和网络立法方面的研究，但至今尚未有哪种理论得到了较普遍的认可，还需要实践的检验。虽然我国已经逐步开展网络社会治理的相关实践，但也基本上是摸着石头过河，没有成功经验可以借鉴。从国内目前的研究状况来看，只有极少的学者尝试构建一个完整的网络社会治理体系。但随着实践不断地深入，未来国内关于网络社会治理的研究必将不断升温，在现有的、零散的研究成果基础上，着重构建一个完整的、逻辑严密的治理理论体系。

三、网络社会综合治理研究的必要性

（一）网络社会治理研究是统筹网络社会与现实社会管理的需要

现实生活中的人都会或多或少的参与到网络社会中，而网络社会中的行为与活动也都会直接或间接地影响现实生活，所以说，网络社会和现实社会是紧密联系在一起的。没有国家会放任不管网络社会或借助网络发起的现实社会行为，对网络社会的管理与调控是世界各国的通行做法。要构建良好的

---

① ［美］丹尼尔·F. 史普博：《管制与市场》，人民出版社 1999 年版，第 45 页。

② 罗静：《国外互联网监管方式的比较》，载《世界经济与政治论坛》2008 年第 6 期。

社会秩序，提高社会科学管理水平，适应网络社会的快速发展，必须要统筹管理现实社会和网络社会。要把网络社会和现实社会统筹结合起来，必须要对建立在现实社会管理需要基础之上的现有的网络社会管理体系进行思想上、制度上、方式上的革新，来满足统筹管理网络社会和现实社会的需要。

（二）网络社会治理研究是社会管理形态与时俱进的需要

当前，越来越多的人从“单位人”变为“社会人”，传统以单位为元素高度一元化的社会治理模式不断受到冲击，但处在现实社会中的人，仍置身于真实的物理空间与组织结构，受到身份、户籍和社会关系等诸多限制，属地管理、行业管理及单位管理等现有社会治理模式仍切实有效。而在网络社会中，人可以隐姓埋名，不再受身份及现实社会角色的约束，行为活动能够突破时空界限，并从现实的组织结构中脱离，这些特点使网络社会管理形态也随之改变。网络社会的出现使人们形成了新的思维模式、交往方式和生活习惯，让诸如沟通、决策、协调等政府传统管理概念被重新定义，将民意表达、监督参与、规范引导等管理措施赋予新的内容。因此，网络社会管理形态要与时俱进，树立“以人为本，服务为先”的管理理念，寓社会管理于体系建设及公共服务之中，把参政议政、舆情导控、服务完善等基础工作作为落脚点，在法、人共治的体系框架下进行综合谋划与系统实施。

（三）网络社会治理研究是适应网络社会特征的需要

作为一种全新的社会形态，网络社会具有数字化、信息化、网络化等不同于现实社会的本质特征。首先，独立的电脑通过线路连结处理节点构成的信息系统即为网络，人们用网络把分散各处的信息资源联结起来实现共享，以超越地理位置的界限而协同工作。其次，网络作为信息输入与输出、即时传递与反馈技术活动的信息系统，通过硬件设备和软件技术实现资源的交互流动及传播共享，从而形成了网络社会。最后，网络社会的基本属性——虚拟性表现在以“比特”为介质的数字化，在此基础上，人们由原来被动地接受信息转变为主动有意识的检索信息，数字化技术改变了人们的生活交往方式，为实现信息的自由流动和交互提供了条件。网络社会不同于现实社会的本质特征表明，对网络社会的管理不能照抄照搬传统社会管理的思想与手段，为符合网络社会管理特征的要求，应创新网络社会管理。

（四）网络社会治理研究是解决新问题迎接新挑战的需要

传统社会管理不曾面对的新问题及某些社会问题的新表现在网络社会管理中层出不穷，比如，网络游戏玩家用人民币兑换游戏币或者电子点券，通过网络游戏中的抽奖或开宝箱系统来随机获取游戏服务或虚拟道具。因为机会收益的随机性和不确定性，玩家的行为实际上就带有赌博性质；因为作为收益的游戏服务或虚拟道具并非金钱与实物，现有的赌博定义又无法界定该行为；因为机会收益是玩家用金钱换取的，且收益所得游戏服务或虚拟道具与金钱有对价关系，所以该行为的确又具有赌博性质。由于网游玩家人数众多，倘若对这种游戏内容存在及发展放任不管，无疑会助长网游赌博风气，鼓励玩家博彩行为。2010 年 6 月 3 日文化部颁布的《网络游戏管理暂行办法》规定，网络游戏“不得以随机抽取等偶然方式，诱导网络游戏用户采取投入法定货币或者网络游戏虚拟货币方式获取网络游戏产品和服务”，至此对该类游戏内容的管理有了法规依据。但此种游戏设置究竟是属于娱乐还是赌博，目前从法律上仍找不到明确的定义和界定标准。因此，要创新网络社会管理的体制与机制，才能有效解决不断出现的网络社会问题。

第二节　网络社会基本理念

网络社会是当代传播学、社会学等学科中占有重要地位的描述性概念，体现的是当代信息网络技术平台上的人类交往实践活动的共同体，表现的是一种社会结构和关系。而网络已经并将继续对现实社会产生强烈的冲击，不断推动人类经济、政治、文化和社会的深刻转型。正如美国社会学家曼纽尔·卡斯特（Manuel Castles）在他出版的《网络社会的崛起》一书中认为：互联网的崛起，作为一件具有社会学意义的事件，正在逐步转化为当今人类生活的社会图景。在以信息技术为中心的网络革命中，传统的社会概念受到了挑战。他指出，在网络社会中，“信息”和“知识”首次成为社会发展的核心要素。社会的个体之间、个体与组织之间、组织之间，透过网络沟通而更加频繁地互动起来，从而形成已初具雏形的网络社会。[①]

一、网络社会的嬗变进程

网络社会为我们展示出一种新的社会形态，信息化技术和知识力量得到空前的显现，传统意义上的社会结构也经历着重大的改变与重塑。从个人生活方式到家庭体系，从社会群体的产生到社会组织的形成，从知识生产到传播方式转变，从国家政治概念到意识形态反思，网络社会正处于由下而上的全方位的嬗变中。

1. 网络社会是“后工业社会”发展的最新阶段

美国社会学家丹尼尔·贝尔认为，人类社会的进化阶段划分为“前工业社会”“工业社会”和“后工业社会”三个前后衔接和继承，又能够同时出现在不同地区和国家的基本阶段。[②] 他强调，后工业社会是一种社会结构的变化在具有不同政治和文化构造的社会中有所区别的新型社会，而这种特点成为21世纪全球不少区域社会结构的一个主要特征，在经济形态上，从产品生产经济转变为服务性经济；在职业结构上，专业和技术人员阶级处于社会主导地位；在中轴原理上，理论知识处于中心地位，它是社会革新和制定政策的源泉；未来方向上，（技术发展是有计划、可控制的）控制技术的发展，并重视对技术的鉴定；在制定决策上，创造并依靠新的“智力技术”。[③] 通过这些特征，可将后工业社会界定为知识化、技术化的时代产物，而知识化、技术化也是当前界定社会类型的关键指标。随着信息技术的不断进步，网络社会在催生不同社会群体身份边界开放的同时，也导致新的权力隔离，社会成员由于知识或信息鸿沟所致的社会关系冲突和断裂不断加剧。正如贝尔所说，信息是后工业社会最为重要的战略资源，具有极其重要的地位。作为“后工

---

① Manuel Castells, The Rise of the Network Society, Oxford: Blackwell Publishers, 2000, pp. 2 ~ 11.

② ［美］丹尼尔·贝尔：《后工业社会的来临：对社会预测的一项探索》，高铦等译，新华出版社1997年版，第133页。

③ ［美］丹尼尔·贝尔：《后工业社会的来临：对社会预测的一项探索》，高铦等译，新华出版社1997年版，第14页。

业社会的主要结构特征”，信息一旦被私有化，占有者将有无上的权力，相反，未能占有者会被推向底层或边缘。[①] 而在网络社会，网络中极为重要的特征是中心，网络结构的许多驱动力以中心的性质和模式为主轴。[②] 人们必须吸收大量的信息，才能满足不断扩大的各项活动的需要。同时，信息变得越来越具有技术性，这种技术性既带来信息流的扩大，也带来新的不平等的权力关系。在网络社会对技术的推崇已达到了极致，技术理性成为支配社会发展的重要因素，这都是后工业社会不断发展的产物。

2. 网络社会是媒体多样化发展的时代产物

美国社会思想家阿尔文·托夫勒在《第三次浪潮》一书中，提出了“三次浪潮”的概念：第一次浪潮为农业阶段，即农业文明时期，约 1 万年前人类第一次撒下种子，培育出农作物，其划时代的意义在于人类从此脱离了游牧，定居生活将人们的生活范围固定下来，开始发展城镇和自己的文化；第二次浪潮为工业阶段，即工业文明，从 17 世纪末 18 世纪初开始，人们以工业革命为契机，离开农场，涌向大城市的工厂寻找生机；第三次浪潮为信息化（或服务业）阶段，从 20 世纪 50 年代后期开始。这一阶段被称为人类思想的又一次大变革，这就是后来所说的“信息时代”。这一阶段，信息技术和社会需求成为发展的强大动力，整个世界融为一体，人们打破国界，寻求合作。[③]

这其中，媒体的多样化发展起了推波助澜的作用。在大众传播工具没出现之前，生活于第一次浪潮中的孩子知识来源非常有限，主要是老师、家庭成员和乡邻。第二次浪潮则扩大了个人认识现实的渠道，孩子不单可以从自然和成人身上学习，还可以从报纸、杂志、收音机和电视上得到知识。大众传播工具破除了地区、种族和语言的障碍，统一了整个社会的形象，产生了工业社会生产制度所要求的标准化行为。而第三次浪潮的到来正在积极地改

① ［美］丹尼尔·贝尔：《后工业社会的来临：对社会预测的一项探索》，高铦等译，新华出版社 1997 年版，第 9 页。

② ［美］乔纳森·特纳：《社会学理论的结构（下）》，邱泽奇等译，华夏出版社 2001 年版，第 207 页。

③ ［美］阿尔文·托夫勒：《第三次浪潮》，黄明坚译，中信出版社 2006 年版，第 1 ~ 9 页。

变这一形势，不仅仅加快了情报的流程，更改变了我们每天行动所依据的情报的基本结构。[①] 当前网络社会处于一个多样化媒体的时代，“大众传播工具为主导的局面转变为多样化的传播工具，并且正在迅速繁衍，大有取代横行第二次浪潮社会的传播媒体之势。”[②] 报纸群体减少、电脑受众分散、电视收视率下跌等都预示着第三次浪潮的威力。新科技带动了新信息系统的发展。人们被一些零散的现象所包围，生活在所谓的“弹片文化”之中，即现在所说的碎片化信息文化。人们从以往被动地接受外在事实开始主动去挖掘真相，更为重要的是，“多样化的文明带来了大量的信息，我们也因而迈入‘信息社会’。”[③]

3. 网络社会是信息社会的延续发展

美国社会家约翰·奈斯比特认为，信息时代来临的第一个标志是由于信息技术的发展，美国就业结构发生了变化，白领工人超过蓝领工人的人数，并且大多数人开始同信息打交道，而不是生产商品。第二个标志是苏联第一颗人造地球卫星的发射，成为信息社会所缺少的技术催化剂，意味着全球信息革命的开始。[④] 在奈斯比特的理论中，信息社会是一种真实的经济存在，不再是一个概念或抽象的思想，与农业社会、工业社会两种不同的发展阶段可以同时并存。信息社会的主要特征表现在三个方面：一是在农业社会和工业社会中，物质和能源是主要资源，所从事的是大规模的物质生产。而在信息社会中，信息成为比物质和能源更为重要的资源，起决定作用的不是资本而是信息知识，技术知识成为新的财富。以开发和利用信息资源为目的的信息经济活动迅速扩大，知识生产成为重要的产业，并且逐渐使得知识生产系统化。[⑤] 二是通信系统和计算机技术的革新，消灭了信息的流程。由于信息的不断再生和自生，资源匮乏问题已经不存在，但是人们却被淹没在海量的信息之中。信息泡沫带来大量的无效资源成为新问题。与此同时，由于信息的高

---

① ［美］阿尔文·托夫勒：《第三次浪潮》，黄明坚译，中信出版社 2006 年版，第 100 ~ 101 页。

② ［美］阿尔文·托夫勒：《第三次浪潮》，黄明坚译，中信出版社 2006 年版，第 104 页。

③ ［美］阿尔文·托夫勒：《第三次浪潮》，黄明坚译，中信出版社 2006 年版，第 105 页。

④ ［美］约翰·奈斯比特：《大趋势：改变我们生活的十个新方向》，梅艳译，中国社会科学出版社 1984 年版，第 14 页。

⑤ 崔保国：《信息社会的理论与模式》，高等教育出版社 1999 年版，第 154 页。

速流动和变化，人们的时间观念也发生了本质转变。面对社会信息化，人们更强调面向未来，关注如何预测未来。三是信息社会的新权力产生不是因为少数人手中的金钱，而是更依赖于人们手中的信息。[①] 当前，以计算机、微电子和通信技术为主的信息技术革命是社会信息化的动力源泉，对经济和社会发展产生了巨大而深刻的影响，从根本上改变了人们的生活方式、行为方式和价值观念。

4. 网络社会是新信息时代的社会形态

作为社会形态的“网络社会”（ the network society），美国社会学家曼纽尔·卡斯特认为：“作为一种历史趋势，信息时代支配性功能与过程日益以网络组织起来。网络建构了我们社会的新社会形态，而网络化逻辑的扩散实质地改变了生产、经验、权力与文化过程中的操作和结果。虽然社会组织的网络形式已经存在于其他时空中，新信息技术范式却为其渗透扩张遍及整个社会结构提供了物质基础……网络化逻辑会导致较高层级的社会决定作用甚至经由网络表现出来的特殊社会利益：流动的权力优于权力的流动。在网络中现身或缺席，以及每个网络相对于其他网络的动态关系，都是我们社会中支配与变迁的关键根源”。[②] 随着人类社会的不断发展，从农业社会、工业社会到后工业社会，直至网络社会的出现，每一次新的社会形态都重塑和调整了人们的社会互动关系，并搁置在新的时空中。网络社会的核心不是技术主流化及其主导地位的体现，而是人的主体性展示和自我延伸。网络社会打破了理性禁锢，为大众提供了全新的互动空间，而网络技术成了大众沟通的重要渠道。正如卡斯特所表述：社会正经历着一场信息技术革命，在这场革命中，信息技术就像工业革命时期的能源一样，重塑今日社会的基本结构。与其他技术革命不同的是，这次革命的变迁核心，是信息处理与沟通技术。而根植于信息技术的网络，已成为现代社会的普遍技术范式，引导着社会再结构化，从而改变社会的基本形态。作为一种历史趋势，信息时代的支配性功能与过

① ［美］约翰·奈斯比特：《大趋势：改变我们生活的十个新方向》，梅艳译，中国社会科学出版社1984年版，第20页。

② ［美］曼纽尔·卡斯特：《网络社会的崛起》，夏铸九等译，社会科学文献出版社2000年版，第570页。

程日益以网络组织起来。网络建构了我们社会的新形态。在网络中现身或缺席，以及每个网络相对于其他网络的动态关系，都是我们社会中支配与变迁的关键根源：因此，我们可以称这个社会为网络社会，其特征在于社会形态胜于社会行动的优越性。①

5. 当前网络社会的发展动向

首先，在形态层面，一方面，现实社会的各种思潮不断谋求在网络空间的呈现与传播，出现了现实社会思潮的网络化；另一方面，网络特定的信息交流方式、社会交往结构及话语情感模式，促使网络社会不断孕育在指向、诉求、主张等方面与思潮原初形态相异的变种；第二，网络社会作为新的社会空间，也在不断创造和传播新的思想潮。在主体层面，一方面，传统社会思潮代表人物为扩大思潮影响，被迫或自觉进驻网络空间进行传播；另一方面，具备一定影响力的公共人物为强化话语权或引领网民思想，也会进行职业、身份及观点、诉求的跨界作为；第三，由于网络赋权，一些在现实社会无法获得表达或传播空间的人，不断利用公共或个人化媒介，对自我创造或杂糅整合的思想主张进行大规模传播，以满足关注需求。在指向层面，一方面，网络社会思潮主体更愿意基于网民及大众渴求、期盼、不满或怨恨的层面，提出让底层民众心动的见解和主张；另一方面，网络社会思潮在观点、主张等层面越发脱离国家和政党可吸纳的范畴，一些网络社会思潮甚至直接针对主流意识形态展开质疑或批驳，以试图博取眼球。在传播层面，网络社会思潮集文字、图片、影像等为一体，注重利用各种新载体进行传播。传播方式上，网络社会思潮既注重集合式传播，如开办网站或论坛；也注重分散化传播，如开设个人博客、微博、微信等进行贴文的高频次、批量化生产；还有的偏向对抗式传播，即通过质疑主流意识形态或批判其他思潮观点兜售自己的主张。

① ［美］曼纽尔·卡斯特：《网络社会的崛起》，夏铸九等译，社会科学文献出版社 2000 年版，第 569 页。

二、网络社会与现实社会的差异性

网络社会由于是建立在“数字化”基础上的虚拟世界，会表现出不同于现实社会的一些明显特点，主要反映在：一是空间的虚拟性，表现在网络无国界，社会成员在网络社会中的活动可不受地域和空间的限制；二是信息的海量性，互联网充斥着各种信息，网络社会成员可以任意查询他们想要获取的信息；三是开放的随意性，社会成员可以在任何时间、任何地点选择自己想要做的事情，如果没有法律、道德以及现实技术等的限制，网络社会的一切活动都可以按照社会成员自己的喜好来进行；四是身份的隐蔽性，由于网络社会的身份实际上只是一个网络世界中的符号，人的性别、年龄、身份、性格等都能借助虚拟身份得以充分隐匿，稍加伪装，人们原有的身份和本性就可以被巧妙地掩盖起来；五是安全的脆弱性，网络黑客、网上骗子随处可见，网上公共安全威胁无处不在。网络社会的上述特点，给其成员在活动过程中带来了很大的便利，但也带来了不容忽视的负面作用，因此，对其的管理工作相对于现实社会而言同样有着很多的特殊性：

（一）在管理成本方面

网络社会相对于现实社会而言呈现出一种较弱的控制性。网络社会违法犯罪的实施往往跨越地域，一方面导致了管辖不清，容易诱发不作为；另一方面加大侦办难度和办案成本，客观上影响了对网络社会违法犯罪的及时查处。中国互联网协会秘书长黄澄清在接受访谈时就曾指出，网上犯罪用 1 分钱的话，管理费用却要 1 块钱。在市场经济的条件下，部分网站运营单位和负责人会出于对自身经济利益的考虑，而减弱、甚至放弃对网络社会的管理。

（二）在管理对象方面

网络社会相对于现实社会而言呈现出一种高度的隐蔽性。相比现实社会，有些网络社会违法犯罪活动所侵害的目标主要是储存在网络或电脑中的信息，有的可能改变了其中的内容和数据；有的甚至没有给表象造成任何变化，不通过运行专业程序很难发现。利用计算机病毒的传播来窃取信息就是该种犯罪的很好例子。

（三）在管理手段方面

网络社会相对于现实社会而言要求管理者更具技术性。除部分特殊情况外，现实社会的违法犯罪活动一般对作案者的技术手段要求不高，而“网络犯罪完成的质量效果如何，则与犯罪行为人所掌握的高科技知识和表现出的犯罪智能大小成正比”。目前，我国由于在很多领域都缺乏必需的高科技技术，每年不得不从其他发达国家进口大量信息产品，这些都对我国的国家安全和公共安全带来了很大的隐患。我国工程院院士、信息专家沈昌祥曾将这种情况形象地比之为“花美元买绳索往脖子上套”①。

（四）在管理结果方面

网络社会相对于现实社会而言呈现出一种管理不到位后的严重社会危害性。由于网络社会的特性，网络违法犯罪往往被视为是在现实社会违法犯罪上的一种升级和扩展，“这种与传统违法犯罪融合交织的特性加剧了其危害性和破坏性，其影响和后果无论从经济角度还是社会角度衡量，都远远超越传统违法犯罪。”1988 年 11 月 20 日，互联网历史上出现了第一个攻击互联网的重要病毒，美国康奈尔大学研究生莫利斯将自己设计的蠕虫病毒程序输入美国五角大楼远景规划网络，并最终导致美国军事基地和国家航天航空局的 6000 台计算机全部瘫痪，造成直接经济损失近 1 亿美元。

三、网络社会的概念及属性

对网络社会特性的研究和相应公共治理策略的探索首先离不开对网络社会的概念的界定。很多研究往往将网络社会视为一种默认或者已经接受的概念，而不去深究网络社会概念的内核。实际上，对于网络社会概念的理解与相应的治理策略是高度相关联的，用什么样的视角去界定网络社会，就会产生什么样的相应的治理策略。已有的概念讨论目前学术界已经很多，归纳来

① 崔丽：《不能花美元买绳索往脖子上套》，载《中国青年报》1999 年 6 月 8 日。

看，当前存在对于网络社会的三种不同视角的基本观点和概念，以及由此产生的相应治理理念和策略。这三种基本的视角和概念大体为：（1）网络社会的虚拟社会说；（2）网络社会是现实社会的延续说；（3）网络社会是现实社会与虚拟社会的混合形态说。

其一，网络社会的虚拟世界说。这一种观点在网络社会初兴起时较为流行。其基本出发点是将网络社会视为完全由硬件、软件所构成的信息网络形成的纯虚拟世界。网络社会的虚拟社会说的核心是认为网络社会是独立存在的，与社会不发生联系并以其完全不同的形态运行的虚拟空间。因此，网络社会的行为对现实社会的行为影响很有限，并且在网络社会中也不需要如现实社会中一样严格针对主体行为进行束缚。其二，网络社会的现实社会延伸说。网络社会现实社会延伸说的核心是根本否定网络社会的独立存在状态，认为网络社会的本质与现实社会没有不同，并不是独立存在的体系。网络社会是现实生活的延伸和投射，网络社会反映了现实社会的需求，网络社会中的行为也是实际行为的反映，因此，网络社会中的行为个体都需要如同现实社会一样进行严格的治理。其三，网络社会的虚拟真实社会混合态说。网络社会的虚拟真实社会混合态说对以上两种观点进行了扬弃，认为网络社会既不是完全独立的虚拟社会，也不是完全意义上的现实生活的延续，网络社会是数码组成的虚拟世界与实际现实社会的一种共生态。因此，这种视角下网络社会的概念并不是单指计算机网络体系，而是认为虚拟空间已经与现实社会密切融合在一起，形成了一个互相独立又相互影响的高度结合的共生存在方式。那么网络社会就是这种既包括虚拟社会又囊括真实社会的共生态社会。

随着信息技术的迅猛发展及广泛运用，互联网可以说对人类社会的诸多方面（包括经济、政治、文化等领域的组织模式和生产方式，以及生活方式、思维方式与思想观念等）已经或正在进行全面的塑造，从而使得一种新的社会形态开始出现，这就是网络社会（Cyber society）。网络社会（Cyber society）是基于互联网（Internet）技术的发展而产生的网络空间中人们的互动关系发生的社会形式。互联网表面上是无数电脑终端的连接，从而形成电脑网络（computer network），但实质上它连接的是作为运用和生产信息的“人”。尽管网络社会（Cyber society）与现实社会密切关联，但其存在基础是互联网。我们所说的网络社会治理，就是指基于互联网所发生的关系从而形成的一些社会问题的治理。如何认识网络社会（Cyber society）的属性？许多学者把网络社会看作虚拟社会，这应当如何理解呢？从本质上看，网络社会（Cyber society）是一种数字化的社会结构、社会关系和社会资源的整合形态，其关系网具有虚拟（virtual）特征，但事实上网络社会是一种客观存在。也就是说，网络社会是一种客观的社会现象，一种社会存在，一种人类生存的新方式。因此，网络社会（Cyber society）绝对不是虚幻的，而是客观事实上存在着的真实世界。当然，网络社会并非独立存在，而是与现实社会密不可分；同时，在网络时代，社会本身也在发生变化，被网络所形塑或改造。

但是，网络社会又体现出自身独有的特征，具有相对独立性。中国学者何哲对此进行了较为深入的揭示。他认为，网络社会的基本属性首先来自于网络信息技术本身，其基本特性体现为以下几点：交流的超时空性、交流主体的隐匿性、交流主体之间的对等性、社会的强连接性。他特别强调，网络社会本质上是一个异常复杂的巨系统，复杂巨系统的特征很多，与网络社会治理高度相关的特征主要包括：非中心性、协同性、自组织性、不确定性、突发性等。对政治生态的变化而言，传统社会是有权威、有中心、有领袖、有组织；而网络社会则是无权威、无中心、无领袖、无组织。这些新特征的出现使得网络社会治理显得非常复杂，并且难以把握。

我国学者对网络社会已有相关研究，并从不同的角度探讨其虚拟性特征，以及对现实社会的影响。目前，对于网络社会的概念，有代表性的定义主要有以下几种：

一是认为：网络社会，指的就是“基于全球计算机网络化的由人、机器、信息源三者相互联结，而构成的一种新型的社会生活和交往的虚拟空间。这种空间的基本特征是虚拟性，但作为一种人类智慧的创造物，它的所有构成要素都是真实的，根本无法脱离人类的现实世界，因此又具有现实性。”①

二是认为：网络社会，是对“网络社会”和“信息社会”的抽象与概括，是数字化空间与人类心理空间相互交汇而产生的“第三空间”。网络社会既不是现实存在的物质世界，也不是纯粹的意识或者幻觉，所以也不是虚无

① 《CNNIC 发布〈第 30 次中国互联网络发展状况调查统计报告〉》，载中国互联网协会网站，http：//www. isc. org. cn/zxzx/ywsd/listinfo – 21627. html，最后访问时间：2016 年 12 月 8 日。

的或者虚假的。网络社会的基础，源于现实社会，是现实社会的发展和突破，两者互相作用、互相渗透。

三是认为：所谓网络社会，是指“随着电子通信技术，尤其是计算机网络技术的发展和相应的人类网络行动的呈现，而产生出来的一种人类交流信息、知识和情感等要素的新型的行动空间或者生存环境，它是随着虚拟现实成为维系人类生存与发展的一种新现实的出现而出现的。”①

四、网络社会的特征

（一）网络社会具有虚拟性

虚拟性是网络社会区别于传统现实社会最重要的特征，主要体现在以下几个方面：

1. 行为主体的虚拟。行为主体在传统现实社会中具有物理属性和生物属性，通过其感官可以感知客观事物的存在。而网络社会仅以数字信息符号的形式存在，只能通过数字化的符号去识别和感知。在网络虚拟空间中，行为主体可以根据自身的主观喜好，来定义自己在网络社会中的称呼、身份、职业，甚至性别等信息，这些信息与传统现实社会中的真实信息不需要有必然的联系。所以，在网络社会里，行为主体具有不确定性，可以随自己意愿去“制造”出一个或者多个主体，一个人可以使用相同的虚拟身份出现在不同的虚拟社区中，也可以使用不同的虚拟身份在同一个虚拟社区中出现。

2. 社会关系的虚拟。在传统的现实社会当中，人与人之间的社会关系是客观存在的，并不以人的意志为转移。但是，在网络社会当中，空间环境和行为主体都具有不确定的虚拟性，因而衍生出的社会关系也具有虚拟性和不确定性。与传统的现实社会不同，在网络社会里，人际交往是通过在不同聊天室、论坛、博客等网络空间中，进行信息的双向交换而实现的。这种存在于网络社会中的社会关系，能够完全依赖于主体的喜好和愿望，任意地终止和改变，这也是网络社会关系所具有的虚拟性表现。

---

① 李云�：《试论网络社会规范及其治理》，载《山西大学学报》2008 年第 1 期。

3. 空间环境的虚拟。在传统现实社会当中，人们的生存方式和生活空间都具有物理空间的局限性，无论是在农业社会还是在工业社会，人们都是通过感官去感知现实存在。而在网络社会当中，行为主体的活动空间只存在于数字化的网络空间内，其如果以在线的状态参与其中，即可视为生活在网络社会中，从事虚拟的行为活动，但倘若其变成离线的状态，网络社会也会随之消失殆尽。

（二）网络社会具有开放性

在我们的现实社会中，人们生活在不同的国家和地区，甚至远隔大洋山川，物理空间上的客观距离是人与人交流互动的现实阻碍，这种现实存在的阻隔，使人类生活呈现出在生产方式、文化习惯以及生活类型等诸多方面的界限，在物理空间上被划分为一个个以国家为单位的空间类型，任何一个行为主体的活动，都被局限在一个国家内，不能随心所欲的跨越国界，即使是广泛的国际交流，也难以使一个人长期过跨国生活。但是，网络社会与现实社会不同，网络社会里没有国界，也不存在现实的国家的概念，行为主体之间可以没有现实接触，可以远隔千里，也可以近在咫尺，没有地域和国籍界限，是全球性的、跨区域化的。在网络社会当中，行为主体可以依据自己的兴趣和意愿结成社区，在一个网络社区中生活，成为共同体，不受政治界限和物理距离的阻隔。行为人在网络上打交道的只是一个个网址和一个个数字化的信息符号，他们的思想和情感可以随着信息的流动而延伸到世界的各个角落，完全不受时空的限制。在网络社会中，不同的意识形态、文化习惯、民族风俗、宗教信仰和价值取向，都能够在一起撞击和融合，使网络社会具有高度的开放性。

（三）网络社会具有自治性

在网络社会当中，行为主体往往是根据自身的兴趣、爱好、意愿等价值取向而聚集在聊天室、论坛和博客等网络空间中，交换信息、宣泄情感。在这些虚拟社区中的成员享有言论自由的权利，成员之间拥有平等的地位，没有明显的隶属关系，对于社区事务往往可以实行高度自治，在这个虚拟的社会空间中，根据意识共同体的普遍意愿，形成了维系虚拟社区持续运行的自身规则，并产生了代表一部分网络群体意愿的精神领袖。正是因为网络社会具有这种超越空间、超越现实社会等级身份的信息交流功能，使得传统现实社会中的权威力量很难在网络社会中继续发挥其原本的作用。在网络社会，权力的掌握与传统现实社会具有明显的不同，其并非源于任何政治力量或者军事力量，而是源自技术力量，网络个体及网络群体掌握信息技术的程度，与其在网络社会中掌握的管控权力，具有直接的关联。现实社会的权威力量进入网络社会，也不得不向这种网络社会的权威力量作出一定的妥协，这种现实权威力量在网络社会中的失灵状态，正是体现了网络社会具有管控的自治性。

同时，网络社会参与者具有不确定性。在网络社会中，人们的各种行为均带有虚拟的色彩，由于网民身份的虚拟性和不确定性（网上身份一般是通过 ID 账号体现的），其交流方式和现实社会不完全一样。网民在网络社会的交往中可以不需顾及现实社会交流中的许多因素。网民可以使用同样的 ID 在不同的虚拟社区中出现，也可以使用不同的 ID 出现在同一个虚拟社区之中。网络的无国界（境）性。在信息传播效率上，网络传播也无需像传统媒体所要发布信息那样，要经过签署、刊发等多个环节才能够传递给受众。网络信息还可以实现即时更新，大到国际、国家大事，小到生活琐事，均能在网上得到同步反映。参与结构的平等性与离散性。现实社会，上下级间等级森严的“金字塔”式组织结构和垂直传递式命令诉求致使社会管理工作效率低下。在网络社会中，这种参与结构发生了根本性改变，现实社会的特权被去除，权威被打破，所有人都公平地享有同样丰富的信息资源，平等地参与政事社情的探讨，自由地发表自己独到的见解。网络社会参与结构的平等性与离散性冲击着传统的权力组织结构与政治行政体制，这对国家政策的制定和社会事件的评判起了积极的推动作用。

五、网络社会关系是网络社会研究的起点

既然网络社会中虚拟人是不存在的，那么什么才是网络社会的最基本范畴呢？这个范畴既不是人本身又不能脱离人而存在那就是社会关系，网络社会中的人通过虚拟的信息技术平台形成的关系就是网络社会关系。在网络社

会中形成的网络社会关系组成了网络社会。网络社会关系是网络社会研究中最基本和最抽象的范畴，也就是说网络社会的其他研究需要从网络社会关系开始，其他的研究范畴要比其复杂需要用网络社会关系来说明。网络社会关系与网络社会的研究对象之间相互影响主要表现在以下几方面：

一是网络社会关系是研究人在网络社会一切问题的前提，可以说没有网络社会关系的存在就不可能有网络社会的产生发展和变化，也就谈不上任何的影响。只有通过对网络社会关系现象及本质的分析和把握才有可能深入研究网络社会的变化发展规律所在。

二是网络社会的研究对象规定着网络社会关系的研究范围。网络社会不能脱离网络社会关系，但是网络社会关系是研究的起点不是研究的一切，从这个起点出发可以进入不同领域研究。网络社会的研究对象是网络社会的产生、发展、变化及其作用的规律，涉及的是人在网络社会中的交往实践活动，其规定着网络社会关系的研究范围。

三是网络社会关系是网络社会的历史起点。网络社会的产生源于网络社会关系，网络社会关系产生之时就是网络社会发生之日，它们既在逻辑进程上统一也在历史进程上统一。网络社会中的其他变化可以从网络社会关系中找到潜在的依据。人们对网络社会的认识实质上必须从对网络社会关系的认识开始，网络社会关系是网络社会研究的初始对象。正是因为网络社会关系的存在才使得网络社会与现实社会发生了分裂，网络社会中人们的思想和行为才发生了改变，由此决定着人们在网络社会的交往实践活动，不是人们的意识决定人们的存在，相反是人们的社会存在决定人们的意识。也就是说有什么样的社会存在就产生什么样的社会意识，网络社会产生于网络社会关系，其发展进程之中也贯穿着网络社会关系。

第三节　网络社会综合治理的内涵及原则

在谈及网络社会时，均使用了“治理”而不是“管理”“管制”“控制”“统治”等说法，是因为“治理”恰恰是网络社会中唯一能够可行并且有重要意义的公共管理方式和策略。根据俞可平教授的考证，“治理”（governance）一词在传统中，与管制，或者统治（government）一词长期是同义的，而在20世纪90年代后，国际社会、政治学界给予治理一词特殊的含义，以区别于传统的统治、管制等。具体而言，他认为，“治理与统治的最基本的，甚至可以说是本质性的区别就是，治理虽然需要权威，但这个权威并非一定是政府机关；而统治的权威则必定是政府。”治理与统治另一个区别是权力运行的向度不同。“治理的实质在于建立在市场原则、公共利益和认同之上的合作。它所拥有的管理机制主要不依靠政府的权威，而是合作网络的权威。其权力向度是多元的、相互的，而不是单一的或自上而下的。”①

对于网络社会治理的理解既要立足于互联网工具逻辑，又要突破“传统”与“现代”的两分框架。依此来看，网络社会治理的逻辑起点应该是对网络工具的理性选择。它在微观形态上表现为网民生活样态的范式化，在宏观形态上表现为网络合作关系的模式化，而其历史形态则是自由与秩序的网络均衡。

一、网络社会综合治理的内涵

（一）网络社会治理的逻辑起点是对网络工具的理性选择

现代信息技术一经出现就具备了维纳（N. Wiener）所言的“帝国主义性质”，以至于社会“只能通过研究信息和通讯工具来认识”，而人也成为了“一种通讯存在性”。默顿（R. K. Merton）认为“是科学与社会的互助使科学在某些确定类型的社会中获得重大而持久的发展”。同样，科学技术与社会的互助也使社会在某种确定类型的技术推动下获得巨大而持久的进步。网络技术与当代社会恰好形成了这样一种良性互助关系，而这种关系又代表着我们这个时代的重要特征。互联网的工具功能具有社会属性，这是社会赋予网络的非技术内涵。从这个意义上说，网络社会治理固然要遵从“网络工具逻辑”，但网络工具首先要被社会所选择。就是说，互联网所提供的“工具菜单”需要经历一个社会整合与调适过程，以使其成为社会相容工具。

---

① 俞可平：《治理和善治：一种新的政治分析框架》，载《南京社会科学》2001年第9期。

这主要表现在：其一，网络工具的目的性是社会所赋予的。作为一种技术产物，互联网平台并无目的性，但其应用工具则具有明确的社会指向。我们都知道，劳动使猿变为人，人又通过劳动来制造工具，并使相应的技术获得社会属性。互联网作为现代交流工具在相当程度上是人类目的性的体现。其二，网络工具的社会后果受控于社会。正如原子能技术既可以造出杀人武器原子弹，也可以造福于人类一样，网络工具的社会后果也是正负兼有的。但总的来看，网络工具的社会后果也是可控的，它的整体效用是由社会来选择和控制的。其三，网络工具的演进过程受社会因素制约。技术发展史表明，任何新技术都存在多种演进方向，而其最终的发展过程总是受到各种社会因素的制约。据记载，古希腊的希罗（Hero）很早就发明了一种蒸汽动力机械，这是蒸汽机的原型，但由于当时社会条件的制约，它演化成了一种高级玩具。而同样的原理和机械，却在18世纪发展成为蒸汽机。由于社会生产技术的准则是追求高效率的新技术，因此互联网一经出现就注定要被市场体系所选择，并加速其社会化进程，使其迅速上升为改变社会治理格局的推进器。循着这个思路，网络社会治理的逻辑起点不应该设定为如何在一个既有的互联网平台上规范虚拟实践，而应该前置在如何对网络工具进行理性选择。其实这很自然，因为人的生活范式与合作模式受制于其拥有的生活资源，并且以其选择的生活工具为物质基础。如果说，生活工具信息含量的不断提高是人类生活范式与合作模式跃迁的前提条件。那么，对网络工具的理性选择，则机制性地制约着网络社会治理的性质和走向。因此，信息化进程中的“工具选择”，是网络社会治理需要优先考虑的基础性工作。以此为基础，互联网将在受控于社会的状态下渗透在人类生活的各个方面，通过网络工具的功能发挥不断提升人们衣、食、住、行及精神文化生活的信息含量和网络化水平。

（二）网络社会治理的微观形态是网民生活样态的范式化

微观形态的网络社会治理主要是网民个体对其虚拟行为的自我管理，表现为网民生活范式的生成、维持和不断完善，实质上是网民生活样态的范式化过程。单个网民的生活样态是自主产生的，而网民生活范式的生成、维持和不断完善则是经由互动完成的，其内在的演进规律将是网络社会治理的实践基础。网络社会治理可以被理解为如何在网络空间确立网民生活范式及其行为规则，并以此为基础保持有序的虚拟实践状态。理论和实践都表明，这一复杂过程的实现要依托于网络社会固有的自组织能力。

从理论上看，列维斯（Lewis，M. D. ）等学者最早认识到互联网是一个自组织系统，其构成要素或过程的持续耦合为虚拟实践有序化提供了基础。戴汝为、操龙兵是较早研究互联网自组织功能的国内学者，他们认为互联网系统是一个由物理维（Physical）、自我维（Self）、社会维（Social）和关系维（Relational）组成的大规模复杂系统，具有强大的自组织能力。按照霍兰的观点，自组织其实是复杂系统的动力机制，其基本表现就是在海量要素自主参与下形成协同能力和宏观上的新结构。在普里高津看来，“复杂性是自组织的产物，在远离平衡、非线性、不可逆的条件下，通过自发形成耗散结构这种自组织而产生出物理层次的复杂性，在此基础上才可能通过更高形式的自组织产生出生命、社会等层次的复杂性”。在先前的一个研究中，我们曾把网络社会的自组织特征归纳为：可嵌合的系统、混序现象、虚实共生、人机交互、多主体等。通过互联网这个人网合一的耦合系统，网络社会可实现其从物理层面走向社会层面、从低阶行为走向高阶行为的自组织演化过程。虚拟实践经验表明，任何“网中人”都对其“下一步”行为结果无从预期，这要依“超链接”“Re”“赞”等网络情境变化和交互行为而定。由于所有的网络行为都是自主的、具有个人目的性的，因此作为总体的“网络行为集合”并无外界干扰。但是，网民生活样态的范式化过程却自动地进行着，众多网民通过一系列自在的随机过程最终会产生一些未经预设的标准化生活范式。这就是说，通过网络社会的自组织功能，基于某网络工具的虚拟行为（如微博）对于个体而言始终是自主的，但经历了与同类虚拟行为的交互作用后会出现某些协同和默契，最终导致该类虚拟行为的有序化。在这个从无序到有序的过程中，“混沌”与“秩序”的临界点就是出现网络秩序的新质元素以及以此为内核的新结构。从这个意义上说，不同网民生活样态的交互、融合和范式化，是互联网自组织能力的创造性成果，也是网络社会秩序的生成与演化机制。

（三）网络社会治理的宏观形态是网络合作关系的模式化

马克思曾经把人看作是手持工具从事劳动的实践者，这就是我们常说的人通过劳动改造世界，同时也在实践中改造人自身。在网络社会架构下，“在线”（on line）就是人们使用互联网工具的一种实践形式，网民通过这种形式来构建其数字化家园并在虚拟生活中实现自我再造。网民们都知道，网络社会实践并不是“网”与“人”的简单相加，而是像现实社会一样依托于特定的组织单元，为此人们创造性地形成了一种被称之为“群”的组织形态。就本质而言，“群”就是一种网民合作共同体，其成员之间的互动结构与行为规则是一种模式化了的网络合作关系。在工具发展史中，关键性的“工具脱域”往往依赖于全新的技术框架，并且会引起人类合作模式的革命性变化。

根据马克思的研究，人类工具进化史分为手工工具时代、机器时代、社会基础设施时代三个阶段。李伯聪认为，马克思对第三阶段将要出现的工具系统有一个天才的预言，即“共同的社会生产能力成为他们的社会财富”，而这恰是互联网的“经济学性质”。与这种“共同的社会生产能力”相对应，人类合作模式也将进入信息和网络时代。在工业社会以前，工具的物理性状是确定的，人类合作的主客体关系也是明确的。但在互联网时代，虚拟工具的物理性状是模糊的，人类合作关系也存在着多主体并存、互为主体等现象。从工具的意义上说互联网就是一个高技术符号交换系统，而人与网的耦合则可以超越“在场”与“不在场”的现实性分界，从而出现网络社会中一对多、多对多、多对一等点对面的互动方式。人们可以有选择地使用不同的网络工具，并能够在网络工具系统中同时维持着多个“主体”。这些主体之间“通过聚集相互作用而生成具有高度协调性和适应性的有机整体，这种作用是非线性的，并会产生突现（Emergence）现象”。此时，海量网络行为的直接后果是自动突现出一种意料之外的整体效应，即网民合作的关系结构与合作模式。由于网络合作关系已超出一己范围并具有很强的外部性，因此基于某种网络工具的合作模式往往还要经历一个合法化过程，以取得现实社会的认可。

（四）网络社会治理的历史形态是自由与秩序的网络均衡

在人类历史进程中，自由与秩序的均衡一直是社会治理所隐含的主题，其具体表现形态依托于生产力的性质并且与“工具脱域”保持着大致同步的递进关系。事实上，人类所取得的每一项划时代技术创新都会带来工具跃迁并将其转化为社会治理形态演进，而每一种社会治理形态的确立都是自由与秩序关系的再一次平衡。在人类早期阶段，不同地域的人群借助于手工工具从事初级、简陋和彼此孤立的社会实践，那时的工具仅仅是人手的简单延长，因而其社会治理方法是传统且富有价值理性的。以这样的生产力性质和“工具逻辑”为基础，“在古典世界，一方面是‘集体性自由’，另一方面是个人为共同体所吞没。不过，如贡斯当所言，当时人们觉得承认个体对共同体权威的完全服从与这种自由之间没有什么不容之处”。工业革命使人类进入机器时代，越来越庞大、越来越复杂的“机器”工具似乎可以把人类之手延长至无限远，其时的社会治理方式是以“主体性”“工具理性”等所谓现代性为内核的。起初是划时代的蒸汽机技术给人类带来了工业用具，并且开始了从“传统”走向“现代”的社会转型，使社会治理形态逐渐步入现代文明阶段。

到了 19 世纪，电气技术革命极大地提高了工具的自动化程度，人类社会治理形态也因其更高的智慧因素而步入所谓第二次工业化阶段。在这个阶段，学者们曾经将美国称之为“汽车上的国家”，并以汽车加高速公路的网格式执法来理解美国的社会控制方式。更深层的意义在于，“19 世纪不仅是‘伟大的错位、解脱、脱域（disembeddedness）和根除（uprooting）的世纪，同时也是一个不顾一切地试图重新承负、重新嵌入、重新植根的伟大世纪’。西方在英国和法国革命后，随着自由的成长，建构相应的新秩序便成为不能不完成的主题”。通过一次次社会转型，人类确立了“现代性”的价值取向和社会禀赋，自由与秩序在城市生活方式中找到了一种新的平衡样态。如果说，机器时代的百年统治创造了如马克思所言“比过去一切时代创造的全部生产力还要多，还要大”的历史奇迹，那么互联网时代短短几十年就带来了社会生活范式和人类合作模式的颠覆性变革。这是因为，网络作为笼罩于全球的巨型工具已不再是人类之手的继续延长，而是人类之脑的扩展和增量。这就意味着，与过去一切时代所创造的全部人类工具相比，互联网的内在规定性发生了革命性的变化。因此从历史形态上说，网络社会治理是自由与秩序的网络态平衡。它要求我们不仅要在网络社会语境中理解社会治理问题，而且要在第三次工业革命这一新的历史条件下去寻找自由与秩序的时代坐标。

二、网络社会综合治理的基本原则

（一）建设与管控相结合原则

建设与管控相结合原则，是指政府有关职能部门在网络社会管控过程中，实行建设与管控相结合，在建设过程中强化管控，在管控过程中促进建设和发展。确立建设与管控相结合的原则基于以下两个方面：一是网络社会处于“初级”阶段。1994 年 4 月 20 日，北京中关村地区教育与科研示范网接入国际互联网，实现了与国际互联网的全功能连接，标志着我国互联网走上全面、持续、快速发展之路。但是，由于互联网以及随之而形成的网络社会处于发展初期，网络社会的结构不齐全、社会功能不完备，必须加强建设，否则就不可能满足日益增长的网民群体的需要，也难以实现网络社会的良性运行与协调发展。二是网络社会处于“矛盾”多发期。网络社会形成和发展的初期，各类矛盾多发、行为失范现象严重，没有积极主动的管控，就不可能形成规范的社会秩序与和谐的社会氛围。就当前来讲，我国一方面要加快推进网络社会建设，另一方面要切实强化网络社会管理，并使两者有机结合起来，以达到相互协调、相互促进的目的。

（二）技术防控与社会管控相结合原则

技术防控与社会管控相结合原则，是指政府有关职能部门在网络社会管控过程中，根据网络社会形成、发展的规律，采用技术防控与社会管控相结合的措施与手段，确保网络社会的良性运行与协调发展。确立技术防控与社会管控相结合原则，主要基于以下两个方面的原因：一是基于网络社会的技术性。网络社会是一种基于网络技术的发展而形成的一种新的社会形态，也可以说是一种“技术化”社会形态，技术在其中起着基础的作用。因此，加强网络技术的开发，尤其是网络社会防控技术的开发，是净化网络社会、规范网络社会的一条重要途径。二是基于网络社会的社会性。网络社会是由众多网民群体构成的一种社会，因而单纯依靠技术控制很难达到目的。为此，切实加强网络社会的社会管控极有必要。从现实情况来看，社会管控既是打击网络违法犯罪、维护良好网络秩序所必要的，而且也是营造网络社会优良环境、保障网络社会良性运行所必需的。

（三）比例原则

比例原则，是指政府有关部门在网络社会管控中，应当全面权衡网络社会管控权和言论自由权、知情权等公民个人权利，采取对公民权益造成限制或者损害最小的网络社会管控措施，使网络社会管控所造成的损害与所追求的行政目的相适应。比例原则包括适合性原则、必要性原则、相称性原则三个子原则。比例原则是规制行政自由裁量权行使和弥补法律漏洞的皇冠原则，为世界各国普遍采用。网络社会管控中确立比例原则，主要基于以下两个方面的原因：一是基于网络社会管控权与言论自由权、知情权等公民基本权利的博弈。正如孟德斯鸠所说："一切有权力的人都容易滥用权力，这是万古不易的一条经验。有权的人使用权力一直遇到有界限的地方为止。"在网络社会管控过程中，固然可以采取措施限制公民部分言论自由权、知情权等基本权利的行使，但限制的程度要以维护网络社会正常秩序的基本需要为限，未受限制的其他合法权利，公民可以照常行使。二是基于弥补现行网络社会法律漏洞的需要。网络社会管控应依法进行，然而，法律并非完备无缺亦非万能，存在法律漏洞和局限性。从世界范围来看，主要采用比例原则和合理性原则来弥补，以控制自由裁量权的滥用。

（四）依法治网原则

以互联网为基础的网络社会的产生和发展，为法治提供了新的领域和阵地。换句话说，法律为互联网的有序发展、网络社会的科学管理提供了不可缺少的制度保障。然而，与互联网的快速发展，网络社会的日趋复杂相比，我国的网络立法明显滞后，网络执法、监督和管理水平也不高，使网络色情、谣言等有害信息充斥于网络社会的每个角落，诈骗、赌博等网络犯罪层出不穷，涉网案件的数量呈现出上升趋势，严重威胁着人民群众的生命财产安全，威胁着现实社会的和谐发展。因此，我们必须通过完善法律法规，把网络社会最基本的行为规范和技术规范上升为法律条文，使之为成由国家强制力保证实施的硬约束；必须发挥法律条文在网络社会中的导向评价整合和惩戒功能，提高法律对网络违法行为的威慑力；需要进一步提高网民的法律意识和诚信意识，规范他们的网络言行，增强他们守法、护法的责任感和紧迫感；必须加强法律监管通过依法严惩违法者等途径来净化网络空间维护网络秩序和公共安全，等等。总之，依法治网，使网络社会管理有法可依、有法必依、执法必严、违法必究，是确保网络社会有序发展，提高网络社会管理科学化水平的必由之路，是维护法律权威与尊严的必由之举，也是实施依法治国方略的题中应有之义。

三、网络社会综合治理的适用规则

（一）网站备案规则

网站备案，是指网站的所有者应依照规定向政府有关部门报告事由存案以备查考。所有网站都必须备案，网站的所有者应对网站的内容负责。通过规范网站域名注册、互联网地址（IP 地址）分配、接入地管理，防止在网上从事非法经营活动，打击不良信息的传播行为。网站备案规则包括以下具体内容：

1. 分类规范

提供互联网信息服务，应当办理备案。未经备案，不得在中华人民共和国境内从事互联网信息服务。对没有备案的网站，将予以罚款和关闭。申请网站备案，应具备相应的条件。（1）申请经营性网站备案，应当具备以下条件：①网站的所有者拥有独立域名，或得到独立域名所有者的使用授权；②网站的所有者取得《电信与信息服务业务经营许可证》（以下简称《ICP 许可证》）；③网站所有者的《企业法人营业执照》或《个体工商户营业执照》中核定有“互联网信息服务”或“因特网信息服务”经营范围；④经营性网站名称不得包含有损于国家和社会公共利益、可能对公众造成欺骗或者使公众误解、有害于社会主义道德风尚或者有其他不良影响以及其他不宜使用的文字。（2）申请非经营性网站备案，应当具备以下条件：①有详细地址；②不得从事网络购物、WAP、即时通信、网络广告、搜索引擎、网络游戏、有偿信息、短信彩信服务等经营性质的服务；③网站主办者为企业、事业单位或者个人的，网站不能冠以国家及地方行政区域名称。网站未申请备案的，对网站域名不予解析（含跳转），遏制和杜绝淫秽色情网站采用域名变换方式反复接入、逃避监管的行为。

2. 实名备案

网站主办者提交的主体信息、联系方式、网站信息以及接入信息应当真实、准确、完整。为切实保证网站备案信息的真实性，网站备案部门要对网站主办者身份信息当面核验、留存有效证件复印件，要对网站主体信息、联系方式和接入信息等进行审查。

3. “黑名单”监管

为防止不法分子在网络社会中从事非法经营活动或传播不良信息，政府有关部门应将被关闭网站域名持有者列入“黑名单”进行管理，防止违规网站重新申请域名、继续从事违规经营活动。对于认定网站涉“黄”和违规时，停止域名解析，并将域名持有者列入“黑名单”。

（二）信息准入退出规则

网络社会信息的自由流动与安全流动是相互依存的整体，应在保障网络社会信息安全流动的前提下，实现网络社会信息的自由流动。为遏制违法信息对国家安全、社会公共利益和未成年人的危害，根据《全国人民代表大会常务委员会关于维护互联网安全的决定》《中华人民共和国电信条例》《互联网信息服务管理办法》《计算机信息网络国际联网安全保护管理办法》等法律法规的规定，我国对网络社会信息实行准入退出规则。涉及意识形态安全和公共利益的网络信息服务须经许可审批，建立健全日常监管、年度审核、行政处罚等管理制度，有关部门协同处置有害信息，防范境外有害信息渗透。

对网络社会信息实行严格的准入退出规则并非我国独有，澳大利亚、俄罗斯、瑞典等国通过推行网络信息强制过滤计划，防范网络不良信息对国家安全、经济利益和个人隐私的威胁。在澳大利亚，监管部门与各网络服务商签订协议，要求他们不得传播垃圾邮件、淫秽色情信息、暴力内容以及有害儿童身心健康的信息等，并向他们提供过滤软件；出现传播违法内容问题时，监管部门可根据协议要求网络服务商关闭受感染的服务器；监管部门设有举报投诉热线，在接报 24 小时内采取处置措施，并向投诉方做出回复。信息准入退出规则的内容主要包括以下两个方面：一是先审后发。网络社会中严禁传播含有颠覆国家政权、破坏国家统一、损害国家荣誉和利益、煽动民族仇恨、破坏民族团结、宣扬邪教以及淫秽色情、暴力、恐怖及侵害他人合法权益等内容的信息，基础电信业务经营者、互联网信息服务提供者等应建立互联网安全管理制度，采取技术措施，阻止各类违法信息的传播。同时，对于开设交友类专题频道或栏目，应明确说明该栏目的目的、网友行为规范和公布有关法律警示；非注册用户不得在该类频道或栏目张贴信息，对注册用户上传的信息实行先审后发；对利用互联网电子公告服务系统、短信息服务系统传播淫秽色情等不良信息的用户，应将其 IP 地址列入“黑名单”。涉嫌犯罪的，追究相关人员的刑事责任。二是强制退出。政府有关部门在对网络社会信息进行监督检查过程中，发现网站中含有违法信息，应当通知网站予以删除。

（三）网民实名管控规则

“在互联网上，没人知道你是一条狗”，出自 1993 年《纽约客》杂志的这句话已经成为网络世界的经典。一些不法分子正是利用网络社会的这一特征，大肆进行违法犯罪活动。为切实维护网络社会的正常秩序，在网络社会管控过程中形成了实名管控规则，网民必须用真实姓名和身份证号登记验证后，才能在网络社会的留言板、“微博”等虚拟空间登载信息。实名管控规则有三种形式：一是纯粹的实名规则，即从加入会员到论坛发帖等所有步骤都需要实名确认；二是“前台匿名、后台实名”规则，即网民在后台通过身份验证后，前台可以用网名发布信息；三是网络社会留言板实名规则，即在发帖的同时标注“昵称”和真实姓名。

韩国是世界上第一个强制实行网络实名规则的国家。2005 年 10 月，韩国政府发布和修改了《促进信息化基本法》《信息通信基本保护法》等法规，全面实行网络实名规则。2006 年底，韩国国会通过了《促进使用信息通信网络及信息保护关联法》，规定韩国各主要网站在网民留言之前必须对留言者的身份证号码等信息进行记录和验证，否则对网站处以最高 3000 万韩元罚款，并对引起的纠纷承担相应的法律责任。

第四节　我国网络社会综合治理的核心主题

一、我国网络社会综合治理的现状

网络社会的兴起与发展，有力地促进了经济的增长与繁荣，极大地拓展了公民政治参与的渠道与平台，深刻地改变了人们之间的沟通、交往和互动方式，强力推动了社会公平、公正与和谐发展。同时，我们也清醒地看到，在网络社会产生、形成与发展的进程中，还存在不少弊端和消极影响，网络社会法治化面临许多困难和问题。

（一）法律法规相对滞后

目前，我国有关互联网络、信息系统违法犯罪的立法还比较分散和零乱，在很多方面还有缺失，并没有形成一个相互补充、拾遗补阙的法律体系。总的来说，我们在网络社会公共安全管理方面的立法起步较晚，且带有比较明显的滞后性，往往是一类公共安全问题出现很久了，对其进行管理的相关法律法规才出台，这时违法犯罪形式早已有了新的变化。此外，现有的网络立法层次不够，多停留在部门规章的层面上，而且法律法规不够系统，针对性、可操作性不够，需要进一步加强完善。

公安机关属于执法部门，要在现有法律法规的规定下履行职责。我国与网络社会相关的法律法规已达到了200余部，针对性较强的主要有《中华人民共和国刑法》《中华人民共和国治安管理处罚法》《全国人民代表大会常务委员会关于维护互联网安全的决定》《计算机信息系统安全保护条例》《中华人民共和国电信条例》《互联网信息服务管理办法》《计算机信息网络国际联网安全保护管理办法》等法律法规。从法律颁布时间上看，在1994年至2002年中国接入互联网起步阶段，国家先后制定了一系列法律法规，大部分现今仍在使用的法律法规多颁布于该段。之后近十年互联网飞速发展，“网络社会”对现实社会的影响越来越大，网络力量日趋强大，但与之相适应的互联网相关法律法规或经过修订的法律法规却很少，针对互联网的立法严重滞后。

虽然2012年《关于加强网络信息保护的决定》的出台，从法律层面解决了当前我国网络信息保护面临的突出问题，进一步健全了我国网络法律制度，但这些法规至今还没有上升到法律的高度，对于各类网上行为的规范跟不上互联网发展的步伐，庞大的用户群、信息系统群在粗放式网络安全管理模式下存在很大的安全隐患。搜索引擎、网络游戏产业秩序混乱，“网络推手”、商业“枪手”“水军”操纵舆论的现象日益普遍，对于网上传播交易、制造枪支弹药、爆炸物品或管制物品以及仿冒、假借国家机构名义招摇撞骗的信息没有明确的禁止性规定。

在部门体制驱动之下，多数部门就事论事，各自根据职权范围确定立法方向与重点，出现互联网法调整对象越来越细的碎片化倾向，特别规则多，普遍规则少。而互联网立法碎片化，不仅违反技术中立的基本立法原则，使规则缺乏必要的弹性，还会导致规则之间的相互重叠或缺漏，最终导致规则的盲目膨胀与缺乏可执行性。立法的缺失直接导致公安机关打击网络犯罪无法可依，主要表现为：

一是虚拟财产价值认定难。网络出现的虚拟财产如Q币、游戏装备等，因互联网发展而产生，国家在制定法律之初时就没有考虑在内，在随后的法律修订中就也无明确的界定，这些虚拟财产的价值没有认定标准，缺乏可操作性。网络管辖确定难。在目前的司法操作中，以行为地为主确定案件管辖权的传统原则在刑事司法操作方面并不适用跨域性广的网络犯罪案件，而且这种规定容易影响司法效率，导致管辖纠纷。

二是罪名认定支撑难。目前的法律很少涉及将网络作为犯罪工具和对象的违法犯罪活动，多停留在计算机及系统本身上，存在罪名认定难的问题。对“网络社会”定罪量刑与现实危害程度不匹配，这种法律制裁存在侵害客体范围过窄等缺陷，不能对其财产及资格进行处罚。“网络社会”目前的法律不适合当前打击和防止社会违法犯罪活动的需要。

（二）管理人员不适应发展需要

一方面，表现为管理人才总量的匮乏；另一方面，表现为现有管理人员素质的亟待提高。目前，许多从事网络社会管理的人员都是“半路出家”，没有经过系统、专业的计算机和网络知识学习，与从事网络违法犯罪活动的“黑客”等相比，在技术水平上有着明显的差距；此外，即使是在应对一般的网络违法犯罪时，大部分政府工作人员也可能因为专项知识的缺乏而陷入“不知从何下手”的尴尬局面。现有管理人员素质不到位的问题，具体表现为一些政府部门的负责人和具体管理人员对网络社会的特性认识不足，仍然墨守于传统管理的思维模式，对互联网在信息传播方面的巨大力量十分漠视，对于一些网络事件思想准备不足，反应迟钝，应对不力，这就会使得一件原本很小的事情在网络的推波助澜下产生雪崩效应，演变成影响很大的社会事件，对社会政治、治安稳定造成极其严重的影响。2008 年的“石首事件”就是网络放大现实矛盾的一次典型案例。“石首事件”的起因本来是一件一般的非正常死亡事件。然而在事件发生后，当互联网上有一些流言蜚语出现时，石首市政府却超过 20 个小时“话语缺失”，致使网络流言“满天飞”。在事发后的第三天，石首市政府才对外发布公告，解释有关问题。然而，该市政府超过 20 个小时没有对有关问题进行说明，错过了澄清谣言的最佳时机，从一定程度上放纵了事件的发展。应该说，忽视了网络传播的巨大力量，是当地政府在应对“石首事件”时最为重要的失策决定之一。

（三）部门间配合不到位

网络社会的管理涉及信息产业、公安、文化、工商、教育、新闻出版等多个部门，不同主管部门各有自己的管理领域和管理要求，职责划分不清，管理权限不清，一些方面有所重叠，一些方面相互推诿，一些方面尺度不一，多头管理、各自为政，无法形成工作合力。监管体系、监测系统之间互不沟通，缺乏联动、协作意识，导致管理空隙出现。这既增加了监管的信息获取成本、执法成本，又使得监管往往达不到其应有的效果。

与此同时，在事后监管和长效管理方面也充分表现出了各部门间在沟通协调方面的不到位。信息传达作为一种“软工具”，也许只是在它与目标群体的参照框架相容的时候才是有效的。相对于这些政策工具的应用来说，也还是有一个信息的问题。要理解目标群体的参照框架绝非易事。在解决所提供的信息并不总能引起目标群体行为变化的问题之前，首先要解决信息如何达到这些群体的问题。在实际操作过程中，各个部门往往都是就事论事，无论是管理需求还是处理决定，都不能及时传递到其他部门手中。缺乏专门部门的牵头、协调，致使管理在深度、广度上大打折扣，工作无法深入下去。

（四）网络社会治理体制机制不健全

网络社会飞速发展、日新月异，网络社会治理面临许多新情况、新问题。虽然国家很早就制定了网络管理“齐抓共管、各负其责”的管理体制，在行业、内容和安全管理之间形成了相互协同配合的工作机制，取得了巨大的成就。但随着网络社会的快速发展，现行的管理体制、机制面临不少困难和问题：

一是“重政府轻社会”现象依然突出，社会自治、自律作用发挥不够。二是政府部门之间协同配合机制运行不力，有推诿扯皮现象。三是应变能力不强。网络社会的发展瞬息万变，应对新形势新变化的体制机制变革滞后。四是监管不力，这里既有法律法规不完善不健全的问题，也有有法不依，执法不严，执法多头和监督不到位等问题。

另外，网络社会治理能力严重不足。网络社会的数字化、匿名性、开放性与互动性使得网络行为难以受到应有的约束，向社会治理提出了全新的问题与挑战。在中国，网络色情、网络谣言、垃圾邮件、网络病毒、网络黑客使网络环境变得污秽不堪；网络诈骗、网络洗钱、网络赌博等网络犯罪行为肆意横行；互联网上有时会发生网络突发事件；西方敌对势力利用互联网进行思想渗透和颠覆行动；国际恐怖主义也把互联网作为重要的活动平台。而中国网络社会治理能力的严重不足，使得这些问题难以得到遏制或解决。

二、我国网络社会综合治理的理论基础

1994年以来，我国颁布了一系列与网络社会管控相关的法律法规，建立了由《中华人民共和国刑法》《中华人民共和国民法通则》《中华人民共和国著作权法》《中华人民共和国未成年人保护法》《中华人民共和国治安管理处罚法》等法律的相关条款以及《全国人民代表大会常务委员会关于维护互联网安全的决定》《中华人民共和国电子签名法》《中华人民共和国电信条例》《互联网信息服务管理办法》《中华人民共和国计算机信息系统安全保护条

例》《信息网络传播权保护条例》《外商投资电信企业管理规定》《计算机信息网络国际联网安全保护管理办法》《互联网新闻信息服务管理规定》《互联网电子公告服务管理规定》等专门规范性文件构成的网络社会管控的法律体系。但较之于美国、澳大利亚等国家的相关立法，我国关于网络社会管控的法律制度尚不能完全规制和解决网络社会飞速发展所带来的问题。究其原因，一是虚拟社会自由价值与秩序价值的冲突较现实社会更加剧烈；二是当前我国网络社会管控的法律原则和规则不够明晰。走出困境，首先应进一步明确相关法律制度构建的理论基础。

（一）网络社会管控法律制度构建的逻辑起点

网络社会是现实社会在网络空间中的多维体现，对于现实社会的影响有其两面性，网络社会既可以促进现实社会的和谐与进步，也可扰乱现实社会的安全与稳定。从哲学角度上讲，这种现象是网络社会自由价值与秩序价值冲突在现实社会的外在表现。网络社会自由价值观并非“虚幻”的，它是由网络社会中网民群体的价值观、网络提供者即网站经营者及其网络服务商的价值观所构成的。网络社会秩序价值观也并非“虚幻”的，它是由体现网络社会主流群体的价值观的政府相关部门所代言的。

换言之，网络社会网民的价值观、网站经营者及其网络服务商的价值观与政府相关部门的价值观之间的冲突，决定着网络社会对现实社会的影响。因此，调整和规范网民、网站经营者及其网络服务商、政府相关职能部门之间的关系，是构建网络社会管控法律制度的逻辑起点。

（二）网络社会管控法律制度构建的价值取向

构建网络社会管控法律制度，重在把握好网络社会秩序管控权、公民基本人权、网站经营者及其网络服务商权利之间的平衡，坚持权力与职责相一致、权力与权利相平衡的价值取向。

1. 权力与职责相一致

权力因职责而产生。为保障文化、公安、国家互联网信息办公室等政府部门及时有效地履行职责，必须通过立法授予政府有关部门管控网络社会的权力。因此，网络社会管控的立法规制，立足点和出发点不应单纯地去限制、约束，而是要根据权力与职责相一致的原则，科学合理地确定网络社会管控行为的边界。超出履行法定职责恣意配置网络社会管控权尤其是配置硬性执法权力，可能会侵犯公民的合法权益；反之，网络社会管控权的配置不足难以满足履行法定职责的需要，则必然达不到构建安全、和谐的网络社会的效果。

2. 权力与权利相平衡

严格限定政府有关部门网络社会管控的边界范围，是防止权力滥用、切实保障人权的需要；但是矫枉过正，会造成对网络社会管控的不能或不力，从而构成对社会公共利益和政府有关部门执法权益的双重威胁。因此，在网络社会管控法律制度构建中，要统筹考虑社会公共利益的维护和公民基本人权的保护，凡是能够由网站经营者及其网络服务商等社会组织通过自身发展来解决的问题，一律由其自身调整解决；对于涉及网络社会发展大局和绝大多数成员利益的问题，则应当由政府来解决。在管控过程中，如果属于公共领域，政府理所当然应该管控和干预；如果属于私人领域，政府一般不应干预，至少不用强制的方式进行干预。

三、我国网络社会综合治理的核心议题

在互联网所在之处，对互联网的国家干预和政府管理都遭遇了“合法性危机”，这使得网络社会治理论者不能不把网络规制的正当性作为研究始端。与此相联系，还要说明网络社会治理的边界划分、权力结构以及国家民族特色等基本问题。

（一）网络规制是否具有正当性

近年来，由于虚拟世界出现了太多的麻烦并且在很大程度上影响了社会秩序，因此许多人通过反思认识到，在国家干预存在所谓“合法性危机”的同时，网络无政府主义也并无十足的权威性。有专家说，互联网的快速发展似乎使“人类一下子掌握了前所未有的巨大力量，可是不知道这力量该怎样用，交给谁管合适。往右偏一步，很可能出现人类历史上最严酷、最无孔不入的专制，往左偏一步，又有可能出现毁灭人类社会的无政府状态”。在实践

中，网络社会治理逐渐成为国家政治的重要议题，越来越多的人开始认同政府在网络社会治理中应有的作用。如欧盟表示互联网要有国家和政府的适度干预，英国宣布网络不是法律的真空地带，法国则主张政府要与技术开发商、服务提供商和用户一同共同调控互联网。

目前，大多数国家都对互联网进行着不同形式的监督审查，网络社会治理作为一种基本制度安排正在被人们所期待。那么，如何回答网络规制正当性问题呢？首先，互联网是一个高技术集成物，而对高技术及其社会效应的预判和规制不仅是当下“风险社会”最紧要的事情，而且对人类社会的未来走向至关重要，克隆技术如此，纳米技术如此，网络技术更是如此。其次，网络社会是一个多主体交互平台，由于其超出了“私”的范畴而必须顾及公共利益和社会秩序。“事实上，没有哪个国家真正放弃了对网络信息的管理。出于教育引导青少年、阻止恐怖活动、保护国家权益、限制不正当竞争等方面的考虑，从政府部门到单位机构，都从不同的层面管理着网络信息，将对网络的控制与管理视为自己义不容辞的责任和义务。”再次，互联网具有极强的外部性，网络社会实践不仅仅是网络空间的狂欢，而且对整个社会生活造成了直接影响，因此如有学者所言，“第一，网络空间或称‘虚拟实在’（Virtual reality）在其本质上仍然是现实世界（Reality）的虚拟，‘虚拟实在’不是另类社会，不是‘天堂’，而是人类的作品。第二，对网络越轨判定适用的是现实社会中的准则或价值判断”。

（二）网络社会治理的边界在哪里

一般而言，可以从三个层面来划分网络社会治理的边界，即网络空间、虚拟与现实的关系以及互联网国际治理。相应地，虚拟秩序也可以凝结成三个边界性问题，分别是混序（Chaord = Chaos + order）界面、虚实界面和国际界面问题。从网络空间（cybersociety）层面看，由于互联网构筑了一个赋予人类生命新内涵的时空环境，因而虚拟可以被视为某种相对独立的生活场域。许茨认为，人的生活世界是具有多种维度的，“只要主体之某一部分经验表现出特定的认知风格，并且就这种风格而言前后一致且彼此相容”，那么它就构成一个“有限意义域”。从这个意义上说，虚拟实践是互联网环境下人类的一种新型生活方式，它为人类生活及其相互合作提供了更加丰富和更加多样化的条件与可能。事实上，这个“有限意义域”就是狭义的网络社会概念，同时也是网络无政府主义所着意护卫的自组织边界。从虚拟与现实关系层面看，虚拟世界应该是信息网络技术主导下的一种社会亚形态，而虚拟实践则是信息时代特有的行为方式。站在这个层面上，网络空间并不是孤立封闭的，它不过是现实社会的延伸，是信息社会发展到网络化阶段的一种现实性社会结构形式。

其实，这是一个广义的网络社会概念，常常被人们称之为网络社会，同时也是网络管制主义所强调的大网络边界。卡斯特在《网络社会的崛起》中认为，互联网是一个去中心的、在任何节点都可以沟通的信息网络媒介，充分体现了“网络化逻辑”的结构形态。从这个角度看，网络秩序不过是社会秩序的一个亚形态，因为网络空间也只是整个网络化社会的一隅。基于此，网络社会治理就是对网络行为和虚拟实践的有效规制，而网络规制的焦点则是聚集了诸多虚拟与现实关系问题的虚实界面。在这个界面上，社会秩序具有公共产品属性，它不仅要协调虚拟实践而且要影响现实生活，不仅要保护网民权益而且要保护社会公益。因此互联网秩序不仅需要自我组织，更加需要政府管制，否则网络社会就会处于不确定和不可控状态。从互联网国际治理层面看，网络社会治理既具有跨国性也体现国家意志。首先，互联网有主权问题，如中国域名“. cn”当然属于中国的主权范围，要由主权国来管辖。其次，互联网虽有国际网关等防护系统，但却没有物理边界也很难划定边界，因此管辖权具有模糊性。此外，互联网关键资源的分配管理，如顶级域名的管理权归属、域名根服务器的掌管等，都关系到各国的国家安全和国际竞争力，也都是互联网国际治理的焦点问题。近年来，网络安全、垃圾邮件、网络立法、内容管制、知识产权以及美国对 DNS 根区文件的单边控制等互联网国际治理问题日渐升温，逐渐汇聚成网络社会治理的国际界面。在这个界面上，互联网国际治理问题很多也很复杂，但绝大多数国家的核心诉求是主权公平问题。因此，国际治理层面的网络社会治理需要建立一个主权公平的跨国治理机制。

（三）谁是网络社会治理的权力主体

无论是从网络技术的工具逻辑还是虚拟实践的共生特性看，抑或从虚拟秩序聚焦的三个边界性问题出发，网络社会治理的权力主体都应该是多元的。通过这种多主体互动，众多网民个体、网络群体以及政府部门将形成一种协同管理结构，借以建构、维持和不断完善特定形态的网民生活范式和网络合作关系。在生活论视野下，网络社会治理关乎“我们”在互联网环境下的社会生活范式和互动合作框架，而这个“我们”包括所有相关者即众多网民个体、网络群体、国家管理者乃至全社会成员。应该看到，互联网虽具有自组织功能，但网络社会治理并不是由无数个网民“自动”完成的；同样，虚拟实践当然需要规范和约制，但网络社会治理目标的达成还是要靠全体社会成员在日常生活和互动合作中得以实现。

因此，网络社会治理的权力主体具有多元性，并且各个主体之间要以平等的地位共存和互动。在多主体权力结构中，网络社会治理不仅限于政府职能，还包括其他主体以及社会自身的管理，它应该是多元主体以多样化形式进行的协调活动和秩序化过程。由于多主体权力结构能够在相互作用中产生协同效应，因而比现行的科层体制具有更大优势。基于这种权力结构，政府管理主体将致力于形成一种承认、保护和促进自主性网络社会的大环境；网民公众、网络组织也要通过自我完善而形成高水平对话能力和高效协调机制。一般而言，一个完整的多主体权力结构应该由三个机制耦合而成：其一是自律机制，即多元主体自身的自主管理功能。虽然多主体权力结构也会出现引导行为，但它是基于共同准则的相互性逻辑，而不是正式的权威关系。其二是他律机制，即政府功能的有效发挥。相对于“自律”而言，政府“他律”不仅是其应尽的职责，更是事关网络正义的制度架构。其三是互律机制，即多元主体之间的相互制约。它要求各类网络主体平等对待不同诉求、规范参与虚拟实践、理性协商有关网络社会治理问题。

（四）网络社会治理是否存在国家与民族特色

互联网的出现把“工具脱域”发展到前所未有的水平，人类作为一个整体已经被网络所笼罩，其日常生活和相互合作几乎全部附着于网络平台之上。那么，在网络大行其道的当下，是否还存在着网络社会治理的国家与民族特色呢？经验告诉我们，真正使用互联网工具的不是作为“类”的人，而是现实中的自然人，他们在虚拟实践中又往往是“群”而居之的，这就是前文说过的“群”组织模式。恰是这网络中无所不在的“群”，奠定了网络社会治理的国家与民族特色。

首先，“群”组织模式为网民生活范式和网络合作关系打上了国家（地方）印记。在人类学界，一直存在着“普遍主义和历史特殊主义之争”。互联网问世以来，吉尔兹的地方性知识理论受到“普适性神话”的强有力挑战，盛行于世的绝对主义和普遍主义对所有地方的、民族的实践方式和知识体系都予以贬斥。但实际上，人类生活范式和相互合作模式在相当程度上依赖于个性化、地方化“体验”。从工具的角度看，互联网只是一个为所有人提供创造性体验的公共平台，人们在工具应用过程中得到的都是具体的、经验的个性化知识。从实践生成的角度看，人们似乎对互联网的技术理性维度重视颇多而对其技术体验维度多有忽视，但网民正是通过技术体验创造了地方化、个性化虚拟实践范式。更重要的是，“群”组织模式的具体形态与网民的“惯习”关系极大，而惯习当然是个性化的。这些个性化的惯习在相互作用、相互影响中可以汇聚成网络中的地方性知识，其中的一部分还可能被标准化为局域性的网民生活范式和网络合作模式。

其次，“群”组织模式富集了特定的民族文化元素。互联网工具的任何功能都要依赖于相应的共享符号系统，这就注定了虚拟实践行为一定是虚实共生的。剖开来看，虚拟行为之虚，有赖于语言文化之实；自然人之实，造就了网中人之虚。与此相联系，网络行为人并不是“自在之物”，而是虚实共生的在线者，其网络生活范式必然脱胎于现实的民族文化。网络合作更是如此，意义交换要在同一个符号系统中才能实现，而同一个符号系统内必然富集了特定的民族文化元素。在这个意义上说，网络主体的虚拟性是扎根于现实主体的实在性的，它不过是现实主体在虚拟生活中的一种形态。如此一来，一个具体的“群”，一定是一个富集了特定民族文化元素的组织单元。

综合起来看，活跃在虚拟实践中的各色网“群”，都具有地方元素和民族元素双重富集特征。以此为基础，网民生活范式和网络合作关系就会呈现出特定的地域、民族之风，从而使一国的网络社会治理具有不同于他国的个性特点。微观地看，互联网工具所依托的虚拟实践群仅仅是一系列富集着特定地方、民族元素的组织单元；就宏观而言，这类虚拟实践群终将会建立起相应的特色行为方式并且彰显其国家民族特色。现实中，一国的网络社会治理不仅要具有国家特色而且要兼备世界特征，但怎样获得这两种禀赋则是一个相当复杂的社会选择过程。

四、我国网络社会综合治理的目标取向

（一）增进网络主体理性

就现象而言，网络社会治理的运作与实施，似乎首先要关涉构成电子网络空间的软件和硬件设备，以及那些数量庞大又无时无刻不在快速流转的比特信号，然而，在本质上讲，网络社会治理真正要关注的更为重要的因素，则是隐匿于表象背后的林林总总的人的各种网络行为活动。换言之，网络社会治理的关键，并非体现于要在技术意义上以“物”为目标对象来实施治理，而是体现于要在社会文化意义上，以“人及其行为”为目标对象来实施治理，它要着重考虑并着力实现的是，如何来有效地引导、调适、规范和约束人们的网络行为活动。这一点，可谓是我们在“客体”的意义上，将人及其网络行为活动作为网络社会治理之目标对象所做的阐释。其实，如果在“主体”的意义上加以深入分析的话，我们不难发现，网络社会治理过程，其实更展现为一个网络主体自觉和网络自律自为的过程，是一个各类网络行为主体有效实现自我组织、自我管理、自我调适和自我发展的网络社会生活过程。它意味着各类网络行为主体主动介入其中，各方力量经过分工协作和共同努力，使得各种治理方式或治理手段，真正作用和影响到网络行为主体及其网络行为活动，同时也使得整个网络社会治理过程得以顺利推展并取得预期成效。人的社会生活总是在某些理性原则指导下得以呈现的，网络社会生活也不例外。网络社会治理的目标诉求和行动推展，充分彰显了人的价值理性和工具理性，是人的理性行为选择的一种必然结果。经由网络社会治理的实践过程，人的网络主体自觉以及网络行为理性，都可以进一步得到激发和强化。甚至可以认为，网络社会治理，能够在事实上直接促成人的主体自觉和网络自律。

（二）建构网络生活秩序

形成网络社会生活中的基本行为规范，促进各类网络主体之间的有序互

动，为网络社会共同体生活建构出必要的秩序状态，自然是网络社会治理所力求达成的重要目标之一。说到底，网络社会运行秩序的建立，以及网络社会文明的演进，最终要取决于电子网络空间里人们的各类行为活动是否能够规范有序地正常展开。要做到这一点，就需要为人们的网络行为活动“立法”，即要努力建构出网络行为活动所应遵循的网络社会行为规范，这包括网络文明准则、网络伦理道德标准和相关的网络法律法规等，并以此来引导并规范人们的网络行为活动。这是人类社会迎接网络化生存之挑战，以及有力推动网络社会健康发展的重要步骤和必备条件。由于人这一终极意义上的行为主体及其所具有的社会本质属性，并未因其在“网上”和“网下”这两个行为活动场域之间的变换而发生实质性的根本变化，所以，严格来讲，网络社会行为规范建构的一个主要路径，就在于将网下现实社会生活中的既有规范，推演和移植到网络社会共同体生活之中，同时强化人们对网络社会行为规范的自觉认同和有效践行。当然，除了既有规范的推演和移植之外，还要专门针对互联网络之“虚拟特征”和运行特点，新行建构一些更加适合网络社会生活运行和关系调适需要的新的规则规范，这主要体现在网络法律法规的建构和完善方面。就网络文明准则和网络伦理道德规范而言，其并未多少新行建构的任务，毕竟网络社会生活也仅仅是网下社会生活的一种网络延伸而已。

（三）疏解网络社会冲突

网络社会生活是网下社会生活的网络延伸，两者是密切关联与交互影响的关系，因此，除却网络社会生活自身内在生成的利益矛盾和社会冲突之外，网下社会生活中的一些利益矛盾和社会冲突，会普遍地渗透和呈现在网络社会生活当中，构成网络社会生活所特有的社会关系乃至矛盾冲突状态。各种各样的网络行为失范、网络权益侵害、网络舆情风波和网络集群事件等网络社会问题，其实都是网络及网下社会生活之内在关系紧张与利益矛盾冲突的投射和反映。它们不仅会对各类权益主体构成程度不同的权益侵害，也可能会挑战并危及网络及网下社会生活的运行秩序，所以，有效疏解各类网络社会冲突，也便成为网络社会治理的一大现实议题。网络社会治理，既要推动个体和机构之网络权益的维护与实现，又要对社会公共利益和网络社会正义施以有效的维护。同时，为了有效地疏解网络社会生活中的各类利益矛盾和社会冲突，网络社会治理在其实施的过程当中，还必须重点防范和应对那些网络失范行为。因为，“行为失范”与“权益侵害”之间，往往存在着比较直接的内在关联。网络合法权益涉及许多方面的具体内容，贯穿在信息传播、话语表达、信息获取、版权保护、虚拟财产等不同领域。在许多情况下，网络行为失范都可能会带来主体权益的某些损害。网络社会治理借由对网络失范行为的防控，而达成维护网络主体合法权益的目标，减少网络权益侵害及网络社会冲突所造成的网络社会紊乱。

（四）优化网络社会环境

相对于人这一网络行为主体而言，互联网络所营造出的，其实就是一个特定的行为活动场域和社会文化环境。人们的社会生活，也就此自然有了“网上”和“网下”之分。可以认为，“硬件”和“物质实体”意义上的互联网络，更多地显现出的只是其“技术支撑”的意义，我们所讨论的改善和优化网络环境的问题，应当定位在社会文化层面而非单纯的技术层面。网络社会治理的推展，应当在整体上促进网络社会环境的不断优化。网络社会治理的运作，在网络社会生活实践层面，可以将包括政府、企业、社会组织以及个人等多方面的社会力量都激发起来，唤醒其作为网络行为主体的责任意识和行动意识，即无论是在个人那里还是在组织机构那里，其都会充分意识到，自己不仅是网络共同体生活的参与者和受益者，同时还是网络共同体生活的组织者和治理者。基于这样的价值理念，蕴涵于网络共同体生活之中的社会自组织力量，就会和肩负公共管理职能的政府部门所掌控的公权力的力量一起，共同承担起网络社会治理的重任，并会在制度设计、体制架构、机制完善、措施推行等一系列环节，做出积极有益的探索和尝试。可以认为，网络社会治理行动，实际上蕴藏着巨大的社会动员和资源整合潜力，它有助于提升网络社会运行和网络社会生活的整体质量，也有助于彰显网络社会文明进步的基本价值理念。

（五）实现网络主体自由

网络社会治理，最终要实现人的网络自由和全面发展。毋庸讳言，网络社会治理问题的提出，源自于维持电子网络空间社会运行秩序的需要，网络社会治理的推行和实施，也必将有助于网络社会文明的建构和实现。但是，问题分析到这里，还未能在终极意义上真正触及问题的本质。如果我们再进一步讨论和追问下去的话，就必须要回答这样的问题：为何要努力形成和维系网络社会生活共同体的正常运行秩序，其价值和意义究竟何在？对此，本文的观点是，在终极意义上讲，形成和维系网络社会生活共同体的正常运行秩序本身，也仅仅是具有某种工具手段的价值和意义而已，其根本目的则在于，为实现人的网络自由和全面发展提供支撑要素和保障条件。在秩序和自由之关系的问题上，自由是最为根本的目的，而秩序只不过是达成自由所不可或缺的重要条件而已。就网络社会治理的根本目标取向而言，亦是如此。网络社会治理既是网络社会文明进步的内在要求，同时也是网络社会文明进步的保障条件。它绝对不是要限制和干预人们在电子网络空间里的行为活动自由，也不是要压制和遏制人的自由个性及其发展，而是要通过其在网络社会生活共同体中的推展和实施，来形成和维系良好的网络社会生活秩序，进而为人们舒展和张扬其自由个性营造出更加文明有序的环境条件，创造出更为辉煌灿烂的网络文明成果。着眼于促进网络社会文明进步的网络社会治理，其特定的价值和意义，显现在人类自身对于其自觉理性的充分信任上面，显现在网络行为主体对于其自我调适和自我约束能力的可靠预期上面，更显现在人类社会在行为实践层面，对包括网络社会生活在内的整个社会生活之运行秩序的不懈追求，以及在文化价值理念层面，对真善美之目标的无尽向往上面。

第二章 网络社会综合防控体系的功能与模式

网络社会[①]匿名、开放、高度自治等内在特点决定了对其管控存在较大难度，如何引导网络社会自律、解决管理前端缺失、提升网络社会违法犯罪查处力度来规划网络社会管控已成为一大课题。网络社会作为今天社会生活的一部分，其引导、干预或者控制等法治化的过程也必将是社会治理体系的一部分。

社会治理体系是一套系统化的制度体系，包含了社会治理的价值目标体系、结构体系、功能体系、运行体系和工具体系等。社会治理体系的各个构成要素也相互影响，共同作用于社会治理，影响社会治理的运行和效能。作为社会治理体系组成部分的网络社会治理，其建设和管理也不只是一个简单的技术问题，而是一项复杂的社会系统工程。我们姑且称之为“网络社会治理体系”或者“网络社会综合防控体系”（以下除非特别说明，所称体系均指“网络社会治理体系”或者“网络社会综合防控体系”）。这个体系同样是“一套系统化的制度体系”，包括网络社会治理体系的价值目标体系、结构体系、功能体系、运行体系和工具体系等。

网络社会综合防控体系之功能在于，它有助于主管机关运用法律法规对网络社会进行必要干预，有助于运营商和服务提供方运用技术手段提高网络社会技术规制水准，改善网络教育和网络舆论引导方式，同时以广大网民能接受的形式弘扬主旋律，实现行业自律和网络行为自律，加强网络社会的行业自律探索。

简言之，网络治理应是法律调整、政府干预、技术控制和网络自律相结

① “网络社会”（Cyber society）或者称作“虚拟社会”（Virtual society），它强调了该社会的“虚拟化”特性。网络社会是在网络空间中所形成的一个全新的社会，是由现实的和想象的虚拟化的产物——虚拟实体以及它在网络空间中的组合、联系、作用、活动，并联结在虚拟世界交互作用的人及其虚拟化存在所构成的社会。而且这四个概念产生的顺序，反映了网络社会产生、发展的内在逻辑。

合的综合过程[①]。

第一节　网络社会综合防控体系的功能

当前我国网络社会综合防控体系中担负主要任务的机构至少包括中央网安信（中共中央网络安全和信息化领导小组）、国家网信办（国家互联网信息办公室）、中宣部、工信部、公安部、文明办……就当前公安机关的任务而言，网络社会综合防控体系主要包括三大功能：一是指导辖区内互联网服务单位依据相关法律法规，组织安全员开展信息巡查和案件线索协查工作，受理违法案件线索举报，为群众排忧解难；二是开展网上便民利民服务工作，通过开通的专门频道，倾听民声民意、受理咨询投诉、替群众排忧解难，随时掌握社情民意、化解不稳定因素，使网安警务室成为“大走访”开门评警活动的重要载体，成为警民、警企之间沟通互信的窗口和桥梁；三是在本部门和本辖区内开展信息网络安全培训和法制宣传教育工作。

一、网络社会综合防控体系的功能界定

伴随着社会的进步、经济的迅速发展、科学技术的发展，网络社会与现实社会的联系日益紧密，在网络社会中活动也具有现实的社会意义。合理的对网络社会进行法治化管理，使其成为经济发展有利的助手，不但有利于经济的发展，还有利于社会的长治久安。

任何制度管理下的社会都需要秩序，网络社会也不例外。博登海默认为，“秩序是指在自然界与社会进程运转中存在着某种程度的一致性、连续性和确定性。”[②] 社会需要秩序，只有有了秩序，人们的生活、生产、交往才能正常的进行，人的自由和权利才能顺利实现，社会秩序不是偶然的，社会需要稳定的秩序。就像马克思所说的那样，“规则和秩序，正好是一种生产方式的社

---

① 参见尹建国：《我国网络信息的政府治理机制研究》，载《中国法学》2015 年第 1 期。

② ［美］E. 博登海默：《法理学——法律哲学与法律方法》，邓正来译，中国政法大学出版社 2004 年版，第 227～228 页。

会固有形式，因为他相对摆脱了单纯偶然性或任意性的形式。”

（一）网络社会综合防控体系的功能概述

所谓“功能”即效能、功效的意思，功能就是指事物或方法所发挥的有利作用和效能。网络社会综合防控体系的功能就是针对网络社会引发的现实化管理难题所能发挥的有利作用和效能。网络社会同样需要社会秩序，需要按照稳定的固有形式发展，使得其秩序满足主体的需要，符合网络社会自身发展规律的要求，对网络社会的管理也就是对网络社会秩序的管理。

从近年来发生的网络安全管理效果分析来看，网络社会的管理在很大程度上有别于现实社会的管理，将现实社会管理方法和手段照搬到网络社会管理当中，往往难以奏效。网络社会引发的现实化管理问题主要体现在网络法律、法规、规章的缺失、信息网络安全管理队伍培养、网络安全管理技术手段、网民素质的培养、网络舆情导控等方面。根据政府对互联网管理的总体目标即“确保互联网成为安全可靠的传播和商业媒介”，[①] 网络社会综合防控体系的功能就是网络社会治理过程中其所能发挥的有利作用和效能。

（二）我国网络社会综合防控体系功能变迁

我国自 1994 年接入互联网之后，网络管理开始成为政府部门的一项重要工作，网络社会综合防控体系及其功能也随着互联网的发展变化而发生变迁。如图所示：

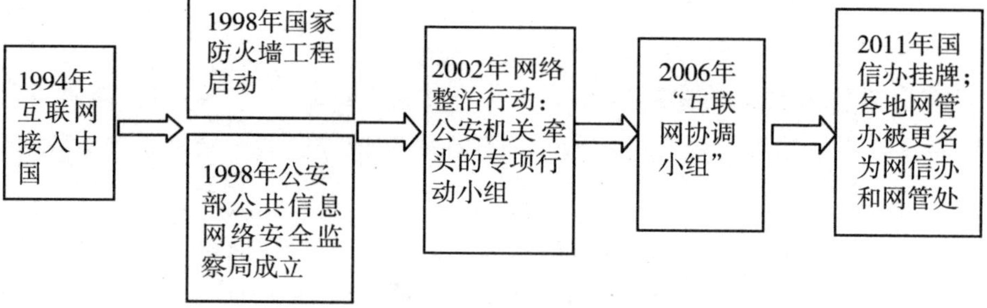

图 2.1　网络社会综合防控体系的变化

① 高宏存：《比较视野下网络新媒体管理机制探索》，载《行政管理改革》2010 年第 12 期。

1. 从1994年互联网接入中国那一天就已经开始，大致分为三个阶段。Web1.0时代，整治行动重心主要是防止境外势力、黑客的渗透；BBS、博客Web2.0时代主要打击“黄赌毒”；社交媒体兴起后，重心开始向掌控话语权倾斜。

2. 1998年，中国完成了两支队伍的建设。一支负责事前过滤——国家防火墙工程开始启动，另一支负责事中监控——公安部公共信息网络安全监察局正式成立。

3. 网络整治行动在2002年拉开帷幕，中共中央办公厅、国务院办公厅下发的《关于进一步加强互联网新闻宣传和信息内容安全工作的意见》称，“网上斗争形势十分严峻，存在大量反动、迷信、黄色内容，确保网络安全，事关政治稳定和国家安全”。领导这场运动的是由公安机关牵头的专项行动小组。整治目标虽笼统为“互联网有害信息”，但核心是三股势力对互联网的渗透——境外敌对势力、恐怖势力、邪教组织。①

4. 2005年，互联网进入Web2.0时代，网民不仅浏览信息也生产信息，打击“黄赌毒”由此成为这一阶段整治行动的核心。随着2006年“互联网协调小组”在各地铺开，网络整治开始常态化。

5. 2011年5月，国信办在北京成立，主要负责“指导协调和督促有关部门加强互联网信息内容管理”，这意味着“互联网协调小组”不再只是一个临时机构。国信办在国新办加挂国信办牌子。最初三名负责人来自三家最核心的互联网监管机构：国信办、工信部、公安部，中央治理网络的决心可见一斑。各地网管办被更名为网信办，公安等其他部门也成立了新机构，显示对网络监管的重视：把原先隶属于市场处的网络监管职能独立出来，成立了网络管理处。

二、网络社会综合防控体系的任务

网络社会治理的具体任务是增进网络主体理性、建构网络生活秩序、疏

① 中央各部委的行动主题不一：例如国家广电总局的做法是联合公安部一起清理传播淫秽色情等视频的网站，以及核查不落实“用户日志记录留存制度”等违法行为。

解网络社会冲突、优化网络社会环境、实现网络主体自由；网络社会治理的根本任务：达成网络社会基本价值的共识，建立“引导—协商—立法—自治”的网络社会综合体系，实现协同治理。要达成这个目标，必须坚持的原则就是协同治理、虚实结合、全民治理、依法治理，实现网络社会综合防控体系的目标构建。

（一）消弭网络法律规范缺失，提升网络法治化程度

任何社会都需要建立一个正常的生活秩序，以保障人们能安心地享受自身的合法利益，这是人类生活必须具备的起码条件。诚如有学者坦言：“法治应当成为现代人的一种生活方式”①。在现实的物质社会中诚然如此，网络社会中的生活更需要法治维护秩序，这是因为：

第一，中国已步入网络化时代且处于快速发展阶段。随着互联网的蓬勃发展和自媒体时代的来临，中国互联网络信息中心（CNNIC）2 月 3 日发布第 35 次《中国互联网络发展状况统计报告》显示：截至 2014 年 12 月底，“我国网民规模达 6.49 亿人，互联网普及率为 47.9%，较 2013 年底提升 2.1%，手机网民规模达 5.57 亿人，较 2013 年底增加 5672 万人”② 另外，2014 年上半年中国网民的人均周上网时长达 25.9 小时，他们在网络空间除了从事传统的消费、娱乐活动外，移动金融、移动医疗等新兴领域也受到网民的青睐，推动着网民生活的进一步“互联网化”。

第二，网络社会是现实社会的拓展与补充。网络社会活动的网民是现实社会的人；网络空间的交流与现实社会人们利用手机、电话交流一样，只不过是借助的平台换为论坛、微博客、微信而已，并且交流内容也是对现实社会的评价与看法；网络不良信息、网络谣言等尽管通过网络传播，依然会对现实社会生活的人们造成人身权或财产权的损害、危害国家安全与社会稳定。

第三，网络社会的无序带来严重的社会问题。网络所具有的虚拟性与网民的匿名性，为网络行为的实施提供了人们在现实社会空间无法比拟的自由，

---

① 陈福胜：《法治的人性基础》，黑龙江大学 2004 年硕士论文。

② 谭健：《中国互联网络信息中心（CNNIC）2 月 3 日发布第 35 次〈中国互联网络发展状况统计〉》，http：//www.zdnet.com.cn/files/mobile/article.php？id = 3045815，最后访问时间：2015 年 5 月 7 日。

基于网络社会应有规则的不完善且滞后，这种自由往往被滥用：“人肉搜索”引发的悲剧在各地不断上演。如广东陆丰蔡某怀疑顾客偷衣服，将监控视频截图发在微博，人肉搜索视频中的女孩，导致女孩隐私曝光，该女孩在朋友和网民的谩骂声中，不堪精神重负而自杀身亡。“网络谣言”侵犯人身权、财产权的事件时有发生。如“秦火火”等网络推手为非法牟取暴利，炮制出“雷锋 6 元工资穿 90 元行头”等网络谣言，诋毁公众人物的形象，严重侵犯了名人的名誉权、荣誉权。“南方金银花喝了上火”的网络谣言致使隆回金银花为代表的南方金银花曾一度价格急剧下跌，数十万药农血本无归。“绝症患者连杀 8 名村官”“食用艾滋病人滴过血的食物导致多人感染”等网络谣言一度导致人心惶惶，严重影响社会秩序的稳定。邪教组织利用互联网“散布政治言论和邪教思想，从思想上扰乱社会政治秩序”①，严重破坏了国家与政府的形象，损害了国家权威、政府公信力，扰乱了国家的政治治理秩序。

实施网络社会管理时，网络的隐蔽性、虚拟性和不确定性，使发现、识别、判定网上犯罪的难度不断增大。网络违法、犯罪活动趋于多样化，与现实社会相互交互、融合的发展态势，以及基于信息网络的新兴违法、犯罪方法和手段的层出不穷，使维护网络社会安全的责任更加重大。现实社会中适用的实体法和管理体系，在网络社会中无法有效约束和进行规范，致使一些网络与涉网违法、犯罪活动有可乘之机。因此，法治应当成为网络空间的一种生活方式，消弭网络法律、法规、规章的缺失，努力提升网络法治化的程度，这也应当成为网络社会综合防控体系的首要任务。

（二）打造专业的网络信息安全管理队伍

在网络技术高度普及的形势下，我国各项领域也都相继进入了网络化以及自动化的时代，可以说互联网时代的到来，给人们的生产和生活，尤其是政府部门及公安工作带来了前所未有的变化②，即在提高了人们的工作效率和质量、不断加快生活节奏的同时，网络信息安全问题也成为社会各界所广泛关注的问题，因而也必将成为网络社会综合防控体系的重要任务。

---

① 张明军、袁峰：《网络社会的政府与政治》，北京大学出版社 2006 年版，第 190 页。

② 迟洪伟：《关于计算机信息网络安全管理的几点思考》，载《硅谷》2015 年第 2 期。

然而在现今各部门、各单位在信息网络使用过程中还存在着很多的问题，例如网络管理和维护不力、安全防范上力度不够、观念的认识上存在问题等等，而随着网络技术的不断进步，这些问题就逐渐突显出来，对于这些问题的解决迫在眉睫[①]。但是，当前政府组织信息网络安全人员管理还较为薄弱。多数信息网络安全事件是因组织内部员工安全意识薄弱或监管不力而引发的，信息网络安全人员管理是政府进行信息网络安全管理的核心。[②] 对如何加强各部门尤其是各基层单位信息网络安全管理进行分析探究，并提出一些行之有效的解决方式，完善信息网络安全人员管理体系，构筑牢固的信息网络安全“人事防火墙”，从而确保各部门、各单位信息网络管理的安全性。

简言之，信息网络的安全管理是信息网络保障最重要的要素之一，政府应对网络社会管理的机构、部门的管理理念、管理手段、管理策略，还徘徊在较低层次。当前应重点从法律和制度管理、组织机构管理、设施安全管理、信息安全管理、运行安全管理、人事管理、培训管理等方面，充分认识加强信息网络安全管理的对策及其必要性[③]和网络社会与现实社会的巨大差别，推动网络社会管理和安全保卫人员对网络社会的管理能力和经验不断的充实、进行探索和创新。

（三）强化和提升网络安全管理技术手段

网络社会本身是以技术的发展为基础的，甚至可以说就是互联网技术发展的直接结果。随着计算机技术和网络通信技术迅速发展，各行各业对网络的需求也逐步扩大，它极大促进了社会经济的发展，在人们的日常生活和工作中的影响越来越深远。但伴随而来的是网络安全问题，计算机操作系统本身就存在着一定的安全隐患，再加上一些软件和应用程序在使用过程中存在大量无法避免的安全缺陷。因此网络安全管理的重要性就凸显了，网络安全管理作为一种更智能化、更全面的技术以及相关产品出现在市场上，它是靠

---

① 祁文谨、李宪章、王建军：《对加强部队信息网络安全管理的探讨》，载《国防》2013 年第 2 期。

② 徐东华、李静、战斌：《“5P 模型”视角下的政府组织信息网络安全人员管理体系研究》，载《云南行政学院学报》2013 年第 2 期。

③ 黄曙光：《信息网络安全管理对策》，载《办公自动化》2006 年第 7 期。

对各种安全技术和安全产品的协同和统一管理来发挥整体的安全作用[①]。

从实践情形来看，在技术引导方面存在许多遗憾：一是从有关研发公司购买的这种技术软件不能很好地适用我们工作的专业性需要，且因成本较高致使有的基层单位无力安装，再者是由于高素质网络管理人员的缺乏可能导致效果受影响。信息技术的不断发展和进步，也是网上技术和手段对抗激烈的开端，因此提升网络社会综合防控水平，都需要通过计算机网络技术来实现，同时也离不开互联网信息资源；建立完善有效的网络安全管理技术手段成为重要需求和工具。如果计算机网络安全管理技术不到位，那么就会给整个网络社会综合防控工作带来非常严重的影响，这不仅仅体现在日常公安工作中的舆情导控方面，还体现在网络系统安全方面。因此，提升我国的网络安全整体管理技术水平，对于网络社会综合防控体系的发展具有重大意义。

在这一点上，一些西方国家网络监管值得我们学习。尽管他们十二分地标榜“言论自由”，却在技术监控和防范上可谓无以复加、毫不手软，无论是苹果手机搜集用户的运动轨迹还是美国对各国目标人物的通讯监听，以及“斯诺登事件”，都充分表明，很多西方国家政府和社会，都对互联网衍生出的问题深恶痛绝，对网络监管日益严密，对网络犯罪打击也绝不手软。我们在建构网络社会综合防控体系的时候，在开展网络社会的斗争的过程中，一方面依托法律和制度的支撑，另一方面还是要理直气壮地运用技术手段寻求防控效率。

（四）培养理性和睿智的网民

非理性是网民极端或畸形的心态与行为，主要表现为“网络媒体审判”“网络暴力”“网络牢骚”与“网络谣言”等，其消极影响和社会危害不容小觑[②]。从全球网络应用水平角度来看，当前我国网民的整体素质和法律意识还相对比较淡薄，网民的合法权益保护意识和网络安全防范能力还亟待提高，还缺少网络管理、监督和投诉的制度和机制。

我们一方面希望网络民意能够成为规范政府行为、实现良好治理的重要

---

① 孙成卫：《网络安全管理当前的不足以及未来的发展趋势》，载《信息与电脑（理论版）》2013年11期。

② 陈党、高聪：《网络舆论的消极影响与有效监管》，载《中共天津市委党校学报》2014年第2期。

力量，另一方面又担心网络民意失序，不利于公共利益的实现。这一矛盾心态源于网络民意的双重属性：它既有真实性、草根性的优势，又有非理性、偏颇性的不足。通过对形成网络民意困境的原因的理论解读和现实分析可知，为了使网络民意有序化发展，政府应当从培养理性网民、拓展民意表达渠道、强化信息公开、柔化网络民意的引导等四个方面进行制度建设①。

在此基础上，政府应当适当放松对网络言论的规制，严守网络言论规制的限度，以维持网民参与国家治理的积极性，保障公民独立人格的发展，从而培育理性和睿智的公民。国家治理现代化从根本上说应该是人的现代化，公民作为国家治理主体的最重要构成元素，必须具备良好的政治参与素养。尤其是在网络政治参与领域，由于网络表达内容的碎片化、流言的盛行、社会怨恨情绪的爆发，容易导致网络舆论的理性匮乏，破坏网络社会的健康有序发展，无法满足国家治理现代化对公民参与的需求。所以，这就需要公民拥有良好的“参政素养”：既能自觉遵守法律和伦理道德发表言论，又能正确理解对待网络上的各种信息，还能有效运用网络从事表达政治见解、提出批评建议、从事网络揭丑等参政活动。② 要培养理性和睿智的网民（公民），首先需要公民的自律，不断增强自身的主体意识、责任意识和规范意识。“所谓主体意识，是指利用网络来增强自身的道德判断、推理和选择能力；所谓责任意识，是指在享受网络带来便利的同时，应该本着审慎的态度，严把信息关，主动承担起对他人和社会的责任和义务；所谓规范意识，是指在使用网络时要注意网络礼仪，同时要尽量保证言语表达的内容与形式的规范性。”③其次，需要借助政府力量，进一步切实有效地弘扬社会主义核心价值观，强化网络参政素养的教育引导。公民网络参政素养需要从学生抓起、从学校抓起，做到进教材、进课堂、进头脑。政府教育行政部门应当对各级各类学校下达任务，要求学校在课程设置方面将网络参政素养的培育作为一门必修课，甚至应当将学生学习的效果作为学生毕业、升学的重要衡量标准。第三，发挥社会力量的作用，营造公民网络参政的氛围。如社区可以组织丰富多彩的活动，通过开办旨在培养老年人上网能力的学习班、宣传画报、媒介素养讲

---

① 王堃、张扩振：《网络民意的困境与出路》，载《学术界》2012 年第 9 期。

② 黎慈：《公众参与：政府创新社会管理的有效保障》，载《湖北行政学院学报》2011 年第 6 期。

③ 黎福羽：《微博问政的发展对策》，载《领导科学》2010 年第 8 期。

座等多种形式提升社区居民的网络参政素养。

（五）科学高效导控网络舆情

从当前国际、国内网络安全形势和社会发展趋势来看，一段时期内网上恶意渲染、炒作、勾连的舆情引导和控制问题，社会热点、社会矛盾问题，在网络社会中的滋生和映射依然是很严重的课题，社会稳定的维护任务仍然需要加大力度和重点关注。①

当前，我们普遍采取的做法是，通过过滤软件来限制用户对互联网上特定网址，特定信息的获取，同时对网上信息进行甄别，及时发现、查封、堵截、屏蔽、过滤和清除有害信息，防范负面涉警舆情在网络上蔓延。但是，这些做法引来种种争议，争议的焦点在于"不良信息认定的标准"。这是因为，目前安全机关、公安机关、外宣部门等按各自的标准进行关键字过滤，十分混杂。这就需要我们认真研究涉警网络舆情的特点及其规律，及时总结经验，健全网上舆情引导机制；在主观上高度重视网络舆情的引导，并且在客观上采取了一系列有效的引导措施，建立起良好的警民关系，杜绝网络舆情处置工作缺位或严重滞后情况。

第一，高度重视，牢固树立"舆情"意识。网络舆情引导的成效如何，一定程度上取决于引导主体是否保持高度的重视。各部门在引导网络舆情过程中，应当坚持科学发展观，尽快转变思想观念，把网络舆论监督从一种负担变成一种习惯，把应对网络负面炒作的挑战变成提高工作能力的重要机遇，充分运用网络阵地这个公共平台，树立先进典型事迹，进行正面的网络舆论引导，让网民真正理解政府工作，支持政府工作，同时加强舆情监控。

第二，健全网络舆情应对机制，保障网络舆情引导的有序进行。为适应开放、透明、信息化条件下政府工作面临的新形势，进一步做好网络舆情引导、化解和处置工作，努力维护社会和谐稳定，树立政府部门机关良好形象，并制定规范统一的应对网络舆情的有关制度，如非法信息巡查处置制度，划分"重大""较大"和"一般"三级舆情，实行分级处置：对于"一般涉警网络舆情"，由单位领导统一指挥，本单位的引导机构负责处置；对于"较大

---

① 范立国、王红斌：《网络社会的现实化管理问题研究》，载《东北师大学报》2010年第6期。

涉警网络舆情”，经地市级网络舆情引导领导小组批准，由地级市网络舆情研判分析中心联合各涉警单位组织开展处置工作；对于“重大涉警网络舆情”，由地市局网络舆情引导领导小组统一指挥，各相关部门按各自的职责开展具体处置工作，建立多部门协作联动机制。多部门协作联动机制的建立，有利于确保一旦出现负面舆情，网监与相关部门能够及时介入，切实做到网络舆情早发现、早处置。网监部门应当坚持经常性网络舆情分析与重点网络舆情分析相结合，所谓“经常性网络舆情分析”，即对网络舆情进行日常性和持续性跟踪与搜集，并在此基础上建立网络舆情信息库，具有长期性、稳定性、系统性的特点。所谓“重点网络舆情分析”，即针对某一突发事件或某一特定任务进行有针对性的研判工作，具有针对性、临时性、专题性的特点。网监部门对网络舆情进行定量分析与定性分析相结合，每周形成一篇有分析、有对策建议的专题舆情分析研判信息，为领导决策提供依据。

第三，设置专门的机构，配备高素质的专业人员。前公安部部长孟建柱在2010年全国厅局长会议上指出：“严防别有用心的人恶意炒作，要组织专门力量，有的放矢加强以互联网为重点的社会舆论的正面引导，及时回应社会关切，防止有关问题在社会上发酵，引发连锁反应，牢牢把握舆论工作的主动权。”网络舆论的引导是一项复杂的工程，需要一整套常态化的引导机制，而其中至关重要的是应当设置专门的机构，并配备高素质专业人才，以迅速做出科学的决策，对网络舆论进行有效引导。（1）设置专门机构——公共关系科（处）。当前，各地大都是在指挥中心设置新闻发言人办公室（没有机构和人员编制），牵头负责舆情事件的处置引导工作。这种工作机制无法有效引导网络舆情，专业工作力量难以保障，懂宣传、与媒体沟通多的工作人员在宣传部门，而新闻发言人办公室往往是临时抽调人员或明确兼职人员组成；由于其临时性特点，往往在职能上偏重已经发生的网络舆情的处置，而对日常的网络舆情缺乏有效引导。因此，有必要设置专门的机构，系统地规划和开展宣传、新闻发布、网络舆情的防范和处置等工作。以公安机关为例，纵观全国公安机关系统，值得借鉴的是设置警察公共关系科（处）。据媒体报道，至2010年8月，全国13家公安机关［即湖北武汉、广东梅州和佛山、安徽芜湖、贵州遵义、福建福州、浙江湖州、浙江舟山、广东肇庆、四川开江、云南沾益、广东深圳、北京市（县）局］成立公共关系科。专业的公共关系科的设立，有利于整合宣传、新闻发言人办公室等有关职能机构的力量。

第四，采取柔性管理方式，注重与网络舆论主体进行有效沟通。当前，在网络这个互动、多元、信息量惊人的数字化模拟世界里，若只单纯依靠公安机关的刚性手段，恐怕会因监控困难而达不到良好效果，而尽量减少公安机关刚性强制干预，实行柔性管理则不失为一种符合网络社会发展规律的监管模式。所谓柔性管理，从公安机关管理网络舆论的视角来看，是指公安机关在研究网民心理及其行为规律的基础上，采用非强制的方式，在网民心目中产生一种潜在的说服力，从而把公安机关管理网络舆论的意志变为网民的自觉行动的管理方式。柔性管理的实质是要与网络舆论主体进行有效沟通。一是加强与网民的直接交流互动。既可以利用互联网快捷、受众面广的优势，开设恳谈室、政务博客、政务论坛等等与网民交流互动，现在受网民热捧的一种形式是通过“微博”交流互动，这是一种交流互动的新平台①；还可以不断创新“大走访”“恳谈会”“开放日”等方式与网民面对面交流互动，努力加强和谐公共关系建设。但关键的还是要勤政务实为民解忧，同时防止“僵尸网站”，及时互动。二是加强与新闻媒体的沟通交流。政府部门进一步落实信息公开，与媒体通力合作，努力构建互信、互助、互动的和谐关系，是做好网络舆论引导工作，实现和谐网络舆论环境的重要举措。既要“请进来”：通过邀请新闻媒体负责人、记者参加新闻联系会议制度、联谊会等形式，加强与新闻媒体的沟通联系，建立起与新闻媒体互信、互助、互动的和谐关系；还要“走出去”：通过定期走访新闻单位，认真听取媒体对公安机关的意见、建议，扩大沟通和交流，实现公安机关与媒体的良好合作。三是发挥意见领袖在交流互动中的作用。根据大众传播学中的“二级”传播理论，大众传播中的信息和舆论并非直接“流”向一般受众，而是要经过“意见领袖”。所谓“意见领袖”，通常是指那些在论坛中经常发表言论、在网民中有

① “平安肇庆”是全国首个以发布公安业务、公共信息为主题的微博。自 2010 年 2 月 24 日开通以来，已有微博粉丝数量超过 36 万人。据江苏省公安厅 2011 年 5 月 3 日的统计结果，截止到统计日，江苏省、市、县 60 多个公安机关已开通公安“微博”、博客，拥有“粉丝”逾千万，比如“扬州公安”“平安常州”“平安连云港”等。另据人民日报、微博和人民网舆情监测室联合发布的《2014 年政务指数报告》（以下简称“报告”）显示，2014 年经过新浪平台认证的政务微博达到 130103 个，江苏以 10025 个政务微博位居全国首位。政务机构微博方面，江苏也以 7313 个位居第一。

较高威信的人，向站务组提出申请后，经过一定的资格认定成为版主的权威网民。“意见领袖”所起的作用，对许多人来说，“是在大众传播信息和个人对信息做出反应这两者之间的一个重要的中介过程”。当网络上出现大量虚假信息和极端言论，受众无所适从，他们对于权威意见的依赖往往变得非常强烈，于是迫切需要意见领袖为自己解惑。这就为意见领袖发挥自身的作用提供了现实舞台。可见，公安机关在引导网络舆论中，应当注重发展为公安工作所用的“意见领袖”。一是发挥既有“意见领袖”的作用，增强他们的政治敏感性，做好公安工作宣传的传声筒，解读、传达公安工作的路线与方针；二是聘请新闻评论专家、行业权威和知名人士等有影响的人作为“意见领袖”，使其成为公安信息传播者，更好地发挥网络传播主体的作用。

三、网络社会综合防控体系的内容

现代社会治理体系由组织体系、制度体系、运行体系、评价体系和保障体系构成。其中，组织体系是主体，制度体系是依据，运行体系是路径，评价体系是标准，保障体系是支撑。它们既相对独立，又互为一体，从而架构起治理社会的互为前提、互相制约与互相推动的社会网络。①

网络社会管理中涉及的核心内容可归纳为四个方面：基础设施的规范、信息服务的管理、传播权利的保护、不良信息的整治。②

（一）网络社会综合防控体系的构成

网络社会综合防控与治理，并不是由政府通过管制单方面提供公共服务，而是由网络社会中的各个主体（包括政府、互联网从业者、网民）共同在基本的网络社会准则和规定下通过互动而实现公共秩序的供给③。政府、企业、社会组织、公民在网络社会中的位置和角色关系将是网络社会治理过程中不得不思考的问题。研究政府、互联网从业者（包括互联网基础运营商、网络信息服务提供商以及网络媒体等单位）、网民的行为取向及自利性表现，也是

① 杨述明：《现代社会治理体系的五种基本构成》，载《江汉论坛》2015 年第 2 期。
② 高宏存：《比较视野下网络新媒体管理机制探索》，载《行政管理改革》2010 年第 12 期。
③ 何哲：《网络社会治理的若干关键理论问题及治理策略》，载《理论与改革》2013 年第 3 期。

网络社会治理工程的应有内容。网络社会综合防控体系的组织体系和制度体系。

1. 网络社会综合防控体系的组织体系

治理体系的主体要素也就是治理结构体系，解决的是“治理主体是谁”“治理主体之间是什么关系”两大问题。网络社会综合防控的治理主体，无疑是政府和公民，但二者在治理中的地位却有所不同①。

有学者提出“党、政、企、社、民、媒”六大主体“六位一体”，缺一不可②；也有学者认为国家治理体系的主体包括党委、政府、司法、社会组织和个人③。

最近两年的网络社会综合治理过程中，国家互联网信息办公室（即“国信办”）频频出现在公众视野，常常扮演着网络治理行动发起者和协调者的双重角色。但在2011年国信办诞生之前，互联网管理工作往往由“互联网协调小组”领导，后者诞生于2006年。“互联网协调小组”规格并不低，其成员单位包括信息产业部（工信部前身）、国务院新闻办、教育部、公安部、国家保密局、解放军总参通信部等15个部委和军方机构，中宣部负责指挥，而办公室设在信息产业部。具体分工是：中宣部负责对互联网意识形态工作进行宏观协调和指导，工商总局负责互联网企业登记，国务院新闻办负责具体协调互联网意识形态管理，统筹宣传文化系统网上管理。在网络管理上，成员单位并不会悉数出动，而是根据实际情况进行“组合”。例如，整治网络低俗信息有时是全国扫黄打非办主导，有时是国务院新闻办、中央外宣办牵头；此外，公安部和工信部都曾独自发起过打击网络黑客的行动，而国新办是工信部之外的另一个重要的领导者，即互联网管理由国新办、工信部各自承担不同的职责；作为强力部门之一，公安部往往是“雷打不动”的固定班底，在由公安部主导的重大行动中，我们还可以看到最高人民法院和最高人民检察院的身影，比如它们有时第一时间出台司法解释，为公安部提供“尚方宝

① 金国坤：《国家治理体系现代化视域下的行政组织立法》，载《行政法学研究》2014年第10期。

② 陶希东：《国家治理体系应包括五大基本内容》，载《学习时报》2013年12月30日。

③ 王韶华：《国家治理体系现代化的核心是法治化》，载中国改革论坛网，http：//www. chinareform. org. cn/gov/system/Report/201311/t20131128_ 181622. htm，最后访问时间：2014年7月7日。

剑”……这样零散搭配的网络管理模式，是当时“九龙治网”的真实写照。[①]

在中央“互联网属地化管理”和“建立常态化的互联网协调机制”的双重要求下，上自省，下至区县，都纷纷成立了“互联网协调小组”。小组架构和组成单位跟中央大体类似，办公室最早都设在公安部门，最近两年各地跟着中央成立网络信息办之后，基本固定在网信办。

互联网协调小组组长一般由常务副省长（副市长）兼任，宣传部门、公安部门负责人担任副组长。在县区一级，有时也会由党政一把手亲自指挥。“能否落实好中央部署，既事关地方稳定，也会影响上级领导对你的看法，影响个人仕途。”[②] 因而在地方上，法院、检察院参与网络管理的例子也很容易理解。这样的组织体系，纪律性强，雷厉风行，效率高，但是需要在专业性和法治程度上提升。

2. 网络社会综合防控体系的制度体系

国家治理体系是指在党的领导下管理国家的制度体系，包括经济、政治、文化、社会、生态文明和党的建设等各领域体制机制、法律法规安排，也就是一整套紧密相连、相互协调的国家制度。[③] 网络社会综合防控，或者说网络社会治理的制度体系，也可以概括为经济、政治、文化、社会、生态文明和党的建设等各领域体制机制、法律法规等制度安排。

根据梳理和统计，到目前为止，现有相关网络管理的法律、法规、规章包括：《中华人民共和国计算机信息系统安全保护条例》（2011 年 1 月 8 日）《中华人民共和国计算机信息网络国际联网管理暂行规定》（1997 年 5 月 20 日）《计算机信息网络国际联网安全保护管理办法》（2011 年 1 月 8 日）《中华人民共和国互联网信息服务管理办法》（2011 年 1 月 8 日）《互联网站从事登载新闻业务管理暂行规定》（2000 年 11 月 6 日）《全国人大常委会关于维护互联网安全的决定》（2009 年 8 月 27 日）《新闻网站电子公告服务管理暂行办法》（2002 年 6 月 13 日）《非经营性互联网信息服务备案管理办法》

① 刘俊、徐颢哲：《网络“整治”背后的权力机构，互联网管理 20 年变迁》，载《南方周末》2014 年 3 月 20 日。

② 刘俊：《网络“整治”背后的权力机构——互联网管理 20 年变迁》，载《南方周末》2014 年 3 月 20 日。

③ 金国坤：《国家治理体系现代化视域下的行政组织立法》，载《行政法学研究》2014 年第 10 期。

(2005 年 1 月 28 日)《山西省计算机信息系统安全保护条例》(2008 年 9 月 25 日)《杭州市计算机信息网络安全保护管理条例》(2008 年 12 月 23 日) 以及《刑法》相关条文等等。2013 年 9 月 9 日，“两高”联合召开新闻发布会，公布《最高人民法院、最高人民检察院关于办理利用信息网络实施诽谤等刑事案件适用法律若干问题的解释》(以下简称《解释》)。该司法解释将于 9 月 10 日起正式施行。

3. 网络社会综合防控体系的运行体系

当前，我国网络舆情发展呈现的态势是：网络热点事件不断攀升、各种社会思潮网上争鸣、网络信息管理逐步纳入法治轨道、各种社交媒体的链式传播也日益趋于独立。在“三位一体”的互联网信息管理工作格局下，我国“网络社会综合防控”工作形成了纵向、横向与协作的网格状运行体系：国家互联网信息办公室牵头，“包括文化部、新闻出版广电总局等内容管理部门，工信部和公安部分别负责行业管理和网络安全”，“并各自承担汇集分析网络舆情的重要职责，即根据中央要求和各自职责汇集分析网络舆情”[①]，进而共同组成互联网内容管理部门。

在“三位一体”的网络信息顶层管理格局下，我国网络舆情信息工作的运行机制大致呈现三种结构：纵向网络机制、横向网络机制与协作网络机制[②]。

其中，纵向网络机制指由相隶属的职能部门形成的网状结构：纵向网络具有上下层次，各层次之间存还在行政领导或业务指导功能，这种纵向结构的网络社会综合防控机制，具有制度化、规范化和稳定性的特征。

横向网络机制则指网络社会管理职能部门及其同级职能部门之间形成的网络。这种横向的网络防控结构，有利于形成不同职能机构之间网络空间信息的汇集与共享，使网络社会综合防控过程中所获得的信息全面客观、真实准确。

协作网络机制，是以舆情研究职能机构为主体，以各级团体、大众传媒、社科研究机构、社情民意研究机构为补充的舆情信息研判网络。信息化时代，

① 戴维民、刘轶：《我国网络舆情信息工作现状及对策思考》，载《图书情报工作》2014 年第 1 期。

② 中共中央宣传部舆情信息局，天津社会科学院舆情研究所：《舆情信息汇集分析机制研究》，学习出版社 2006 年版，第 45 ~46 页。

网络舆情主体、载体和新的舆论场都在不断形成和涌现，单一的机构内部网络舆情研究显然不能覆盖社会各个层面，更无法承担网络社会综合防控的全部使命和艰巨任务。随着社会结构的变化和新媒体传播及交流手段的不断涌现，在搞好覆盖人群面广、学科门类齐全的操作主体建设的同时，有必要推动信息网络单位向农村、企业、学校、社区等延伸，向新兴群体、新兴组织、新兴媒体延伸，向社科单位、社科院所延伸，向掌握境外舆情的单位延伸，向专业舆情调查机构和部门延伸①。

4. 网络社会综合防控体系的评价体系

网络社会综合防控体系中，一个很重要的部分就是对网络舆情及有关信息的评价体系，没有这个不仅无法从及时有效完成防控任务、实现防控目标，反而可能受到“剪裁公民权利”的质疑和指责。故有必要明确网络社会综合防控工作中的舆情评价体系及其各项指标。

在这方面已经有一些学者做出尝试。如孙飞显、倪天林等学者认为针对政府的负面网络舆情可以划分为主体、客体、传播、受众 4 个维度；孙飞显等学者将这个评价体系细化为 14 个二级指标：主体指标分为主体类别、粉丝数、发文（帖子或者博文）数、被关注度四个二级指标；客体指标分为正负面、敏感度、相同话题文帖篇数三个二级指标；传播指标设定转发数、评论数、点赞数、传播速率三个二级指标；受众指标划分为地域分布、回应指数、参与频度三个二级指标，并为各项指标设计了量化细则。同时依据专家打分法确定评价因素的重要性，通过构造判断矩阵、矩阵归一化处理、和积法计算特征向量、矩阵一致性校验等方法，在微调评价要素重要性排序基础上规划各评价要素的权重，进而设计基于微博、针对政府的负面网络舆情热度定量评价方法。按照孙飞显等学者的理论分析、实证分析、综合对比结果表明：该方法有效，实际可操作性强，为针对政府的负面网络舆情分析、引导、管理和控制研究提供了理论依据。②

网络社会综合防控工作推进过程中，也应当建设自己的评价体系，从而明确“做什么、怎么做、做到什么程度”否则很可能失去行动的目标和方向，

---

① 戴维民、刘轶：《我国网络舆情信息工作现状及对策思考》，载《图书情报工作》2014 年第 1 期。

② 孙飞显、程世辉、靳晓婷、倪天林：《政府负面网络舆情热度定量评价方法——以新浪微博为例》，载《情报杂志》2015 年第 8 期。

以至于影响效果，甚至无法达成任何目标。

5. 网络社会综合防控体系的保障体系

网络社会综合防控还需要从意识、技术、管理和法治等方面建立保障体系。网络社会综合防控保障体系的构建可以概括为以下几个方面开展：第一，建立相应的领导保障体系，即领导重视。这是搞好网络维护工作的首要条件。网络社会综合防控工作的领导责任制，还可以涵盖高标准的领导机构建设、高素质的人员配备、推动网络社会综合防控工作的各项具体措施。第二，建立稳定的人财物保障体系：机构得力、人员到位、经费落实，对于操作人员进行专业培训；相关部门的密切配合及工作人员的观念转变和较高业务素养是维护好网络系统的关键。第三，建立完善的法治保障体系：即运用法治手段推动网络社会综合防控，包括制定科学的考核标准和考核体系；防止黑客攻击和网络电信诈骗及公民信息安全、保证服务器的正常运行；制定科学可行的具体实施措施，对网络管理员要加强监督。

综上所述，网络社会综合防控工作建立完善的制度保障体系、科学的考核标准与考核体系和责任制度，加大部门领导及相关工人员参与网络综合防控与治理工作的力度。网络社会的组织体系、制度体系、运行体系、评价体系、保障体系共同组成网络社会综合防控体系。这个综合防控体系将随着我国网络社会的不断发展，我国网络社会综合防控能力也将不断提升并逐步完善。

（二）网络社会综合防控体系的核心内容

1. 网络社会综合防控体系的硬件设施

网络社会，或者信息社会基础设施是信息社会最重要的基础设施，该基础设施由计算机、通讯网络、信息内容三个方面构成，是一种技术和产业的发展及其结合的有机组成。比如，不少国家和地区都建立了自己的“国家信息基础设施”（National Information Infrastructure，简称为 NII），它是指该国家（或者地区）的信息基础设施，在该主体管辖范围内任何人、任何机构可用，甚至相较于该主体范围内的交通、电力、电话、供水更加重要。其基本组成包括：（1）计算机设备：常驻在通信网上的高性能计算机，提供智能交换和增强网络服务。（2）通信网络：互联、互操作、共用标准、传递信息多样、具有各种服务机制。（3）信息库：公共和专用数据库、知识库、模型库、数字图书馆等。提供信息服务和网络目录服务，帮助用户定位、综合处理和更新信息。（4）专业人员人员，包括使用人员维护人员，其中，维护人员是指培养生成信息、开发应用和服务、规划和建设信息基础设施的专门人才。

NII 的层次结构包括：（1）传输系统：建设以光纤为主体的高速率、大容量、宽频带的传输干线，并辅之以电缆、卫星、移动通信等多媒体、多接入的传输手段；（2）网络系统：主要建设以 ATM（异步转移模式）为主体的多媒体综合交换设施和智能化监控、调度和管理服务的网络系统；（3）终端设备系列：电话、传真，计算机数据传输设备，有线电视、可视图文、立体声设备等；（4）信息服务系统，信息服务：除电讯、网络服务外，还有信息管理、标准化建设、网络软件开发等。

2. 网络社会综合防控体系的信息服务和管理

今天，人们已经习惯于借助互联网信息化发展平台，运用互联网和移动网络技术。我们的网络社会综合防控体系随着成为必要。因此。建立网络社会综合防控体系，就需要按照国家的法律法规，按照《互联网信息服务管理办法》[①] 的规定，制定信息服务和管理的制度规范。

（1）信息服务制度规范。早在 1995 年，英国标准协会针对 IT 服务管理制定过一个标准，即 ISO/IEC20000 信息技术服务管理体系。该标准发布后，立即成为国际 IT 服务行业的从业规范，全球越来越多的 IT 服务公司与机构正在按照 ISO20000 标准的要求建立、实施其服务管理体系，并寻求依据 ISO20000 标准的国际认证。显然，这里的更多是一种企业或者行业规范，属于市场调节的范畴。

（2）信息管理制度规范。网络社会综合防控体系中的信息安全管理制度包括：计算机管理制度、机房管理制度、网络安全管理制度、计算机病毒防治管理制度、密码安全保密制度、涉密和非涉密移动存储介质管理制度、病毒检测和网络安全漏洞检测制度、案件报告和协查制度、网络资源管理。这应当是网络社会综合防控体系的重点。

目前，各级政府管理部门，这些制度实现了从无到有的过程，但是，由

---

① 《互联网信息服务管理办法》是为了规范互联网信息服务活动，促进互联网信息服务健康有序发展，经 2000 年 9 月 20 日中华人民共和国国务院第 31 次常务会议通过，同年 9 月 25 日公布施行，共 27 条，2011 年被修改。

于其专业化要求和技术含量都非常高，难免存在着建章不当、执行不力、遵守疲软、流于形式、管理无序等问题，还需要进一步梳理研究，真正实现科学立制、令行禁止、执行有力、管理有序。

3. 网络使用权利的保护与规制

在网络社会治理的过程中，首先要认识到“言论自由”实际上网络社会延续的基础，正如“人与人的交往”是传统社会的基石一样。其二，必须认识到，网络社会的发展已经成为客观事实，是无法消灭的。质言之，想通过封堵的方式达成“治理网络社会”的目标，是不符合客观规律的。其三，要实现“维系和引导网络社会的良性发展”这个目标，还是要尊重和保护网民（实际上还是社会成员，即公民）的言论自由。最后，基于“自由与秩序”的原理，网络社会中公民的网络言论自由权利需要平衡，毕竟失去限制的自由将导致自由的消亡，不负责任的个体言论将直接威胁网络整体言论自由权利的存续。

因此，网络社会治理过程中，如何规范和控制国家的治理行为，最大限度发挥其有效性而防范其腐蚀性和破坏性，应当纳入建设网络社会综合防控体系的考虑之中。我们发现，当前网络社会治理有两种流于简单的做法需要纠偏，一是饱受诟病的“删帖灭贴”和“彭水诗案”之类的应对方式；二是备受争议的各种“很黄很暴力”的不良信息充斥网络的事实。前者人们称之“反应过度”或者“乱作为”，后者人们称之“缺位”或者“不作为”。网络社会综合防控体系建设过程中，必须更新理念，加深权力和权利的理解，树立正确的权力观和权利观；要防止公权力以钳制代替引导、以管控代替监督，过分控制网络以至于扼杀网络社会言论自由的拓展机会；正如我们所逐步了解和渐渐理解的那样，网络舆论（言论），来势汹汹，消退的时候似乎也很可以悄无声息，重视网络社会治理，但不应当反应过度或者过于激烈；更不能借口“治理”网络社会，“管理”网民，打着“网络社会治理的幌子”，作出背离社会治理的目标的行动。

4. 网络社会综合防控体系中不良信息的整治

随着网络和数字技术的发展和应用，媒介进一步融合，“网络不良信息挑战核心价值观”，并导致“网络犯罪、色情、垃圾、暴力、侵权、赌博、恐怖主义以及网络沉溺、网络霸权等各种非秩序化网络行为和病态现象也随之涌现。”① 同时，治理和遏制媒介融合环境下网络不良信息还需要理论支持，网络治理法治化建设还需要参考性建议，保护网民合法权益、网络发展和国家网络安全。

首先，需要在网络不良信息的类型研究方面取得突破。即不能再拘泥于学者们以前主要局限于对网络色情信息的研究，还应当重点关注学者们关注较少的暴力信息、赌博信息、诈骗信息、邪教信息、恐怖主义信息等网络有害信息给社会带来的危害，以及相应的法律治理对策的缺失。其二，在网络不良信息危害的研究方面，不应拘泥于学者们对青少年、大学生等个别群体的研究，还应关注网络不良信息对成年人乃至整个社会和国家安全造成的危害。其三，在网络不良信息治理对策的研究方面，应充分考虑网络自身发展的规律和全球化发展的属性，以综合治理为视角，以网络法治化建设为目标，探索网络不良信息综合治理的法治保障机制，以及多主体联动、协商共治的研究。

第二节　网络社会综合防控体系的模式

梳理互联网的发展史——网络社会形态的发展路径，可以发现网络虚拟社区从Web1.0时代的电子邮件和BBS到Web2.0相对成熟的网上社区（即各种群）的发展，互联网技术构建的“交流无障碍阶段”已经彻底影响并改变人们的生活，呈现出“观点聚集无障碍”的形态②。“网络社会”集中表现为互联网，随着互联网的发展和人们对网络的掌握、接受和依赖，学者习惯使用“网络社会”一词指代这种特殊社会形态。网络社会综合防控体系的模式也可以或者应当反映出网络社会形态的发展路径。

---

① 张名章：《价值理性视角下的网络发展与和谐社会构建》，载《温州职业技术学院学报》2008年第2期。

② 王臻：《网络社会管理：关乎中国未来的“大设计”》，载《电子政务》2011年第9期。

一、网络社会综合防控体系模式概论

网络社会是网民存在的主要方式，也是构成网络社会的基本结构，研究网络社会结构的发展趋向及其管理模式是创新社会管理、构建网络社会综合防控体系即模式的前提。

（一）网络社会综合防控体系模式概述

关于网络社会管理模式的建构，国内外一些学者已作了某些重要的探索。中国社会学网络社会学研究会副会长、广州大学谢俊贵教授①所做的梳理非常有代表性。按照谢俊贵教授的梳理，在美国较早出现所谓“网络社会自组织管理”的模式，认为网络空间失序的防范与纠正是一个有赖于自组织的过程，网络空间的参与者必将在多次反复博弈的进化过程中，采取合作的态度，为了集体利益的实现将自觉主动地让渡一部分个人自主权和个人利益，从而实现网络空间的自我协商、自我融合的过程，也就是依赖自身实现的自组织过程。网络行为失范的事实证明，这种观点过于理想化，无法成立。事实上，无论西方或东方国家，完全依赖于网络社会自组织进行网络社会管理并不存在，包括美国在内的西方发达国家所采用的网络社会管理模式并非自组织管理模式，而是采用政府主导或政府指导下的网络社会管理模式。

在 2002 年，学者赵水忠提出将各国对互联网的管理分为两类，即“政府主导模式”和“政府指导行业自律模式”②。“政府主导模式”的特点是，政府通过制定法规、规章和网络过滤的技术手段对网络进行管理，政府对网络的监管相对严格，代表性国家有新加坡、德国、澳大利亚等；“政府指导行业自律模式”则依赖互联网业界的自律和规范，政府和行业协调管理，在通过立法规范的同时，着重强调网络界自身的网络分级制度和从业者的自律规范等，代表性国家有美国、法国、英国、加拿大等，其中，法国执行“共同调

---

① 谢俊贵：《中国特色虚拟社会管理综治模式引论》，载《社会科学研究》2013 年第 5 期。

② 赵水忠：《世界各国互联网管理一览》，载《中国电子与网络出版》2002 年第 10 期。

控”的管理政策，美国则选择多方协调型网络管理模式[①]。

我国学界和政界提出过的社会管理模式，具体包括政府主导型模式、柔性管理模式、整合型管理模式和“1+5”模式等[②]。

总之，互联网监管必然受到市场运行机制、政治文化传统等诸多因素的影响，因而各国在互联网世界的管理思路和模式差异较大，呈现多元化的态势。但总体看，基本上可以分为两种主要方向。一些西方发达国家较早走上了市场化发展的道路，市场运行机制趋于成熟，它们在加强立法的同时，更多地通过市场调节和行业自律来对网络进行监管[③]。而一些亚洲国家和一些欠发达国家强调在保护用户权利的同时突出公共利益的原则，更加注重借助政府的行政效率，通过各类刚性措施来保证互联网的规范化运转。相比较而言，西方发达国家的法律环境更为成熟，无论从法律自身的完善程度，还是从法律对互联网商业化运作的保障来看，都具备很好的基础。

（二）网络社会综合防控体系模式梳理

1. 政府指导行业自律模式

政府指导行业自律模式以美国为代表。美国对网络社会的管理，主张的是保护言论的自由。所以，在互联网管理方面，美国主要实施的是政府指导行业自律模式。其管理的基本思路是：尊重互联网的特性，政府尽量避免不必要的管理和立法，减少不恰当的影响和限制，但在必要情况下，政府也会积极地加以介入[④]。美国政府在1997年宣布，对互联网的政策为“不干涉政策”，主张支持行业自律的同时认为不必要的限制将会阻碍互联网络的全面发展[⑤]。

英国等国家也主张行业自律，但是有区别：有一些的国家主张政府对网络社会的管理活动不进行直接的参与，网络社会的秩序主要依靠网络社会主

---

① 美国在这方面言不由衷、言行不一是出了名的；对互联网采取“不干预”政策，但政府对数字内容市场也实行“有限监管”，并制定了相应的法律来提供保障。

② 谢俊贵：《中国特色网络社会管理综治模式引论》，载《社会科学研究》2013年第5期。

③ 张光博：《国外网络信息立法对我国的启示》，载《现代情报》2004年第9期。

④ 成素英：《国外网络社会管理经验及对我国的启示》，载大众网，http://www.dzwww.com/llzg/mj-zl/106002/wl/201408/t20140804_10772539.htm，最后访问时间：2014年8月4日。

⑤ 姚美辰：《网络社会管理法治建设若干问题研究》，南京师范大学法学院2013年硕士论文。

体的自律，政府的管理则作为补充，代表的国家有英国、加拿大和日本，最典型的是英国，因此我们叫这种模式为英国模式。

2. 政府与行业共同管理模式

政府与行业共同管理模式以法国为代表代表。法国的政府与行业共同管理模式是建立在以政府、网络技术开发商、服务商和用户之间经常不断的协商对话基础上的。为了使共同管理能够发挥作用，法国还专门成立了一个由政府机构人员和个人组成的互联网管理常设机构：互联网国家顾问委员会。

我国在网络社会综合防控方面也已经开始加强协作体系建设。以公安机关为例，开始建立健全内部联动机制：由社区民警负责加强对本辖区内重点涉网单位的管理，网监部门、国保大队负责收集、分析和研判网上情报信息，刑侦、经侦、治安、派出所等单位负责对涉网违法犯罪开展查处打击。同时，外部协作机制开始建立和健全，部门协作加强，由市政府牵头，成立由公安、文化、教育、宣传、工商等部门参加的网络安全工作领导小组，开始定期召开联席会议，通报网络社会安全状况，对网上突出问题开展联合整治；此外，区域协作，加强与周边地区公安机关的沟通配合，实行对跨区域实施的涉网违法犯罪进行联合打击。

3. 政府主导管理模式

有些国家对网络社会管理的立法模式是对网络社会进行严格意义上的控制，通过采取必要措施的手段方式，来维护各个国家和各个民族的利益和价值体系，从而更好地保障各个国家与民族的优秀文化传统的传承，保护网络社会的有序性、纯洁性，在对网络社会中的违法犯罪行为，尤其是对网上的虚假宣传、网络色情、网络暴力、恐怖活动等行为的惩戒是极其严重的。新加坡是主张政府必须强制介入互联网内容管理的国家之一，为了防止公共秩序、国家安全、种族和宗教和谐以及公共道德规范受到侵害，该国政府一直强调对互联网实行较为严格的管理。其主要手段有两种：一是实行许可与注册等级制度；二是实行严格的检查制度。具体措施是：第一，对国内网站进行归类，即根据网站内容中的人体暴露程度、暴力和攻击性语言等内容对网站进行归类。（2）制定行业业务规范。其原则是实现“电子平等”，即在传统媒体上得到准许的内容，在互联网上也应得到准许；规范在技术上应是中立的。（3）建立行业自律机构来制定和贯彻业务规范。

4. 网络实名制管理模式

以韩国为代表的网络实名制管控模式倍受争议。网络实名制有三种形式：一是纯粹的因特网实名制，即从加入会员到论坛发帖等所有步骤都需要实名确认；二是因特网留言板实名确认制，即只有通过登录和本人确认手续的会员才能在论坛上发帖；三是因特网留言板实名制，即在发帖的同时标注网上昵称和真实姓名。我们的邻国韩国在实行该种互联网管理模式方面也有很多值得我们借鉴的地方；但是，对于“实名制”的警惕和争议，使得这种管理模式备受诟病，同时也带来了“公民信息安全风险”，甚至直接导致“侵犯公民信息安全”违法犯罪行为的发生。

5. 网络社会环境净化模式

俄罗斯正在通过努力营造健康的网络社会环境，达到网络社会综合防控的目标。一方面，加强对本国网络公司的管理，另一方面，俄政府还通过直接参股等形式加强对国际新兴媒体的监控。为了保护网民的合法权益，摒除虚假有害信息，营建安全健康的网络服务环境，俄罗斯政府有关部门实施了一系列卓有成效的政策措施①。俄罗斯政府支持并保护互联网的自由，但同时明确强调互联网自由要以道德和法律为基础。为了净化网络环境，保护网民免受有害信息侵扰，政府规定，各网站负有清理各类违法信息的责任。如果网站拒绝配合监管部门清理非法信息，监管部门将发出警告。两次警告无效，监管部门将提请法院关闭网站。若媒体网站出现违规行为，媒体主管部门将提出警告，两次警告后仍然无效，则通过司法程序关闭违规媒体网站。

二、非常态应对中的综合防控模式

法治分常态和非常态。网络社会综合防控体系模式的选择也应分为常态应对和非常态应对的两种。非常态是相对常态而言的。随着信息化、网络化的快速发展，舆论的作用越来越突出，对社会稳定和群众情绪的影响越来越大。公安机关执法活动更是社会各界和媒体关注的“焦点”和“热点”，工作稍有不慎就有可能被媒体关注并炒作为新的社会热点问题。公安工作的特

① 廖伟径：《强化网络监管：俄罗斯：营造健康网络环境》，载《经济日报》2012年6月7日。

殊性，历来是媒体关注和炒作的重点。这种关注，如果导向正确，可以弘扬正气、震慑犯罪、凝聚警心、振奋精神，提高人民群众对公安机关的认知度，为公安工作创造良好的社会舆论环境；如果导向不正确，则可能误导群众，混淆视听，损坏公安队伍形象，降低公安队伍威信，涣散民警斗志，影响公安工作和队伍建设，甚至直接影响到社会稳定大局。

为此，常态的网络社会综合防控体系中，除了日常工作中，要注意进一步提高舆论引导能力，努力为公安工作和队伍建设营造和谐的舆论环境之外，突发事件网络舆情导控已经成为公安机关的一个重要课题。我们把网络社会突发事件网络舆情导控，称为网络社会综合防控体系中非常态的应对机制。

（一）非常态应对中的网络舆情综合防控模式简介

能否有效应对突发事件、重大舆情是对舆论引导工作的重要检验。随着信息技术的发展，以微博、博客等为载体的网络新媒体已日益成为舆论传播和热点聚集的重要源头，舆论热点的多发、突发、频发也已成为常态。

然而，有的地方政府部门在遇到紧急情况的时候往往选择回避和敷衍，不能解决问题；忧心忡忡、束手无策，也不是应有的状态。所以，在网络社会综合防控体系建设过程中，改进执政方式、提高执政效能，加快推进信息化、网络化建设，就必须要勇于直面群众关注的问题，尤其是在紧急状况下，或者说在非常态情况下，要不断提高各类舆情应对能力，坚持快报事实、慎报原因，主动回应媒体关切，善于运用媒体引导社情民意。

1. 突发事件类别及其特点

经历了 SARS 和“甲流”等事件的洗礼，我国出台了突发事件应对法。《中华人民共和国突发事件应对法》[①] 第三条第一款规定：“突发事件是指突然发生、造成或者可能造成严重社会危害，需要采取应急处置措施予以应对的自然灾害、事故灾难、公共卫生事件和社会安全事件。”

该法根据突发事件发生的原因、机理、过程、性质和危害对象，将“突发事件”分为四类：第一类是自然灾害，即由自然因素直接所致的，主要包

① 《中华人民共和国突发事件应对法》由中华人民共和国第十届全国人民代表大会常务委员会第二十九次会议于 2007 年 8 月 30 日通过，自 2007 年 11 月 1 日起施行。

括洪涝干旱灾害、恶劣气象灾害、突发地震地质灾害、海洋生物泛滥灾害以及森林草原火灾等；第二类是安全事故灾难，即由人们无视规则的行为所导致的，主要包括工矿商贸等各类企业的各种安全事故、公共设备设施的事故、核设施泄露与辐射事故、环境污染和生态破坏事件等；第三类是公共卫疫事件，即由自然因素与人为因素共同所致的卫生疫情等，主要包括传染病疫情、群体性不明原因疾病、食品安全和职业危害、动物疫情以及其他严重影响公众健康和生命安全、引起公众恐慌的事件；第四类是社会安全事件，即由一定的社会问题诱发的危及公众安全与社会稳定的事件，主要包括恐怖袭击事件、民族宗教事件、经济安全事故、涉外突发事件和群体性事件等等。

突发事件的特点，可以概括为五个：第一个是突发性，即事件发生的真实时间、地点、危害难以预料，往往超乎人们的心理惯性和社会的常态秩序；第二个是危险性，即事件给人民的生命财产或者给国家、社会带来严重危害。这种危害往往是社会性的，受害主体也往往是群体性的；第三个是紧迫性，即事件发展迅速，需要采取非常态措施、非程序化作出决定，才有可能避免局势恶化；第四个是不确定性，即事件的发展和可能的影响往往根据既有经验和措施难以判断、掌控，处理不当就可能导致事态迅速扩大；第五个是结果的二重性，即危难性与机遇性的二重辩证统一[①]，重大突发事件的危难性是必然存在的，但其偶然性迸发出的客观机遇性往往被忽略，事实上在危难中抓住机遇对于成功应对突发事件、提高党和政府的危机管理能力，及促进社会政治经济生活各层面的各个领域不断发展创新、与时俱进，都具有十分重要的意义。

2. 突发事件信息发布形式与舆情应对

近年来我国群体性突发事件呈现出数量逐年增多、利益性矛盾突出、危害性大、复杂多变等趋势。这不仅直接导致社会经济生活的重大损失和人们财产安全受到威胁，而且极大地危害到社会的稳定与发展。

随着国家法治建设和社会经济的发展与进步，人们开始达成共识：突发公共事件的信息发布应当及时、准确、客观、全面，也就是说要在事件发生的第一时间向社会发布简要信息，随后发布初步核实情况、政府应对措施和

① 岳会丹、孙红霞：《重大突发事件二重性探微》，载《河南科技学院学报》2012 年第 9 期。

公众防范措施等，并根据事件处置情况做好后续发布工作。这既关系到公民知情权的实现，也是政府的义务，更是我们科学妥善有效应对突发性时间的保证。

过去有关信息公开的规定，地方政府和媒体缺乏报道权，为各种突发事件的传闻蔓延提供了机会，教训惨重。[①] 按照现有法律制度和实践做法，突发事件的预警原则上由发生地的县级人民政府享有警报的发布权，但影响超过本行政区域范围的，应当由上级人民政府发布预警警报；确定预警警报的发布权，应当遵守属地为主、权责一致、受上级领导三项原则。

突发事件信息发布形式主要包括授权发布、散发新闻稿、组织报道、接受记者采访、举行新闻发布会等。这意味着社会公众有了获得权威信息的渠道。2008 年 5 月 1 日《政府信息公开条例》正式生效；5 月 12 日，四川发生大地震，该条例的落实和作用得到检阅，我国在这一领域也已经取得了长足的进步。

3. 突发事件中的网络舆情综合防控

在网络时代和网络高度发达的条件下，人人都有麦克风，人人都可以发消息。“权威发布一旦跟不上，谣言就会满天飞。”[②]

面对重大灾难事故，需要顶格回应，这本是危机处置、舆情应对的基本法则。

第一，突发事件处置，首要是真诚坦率的态度，在官方与民间搭建起心理层面的认同。

其次，及时的应急处置是平复舆情发展的工作根基，“做了才能说”是回应质疑的真理。正如李克强总理强调的，“安不安全不能靠拍胸脯，要拿数据说话”。[③]

再次，动态的信息发布是处置舆情的基本工作要求，但是没有诚恳的态

① 陈力丹：《论突发性事件的信息公开和新闻发布》，载《南京社会科学》2010 年第 3 期。

② 天津“8·12”火灾爆炸事故发生后，到现场的李克强总理的指示引起广大网友的共鸣和认同，堪称重大突发事件信息发布和网络舆情应对的教科书。总理说：“……是否会对公民造成伤害，不能靠拍胸脯，要拿数据说话！”“要本着对人民群众生命高度负责的精神，对空气、水、土壤质量等环境指标持续准确监测，公开透明及时向公众发布，不得漏报瞒报。”，载搜狐网。

③ 李克强在 2015 年 8 月 16 日天津“8·12”火灾爆炸事故现场所强调的。

度和完善的应急处置做支撑，效果可能适得其反。[①]

简言之，突发事件网络舆情综合防控方面，我们倡导政府和社会共同参与协同作战实现治理目标：或者说，应以政府发挥主导作用、社会力量积极参与，各方主体合作的网络社会综合治理模式。这主要是由网络社会的特点、我国的单一制国家结构形式、建构主义法治模式和人民政府职能的性质以及我国社会转型期公民社会发展状况决定的。

（二）域外突发事件中的网络舆情综合防控模式

1. 德国的危机信息平台

在德国，重大突发事件信息的发布通常由总理和各部部长亲自出马，举行发布会，“回答记者和传媒提出的每一项问题”，形成了为记者服务、为媒体服务、为公众服务的传统。

德国建立了一个内外分离、集中处理、便捷高效的危机信息平台，该系统主要有两个彼此独立的子系统构成。一是德国危机预防信息系统，该系统集中了互联网上所有可以找到的危机预防措施信息并面向社会公众开放，主要向人们提供在面对各种危机情形时应当如何采取保护措施等信息，并及时与网民互动。该系统网络平台有多个相关链接，人们可以很方便地查询到各种有关民众保护和灾难救助的背景信息以及各种预防危机的措施等信息。二是德国危机预防系统，主要是建立民事保护和灾难防护领域的内部信息网络，来支持非同寻常的危险和损失发生时迅速的信息分析，为决策者在民众保护和灾难救助上提供信息，这一内部平台可以帮助决策者有效的应对危机，大大减轻决策层的预先评估和资源管理工作。同时，德国还建立了及时有效、多举并用的预警系统[②]。

2. 法国设有比较健全的新闻发布制度

法国设有比较健全的新闻发布制度。突发事件发生后，国家有关部门可以在第一时间获得突发事件的相关信息，并及时将信息传递给公众，这有效地缩短了突发事件信息传播的时间，有效地杜绝了谣言等社会不良信息产生

① 何新田、魏耀奔：《人民网舆情监测室：天津新闻发布会出了怎样的问题?》，载搜狐网，http：//mt.sohu.com/20150817/n419014942.shtml，最后访问时间：2015 年 8 月 17 日。

② 丰芳芳：《突发事件应对中的行政信息公开》，西南政法大学 2009 年硕士论文。

和传播的空间①。

3. 加拿大的“政府在线”

加拿大是一个信息化程度很高的国家，也是世界上少数几个具有完备的互联网监管机构和体系的国家之一，拥有健全的应急机构与先进的应急系统。加拿大的应急事务管理体制主要分为联邦、省和市镇三级模式，实行分级组织管理模式，根据紧急事件的不同种类，或者事件的影响不同，协调中心分工也是不同，如有的负责火警、有的负责自然灾害，也有的专门负责应对网络突发事件，如网络警察等；各应急事务管理部下设多个紧急事件应急中心，是协调机构，主要负责协调在紧急状态下政府如何应对问题；加拿大政府于1994年发布了《运用信息通信科技改革政府服务蓝图》，这是世界上首份国家发布的运用信息通信技术角度全面改革政府的框架性文件；加拿大政府部门之间在法律框架下逐渐构建了包括国家安全、信息安全、运行安全和网络监控等的网络通讯管理体系②。

此外，加拿大政府很重视政府网站“用户”的参与。从年月开始，加拿大中央政府的部门选择了一些加拿大老百姓作为代表，为“政府在线”项目提供使用反馈并参与研究如何解决各个部门启动“政府在线”项目遇到的常见问题。当发生突发事件时，完善的政府网站将迅速发布相关救援信息③。

4. 新加坡的“刚柔并济”

新加坡政府对网络监管比较严格，对突发事件网络舆情的管制政策尤其以严格著称：设立了专门机构监控网络有害信息，要求网络内容提供商履行为色情、政治、宗教、种族方面的有害信息进行过滤的义务，对黑客、垃圾邮件、非法下载等行为的惩处非常严厉。可新加坡政府近年来也采用一些产业自律政策。它一方面强调依法管理，设立了专门机构监控网络有害信息，要求网络内容提供商履行为色情、政治、宗教、种族方面的有害信息进行过滤的义务，对黑客、垃圾邮件、非法下载等行为的惩处非常严厉；另一方面也注重规则的合理性，在制定因特网法规的过程中充分征求社会各界的意见，

① 俞可平：《治理与善治》，北京社会科学文献出版社2000年版，第5页。

② 伍夏：《发达国家政府应对突发事件网络舆情的典型经验》，载《中外企业文化》2014年17期。

③ 何祛：《政府网站的建设与完善一从加拿大、德国政府网站谈起》，载《软件世界》2006年第8期。

力争制定一个能兼顾因特网技术优势和社会需要的运转良好并不断完善的管理办法。此外，为保证网络管制规则的合理性，新加坡政府成立了国家互联网顾问委员会。该委员会是新加坡政府专门为互联网的发展和管理而设置的咨询机构。它由来自政府机构、业界、研究机构等各方面代表组成，其职责是就互联网发展中出现的各种问题向政府提出参考建议，协助政府制定有关的法律法规，及时收集社会各界对政府有关政策的反馈意见。

综上所述，国外突发事件网络舆情信息流导控实践起步较早，形成了三种主要模式：或者致力于彰显个人自由核心价值（自律导控模式），或者力求个体自律与国家调控相协调（均衡导控模式），或者凸显政府强制介入作用（东亚导控模式）①。

（三）国内突发事件中的网络舆情综合防控经验总结

近年来，基于SARS、“甲流”、大地震、泥石流、系列幼儿园伤人事件，尤其是天津港“8・12”火灾爆炸事故的经验教训的总结……我国先后出台了一系列关于互联网管理方面的法律、法规，包含行政法规、地方性法规与规章、规范性文件等，在突发事件网络舆情信息流导控法律机制建设方面取得了一定的成绩。但也存在不少问题，表现在如下几个方面：一是突发事件网络舆情信息流导控方面的相关法律法规的法律层级较低；二是现有的关于突发事件网络舆情信息流导控的法律法规比较粗犷；三是相关法律法规的制定总体滞后于互联网技术的发展，难以及时应对不断涌现的网络新现象、新变化。

上述问题暴露在实践中，往往表现为以下几个方面：一是官方信息完全滞后于民间和国际信息，处于被动地位；二是新闻发布会均在提问阶段回避问题，留下太多想象空间给外界，导致次生舆情；三是主要官员没有出来及时交流、沟通，引起外界质疑；四是对老百姓非常关注的问题先否定后确定，影响了政府公信力②；五是境外媒体报道时遇到一些阻挠，在海外带来负影响；六是当地媒体不合时宜的出现歌颂式诗歌等引来舆论。网络时代或者说

---

① 张玉亮：《国外突发事件网络舆情信息流导控模式及其对中国的借鉴》，载《湖北社会科学》2013第7期。

② 例如有的新闻发言人对于在网络上“有图有真相”的事实却给与否定，引发社会公众的质疑就在所难免，这些对政府公信力的影响将无法估量。

新媒体时代的传播，有一个重要的特点，亦即信息的"先入为主"。也就是说，公众对信息的接受度和信任度，在很大程度上受信息发布的时间先后所左右。在重大突发事件和公共事件中，"权威发布"抢不到第一时间，几乎是无法克服的一个必然。在这种条件下，媒体就成为重要的信息渠道。媒体不仅不是对立面，而且是舆情的预警器，媒体所关注的问题往往是公众关注焦点的反映。如何应对媒体，可能成为人们评价执政能力的指标。

第三节　我国网络社会管理模式的演进过程

当前我国网络社会综合防控的具体管理模式大致可以概括为三种：第一种是惩罚强制式管控，这是基本的模式，表现在：集中于某一特定时段推行运动式或专项式的集中整治活动，通过常规监管，对违法发布、传播网络有害信息的个人或组织，进行个案式处罚、制裁；在一些重大突发、危机事件中，从源头上限制网络使用。第二种是参与合作式导控，这是一种进步，政府邀请"网络意见领袖"、未成年人父母、网民等参与网络信息治理。第三种是激励式引导，指对积极维护网络信息秩序的个人或组织予以奖励，寻求示范效应。第四种是疏导式治理，指发生重大网络舆情时，政府及时疏通网络情绪，增强信息透明度，化解信息安全威胁[①]。我国网络社会综合防控的具体管理模式正在迈向一种积极有作为的阶段。这种进步经历了一个比较漫长而艰辛曲折的过程，同时也是因应互联网时代的发展变化历程和网络虚拟社区发展的阶段，与时俱进地发展变化的。

一、Web1.0阶段的政府主导型网络社会管理模式

（一）风靡一时的BBS社区论坛

第一代互联网，被人们称作Web1.0时代。这是一个"群雄并起，逐鹿

① 参见尹建国：《我国网络信息的政府治理机制研究》，载《中国法学》2015年第1期。

网络”的时代。在 Web1.0 上做出巨大贡献的公司有 Netscape，Yahoo 和 Google。Netscape 研发出第一个大规模商用的浏览器，Yahoo 的杨致远提出了互联网黄页，而 Google 后来居上，推出了大受欢迎的搜索服务。从知识生产的角度看，Web1.0 的任务是将以前没有放在网上的人类知识，通过商业的力量，放到网上去；从内容产生者角度看，Web1.0 是商业公司为主体把内容往网上搬，而 Web2.0 则是以用户为主，以简便随意方式，通过 blog/podcasting 方式把新内容往网上“搬”；从交互性看，Web1.0 是网站对用户为主；从技术上看，Web 客户端化，工作效率越来越高。比如像 Ajax 技术，GoogleMAP/Gmail 里面用得出神入化。

虽然不同网站采用了不同的手段和方法，但第一代互联网还是表现出有诸多共同特征，可以概括为五个方面：技术创新主导模式、基于点击流量的盈利共通点、门户合流、明晰的主营兼营产业结构、动态网站。

第一，Web1.0 基本采用的是技术创新主导模式，信息技术的变革和使用对于网站的新生与发展起到了关键性的作用。第二，Web1.0 的盈利都基于巨大的点击流量，即依托为数众多的用户和点击率，以点击率为基础上市或开展增值服务；第三，Web1.0 的发展出现了向综合门户合流现象，并延伸出主营业务之外的各类服务；第四，Web1.0 还形成了主营与兼营结合的明晰产业结构；第五，Web1.0 不以 Html 为语言，在 1.0 时代，动态网站已经广泛应用，比如论坛等。

Web1.0 关键技术（HTML、DHTML）及其网络应用（门户网站、BBS）的社会化过程表明：Web1.0 阶段网络社会管理模式可以概括为政府主导型。

（二）对国内 BBS 论坛管理的回顾及其启示

我国的 BBS 论坛，尤其是高校 BBS 论坛，在其传播和发展的过程中，发展成了一种日益普遍的社会现象。网络的开放性使得各种社会思潮、舆论动向等都会在 BBS 论坛上首先反映出来、扩散开来，如果管理不当，不仅会激化矛盾，还会成为社会不稳定的因素。“从某种意义上讲，BBS 论坛的管理问题成为国内网络思想政治教育及网络舆论调控的一个核心问题。”[①] 回顾国内

① 潘敏：《国内外 BBS 论坛发展及管理比较研究》，载《思想理论教育导刊》2007 年第 7 期。

BBS 论坛（尤其是高校 BBS 论坛）的管理历程，总结教训，吸取借鉴国外及其他地区 BBS 管理的有益做法与经验，对于今天网络社会综合防控体系的建设、改进和完善仍然具有重要意义。

1. 完善了高校论坛的实名注册管理，为学生的事务类言论和交流提供有效渠道的同时，更加直接有效地搜集和了解到学生的带有普遍性的需求和非常规的动态。随着社会的发展，以及多个“人肉搜索”事件的深入讨论，高校 BBS 论坛实名制注册管理制度已经逐渐得到认同。高校 BBS 论坛实施实名制注册的同时，依然践行保护合法的言论自由的承诺，只要遵守站规，不发布和传播反动、色情及含有诽谤、侮辱他人内容的言论，就享有充分的自由，可以自由地浏览和发布各种信息，自由阐发自己的观点，并对别人的观点作出自己的评判。从这个意义上说，各国高校 BBS 论坛实行实名制注册，非但不是限制了言论自由，反而能抑制那些非法言论的散布，从而更好地保护了合法的言论自由。如教育部“中国大学生在线”参考欧美、我国香港特别行政区等发达国家和地区校园信息化成功经验，结合中国高校的特点开发的“e－class（大学生实名制信息交互平台）”，具备身份实名制认证、校园公告分级定向发布、教师可控的 BBS 论坛、校园招贴栏、教学课件下载、教学影视点播、大学博客等功能，实现虚拟和真实世界的有效结合，能从容面对互联网络对传统思想政治工作方式的挑战，为高校学生与学生之间、学生与学校之间的交流提供了网页化、人性化、一站式的解决方案。

2. 努力加强 BBS 论坛的舆论引导，在开放的空间中坚持主流价值观，弘扬正能量。互联网是十分重要的阵地，在任何一个国家，政府都是互联网管理背后的推动力和主导者。如美国 FBI 等机构、日本执法情报机关均采取 24 小时不间断监视、收集和分析网上信息，对“第二频道”等 BBS 和网上论坛的监控尤为严格，如美国的棱镜计划、监听风波和斯诺登事件至今还在发酵；新加坡把“反政府和影响民众信心”“煽动种族和宗教仇恨、歧视”“危害公共安全和国防”等内容纳入 BBS 和网上论坛受管制的范围。我国强调必须坚持党的宣传思想工作原则，不允许反对四项基本原则的言论利用 BBS，努力使 BBS 论坛既切合网民需求，力求与主流文化的发展相一致，在多样性的网络环境中，坚持马克思主义意识形态、价值观念对网络舆论的引导，这是必须的，也是正当的。

3. 结合国情，制定了更加完善相关法律法规，通过立法管制和自律管理结合进行 BBS 论坛管理。世界上很多国家都采取自律管理和立法管制等综合方式对网络进行管理，不同之处在于，有些国家在强调自律方面成效更大，有些国家在立法方面进步更明显。

4. 建立了便捷有效的用户举报机制，充分发挥网民在 BBS 论坛管理中的协助监控作用。国外这种建立用户举报机制的管理模式，比较有效但需要投入相当的人力物力才能建立。如韩国政府在 2004 年 7 月成立了韩国警察厅网络犯罪应对中心，承担接受举报、调查、开发技术和进行国际合作等打击网络犯罪的任务；美国网上扫黄三大名案：麦克斯维尔案、坦科案、斯蒂格案，均是因举报人举报并提供重要线索而破获。其实，这在中国让人很容易想起“群众路线的法宝”，国内的一些机构已经开始建立了举报中心，如中国互联网协会互联网信息服务工作委员会主办的“违法和不良信息举报中心”，通过发动群众，利用“三大法宝之一”的群众路线，在净化网络环境、构建和谐网络的过程中取得了比较明显的效果。

5. 加强了 BBS 论坛自身的管理体系的建设，与相关职能部门建立了良好的共管机制。无论是从公共政策的视角，还是从依法保障言论自由权利的角度，管制并不是最有效的互联网信息纠纷解决方案。针对网络所传播的内容，政府除了采取最低限度的干预之外，能够做的还是依靠责任部门、团体、管理组织以及 BBS 论坛自身的管理体系的管理。

6. 继续发展网络监管技术，建立并实施有效的 BBS 论坛内容分级机制和过滤预警系统。很多的政府或组织之所以敢于强调自律管理，还在于其网络技术的发展为实现互联网内容的分级和过滤提供了条件。如英国“网络观察基金会”组织与由几十家网络服务提供商组成的联盟组织、英国城市警察署和内政部等共同设立了内容分级和过滤系统，让用户自行选择需要的网络内容；通过建立互联网内容分级制度，针对不同的网络内容采取保护、规范、限制和禁止等不同措施，使政府在更高的层面上把握舆论方向，协助企业、组织发展自律管理体系，从而实施有效管理。

二、Web2.0 阶段政府主导下的行业自律管理模式

2014 年 9 月 14 日，中国互联网协会发布了《致中国 6 亿网民的一封信》。

信中提到，中国互联网经过二十多年的发展，在网络基础设施建设、网络应用方面取得了卓著的成绩，中国互联网已全面进入 Web2.0 时代。①

（一）网民共同建设形成的第二代互联网

Web2.0 是相对于 Web1.0 的新的时代而言的。前者是一个利用 Web 的平台，由用户主导而生成互联网产品的模式；后者则是由网站雇员主导生成的。故，Web2.0 被称作第二代互联网，Web2.0 展现的是一个新的时代。②"Web2.0"的概念 2004 年始于出版社经营者 O'Reilly 和 MediaLive International 之间的一场"头脑风暴论坛"。"Web 2.0"的概念随之诞生了；Web2.0 更注重用户的交互作用，用户既是网站内容的浏览者，也是网站内容的生产者。Web2.0 环境下，所谓"网站内容的生产者"，就是指互联网上的每一个用户，而且这些用户在作为互联网读者的同时，也成为互联网作者；在互联网上冲浪（surf）的同时，也成为"波浪"制造者；在模式上由单纯的"读"向"写"以及"共同建设"发展；由被动地接收互联网信息向主动创造互联网信息发展，从而更加接近于"人机对话"。

Web2.0 模式下的互联网应用具有"去中心化、开放、共享"等等显著特点：1. 用户分享，即用户参与网站内容制造。在 Web2.0 模式下，可以不受时间和地域的限制分享各种观点。用户可以得到自己需要的信息也可以发布自己的观点；2. 信息聚合。信息在网络上不断积累，不会丢失；源于用户贡献的网络效应，是在 Web2.0 时代中统治市场的关键。3. 以兴趣为聚合点的社群。在 Web2.0 模式下，聚集的是对某个或者某些问题感兴趣的群体，可以说，在无形中已经产生了细分市场；4 开放的平台，活跃的用户。Web2.0 更加注重交互性，可读可写，体现出的方面是各种微博、相册，用户参与性更强。不仅用户在发布内容过程中实现与网络服务器之间交互，而且，也实现了同一网站不同用户之间的交互，以及不同网站之间信息的交互。平台对于用户来说是开放的，而且用户因为兴趣而保持比较高的忠诚度，他们会积极地参与其中。

Web2.0 技术主要包括：博客（BLOG）、RSS、百科全书（Wiki）、网摘、

---

① 载腾讯网，http://tech.qq.com/a/20140914/012113.htm，最后访问时间：2016 年 3 月 3 日。

② 林东清：《资讯管理：e 化企业的核心竞争能力》，载《智胜文化》2010 年版。

社会网络（SNS）、P2P、即时信息（IM）等。我们可以发现：Web2.0 阶段网络社会管理模式可以概括为行业自律型。

（二）Web2.0 时代我国可以采取的措施

1. 加快网络立法进程，健全网络社会法律、法规和管理体系

在我国信息网络发展的过程中，随着各种类型的信息网络安全事件不断涌现，促使国家陆续出台一系列配套的法律、法规和规章，以期使网络安全管理工作做到有法可依、有章可循。一方面，网络社会安全管理的制度支撑问题。出台国家层面的信息网络专属法律、法规，梳理、完善、补充和调整与现有信息网络安全相关的法律、法规体系；另一方面，网络安全管理与网络内容管理职责分工问题，着力解决目前我国信息网络安全管理的不同层次职能分布于政府不同机构、部门当中的问题，改变信息网络安全管理的多头管理、交叉管理、无人管理的现象，切实解决当前网络社会管理上的错位和缺失问题；第三个方面是尽可能遵循 Web2.0 形成的规律和原理，充分发挥网民的创造精神和主动性。

2. 精心打造专业化、现代化的信息网络安全管理队伍

打造专业化信息网络安全保卫队伍的核心目标，就是能够依照国家法律、法规，运用行政手段强化对信息网络内容进行监督、检查、指导，有效预防和打击信息网络违法、犯罪和危害信息网络安全活动，肩负起维护信息网络公共秩序、保障经济发展和社会稳定的责任。

3. 紧跟信息技术发展前沿，建立、健全网络安全管理技术手段

加强信息网络内容监督和网络安全管理的手段和系统建设，充分利用和发挥网络技术手段的重要作用，形成严密、高效的网络舆情智能分析、IP 地址备案、网络特定对象管理控制等多种网络管理和技术手段体系。

4. 全面加强网络安全教育，提升全体网民素质

网络社会是一个宽泛的现实社会缩影，虚拟中的“自然人”也有着不同的素质和修养，网络社会与现实社会有着本质的区别和差异，需要加强对网民的管理教育和素质提升。

5. 做好与网民的交流与沟通，重视舆情引导控制

重视做好与网民的交流与沟通，及时收集掌握网络舆情信息，加强网络

内容监督和管理，积极掌控和引导网上舆情民意，对突发的信息网络社会热点、敏感信息，对涉及炒作重大事件和诋毁政府形象，对散布传播非法集会、游行、上访和谣言等可能对社会稳定产生影响的舆论信息进行疏导和查处，起到舆论监督控制作用①。

三、Web3.0 阶段的协同治理型网络社会管理模式

互联网的技术日新月异，互联网不断深入人们的生活，更多的人参与到了有价值的创造劳动，那么“要求互联网价值的重新分配”将是一种必然趋势，因而必然催成新一代互联网的产生，这就是 Web3.0。“Web3.0 将是彻底改变人们生活的互联网形式”，使所有网上公民不再受到现有资源积累的限制，具有更加平等地获得财富和声誉的机会。

（一）尚处于探讨阶段的未来互联网 Web3.0

Web3.0 的定义，现在还没有一个统一的认识。中国互联网协会副理事长高新民曾经指出：Web3.0 有好几种理解：一种认为 Web3.0 是未来互联网的代名词，它没有特指，以微博、sns 等等为特征的体现。简言之，Web3.0 是代表下一浪潮的互联网，仍然是以移动互联网为基础的各种创新模式；Web3.0 还是以互联网为代表的，以感知网络为主、拓展为人和人的、结合智能终端的交流；带有移动功能也是 Web3.0 的特征。因此，Web3.0 可以说就是欧美所言及的“下一代互联网”。也有人认为 Web3.0 只是由业内人员制造出来的概念词语。对这个探索中的概念，最常见的解释是，网站内的信息可以直接和其他网站相关信息进行交互，能通过第三方信息平台同时对多家网站的信息进行整合使用；用户在互联网上拥有自己的数据，并能在不同网站上使用；完全基于 Web，用浏览器即可实现复杂系统程序才能实现的系统功能；用户数据审计后，同步于网络数据。

未来互联网应用的发展方向一定是向着更加细分、更加专业、更加兼容的方向发展，内容管理将有专业的内容管理提供商；Web3.0 的网络模式将实

① 范立国、王红斌：《网络社会的现实化管理问题研究》，载《东北师大学报》2010 年 7 月第 6 期。

现不同终端的兼容，从 PC 互联网到 WAP 手机、PDA、机顶盒、专用终端，不只应用在互联网这一单一终端上。

Web3.0 将建立可信的 SNS（社会网络服务系统），可管理的 VoIP 与 IM，可控的 Blog/Vlog/Wiki，实现数字通信与信息处理、网络与计算、媒体内容与业务智能、传播与管理、艺术与人文的有序有效结合和融会贯通。

（二）Web3.0 阶段网络社会的协同治理型管理模式

无疑，网络社会的健康发展，固然离不开政府的积极治理；但是，由于网络社会具有高度复杂性，包括非中心性、不确定性，突发性等等，所以单靠政府的力量或者政府自上而下的努力，很难规制网络社会的各种乱象，难以达成理想的效果。Web3.0 时代，网络无处不在，人类无时不在网络，网络与人类生活须臾不可分离；网络不再是人类生活的外在方面，它将与人类生活融为一体，网络真正成为人类的生活空间；Web3.0 时代，网络社会协同治理是网络社会法治化建设的现实需求，也是完善网络社会治理理论成果、切实提高社会管理科学化的必然选择。

网络社会协同治理，就是网络社会的治理摒弃由政府通过管制单方面提供公共秩序的模式，改为“充分调动”网络社会中的各个主体，包括政府、互联网从业者（含互联网基础运营商、网络信息服务提供商以及网络媒体等单位）、网民等主体共同在基本的网络社会准则和规定下，通过互动达成网络共识①，从而实现网络社会公共秩序的供给。在协同共治原则下，形成网络社会的多元主体共同治理的格局。网络社会法治化建设过程中，必须将不同主体置于合适的位置，兼顾不同主体的利益，发挥其各自的积极性和主动性、建立起他们之间的良好协作关系；建立既实现公共利益、满足不同主体需求的秩序结构，同时也弘扬法治和民主、保障公民的自由权利。因此，建立政府与社会、政府管理与社会自治的良性互动和分工协作，才是社会管理创新

① 有人认为，网络社会不可能也不需要什么“共识”，本文认为无论从实践考察，还是从理论上剖析，网络社会基于人与人交往关系的实质，作为社会生活的延续，“共识”是可能的也是存在的。这里限于主体和篇幅不做讨论。

之道[1]。

综上所述，网络社会综合防控作为社会治理的一方面，当社会治理理论不断发展，“治理”取代“管理”“善治”代替“善政”“国家与社会协同治理”以实现公共利益的最大化。那么，具有“非中心性、不确定性、突发性”等特点的、具有高度复杂性网络社会的治理，改变传统的管制思想，代之以协同共治的原则，将成为明智的、甚至是不二的选择。在当前“社会治理”的时代背景下，在“网络社会治理与综合防控”的过程中，治理思路的探索、治理方法的摸索、治理路径的选择，尤其是“协同治理”理论范式的引入、国际先进经验的了解、比较和借鉴，将成为学界作进一步努力研究的重要课题。

在国家给定的社会治理总体布局下，当前我国地方政府社会治理创新的行动逻辑呈现出一种“总体－支配型”管控特征，而由此种特征带来了公共服务效能感难以提升、“刚性稳定”思维中运动式治理突出、“条块”关系矛盾所导致的治理机制无法整合与优化、服务型社会组织培育的制度性困境重重以及规范化的治理效能评估体系与服务购买项目评估机制难以建立等诸多问题，成为了当前我国地方政府社会治理创新的主要行动困境。网络社会的健康发展，固然离不开政府的积极治理；但是，由于网络社会具有高度复杂性，包括非中心性、不确定性、突发性等特征，单靠政府的力量或者政府自上而下的努力，很难规制网络社会的各种乱象，难以达成理想的效果。质言之，网络社会协同治理是网络社会法治化建设的现实需求，也是完善网络社会治理理论成果、切实提高社会管理科学化的必然选择。针对这一问题，地方政府未来社会治理创新的策略逻辑应从“总体－支配型”的管控行动逻辑迈向“技术－治理型”的共享共治逻辑，以提升地方政府社会治理和公共服务的效能。[2]

① 燕继荣：《协同治理：社会管理创新之道——基于国家与社会关系的理论思考》，载《中国行政管理》2013年第3期。

② 黄毅、文军：《从“总体－支配型”到“技术－治理型”：地方政府社会治理创新的逻辑》，载《新疆师范大学学报（哲学社会科学版）》2014年第2期。

第三章　国外网络社会综合防控体系的实践与启示

互联网的飞速发展，促进了各国政治、经济、文化的快速发展，但与此同时，网络诈骗、网络谣言、网络色情等网络违法犯罪行为危害社会公共秩序、侵犯公民、法人、其他组织的合法权益，各国均面临着网络社会治理问题。在德国，几乎没有任何规范的网上行为使得德国电子空间的“无政府状态”日益加剧。暴力、色情、欺骗与敲诈每时每刻都在借助网络而实施。许多人自称为不受任何限制的“网络世界公民”，无拘无束、完全自由地横行于电子空间；一些网络服务商为了招徕生意，毫无顾忌地将一些赤裸裸的色情内容送上了网络；更有甚者，一些具有计算机天才的青少年充当了网上“黑客”（hacker），时不时惹出许多麻烦。1993 年，三个不法分子策划了一个“1 亿马克的网上赌博游戏”，致使大批人上当受骗，在德国 4 个大城市掀起了一场网络风波。1994 年，两个慕尼黑人通过网络获取了美国电话电报公司的网上密码，并把密码向外销售，使得全世界都可以打美国电话电报公司的免费电话，造成该公司 1300 万美元的损失[①]。在英国，英国商业、创新和技能部（the Department for Business，Innovation and Skills）公布信息安全调查报告显示，2012 年英国 93% 的大公司和 87% 的小公司遭网络袭击，比 2011 年增长 10%。网络犯罪行为导致英国每年损失数十亿英镑[②]。在美国，美国联邦调查局（FBI）互联网犯罪投诉中心（IC3）最新发布的一份报告显示，美国 2014 年网络犯罪的受害者损失预估超过了 8 亿美元。2014 年 IC3 总共收到 26.94 万宗投诉，据 IC3 统计分析，美国 2014 年最常投诉的五大类型网络诈骗有：

---

① 唐绪军：《破旧与立新并举 自由与义务并重——德国“多媒体法”评介》，载《新闻与传播研究》1997 年第 3 期。

② 杨柳：《网络犯罪导致英国每年损失数十亿英镑》，载《国际金融报》2013 年 4 月 25 日。

情感骗局、汽车骗局、房地产骗局、恐吓勒索诈骗以及政府扮演骗局①。在巴西，世界知名企业赛门铁克·诺顿公司（Norton of Symantec）发布的调查报告显示，仅2012一年期间，网络犯罪使巴西损失159亿雷亚尔（约合130亿美元）。该公司对全球24个国家1.3万成年人进行访问调查，其中有546名巴西人。调查结果显示，大约有2830万巴西人受到过网络犯罪的侵害，平均每个人损失562雷亚尔②。在日本，据日本警方统计的数字显示，2011年利用网络违法案件达到5388件，比前一年增加189件，为历年来最多。其中，传播淫秽物品案件699起，比前一年增加了220%；网络诈骗案件899起，比前一年增加42.6%③。面对日益复杂的网络社会问题，各国普遍认识到：网络尽管是虚拟空间，但绝不能成为任意放纵的天堂。网络社会的治理工作，就社会治理主体而言，不仅仅是政府行政管理就能达到目标，而是需要社会各方力量的努力；就治理手段而言，不仅需要严密的调控网络社会秩序的立法，而且需要强化网络技术以应对。本章以德国、英国、美国、日本等网络社会发达国家为分析对象，梳理这些国家网络社会综合防控体系的主要做法，归纳这些国家网络社会综合防控体系的有益经验，为我国网络社会综合防控体系的构建提供借鉴。

第一节　英国的网络社会综合防控体系

英国作为互联网发展起步最早的国家之一，基于长期奉行“监管而非监控”理念，英国对互联网的管理最先主要由1996年成立的“网络观察基金会”（IWF）负责。随着网络谣言、网络欺诈、网络恐怖主义等网络违法犯罪问题的盛行，英国逐渐意识到制定网络立法调控网络社会的重要性，先后出台了应对网络违法犯罪、维护网络安全的一系列网络立法，也加强了政府的

① 王上：《2014年美国网络诈骗损失超8亿美元：含五大类型》，载新浪网，http://tech.sina.com.cn/i/2015-05-28/doc-icpkqeaz5815765.shtml，最后访问时间：2016年6月7日。

② 胡涛：《巴西因网络犯罪年损失上百亿美元》，载《北京商报》2012年11月5日。

③ 陈睿哲：《日本：网络监管多管齐下 打击网络诽谤阻击“围殴”》，载《法制日报》2012年8月14日。

行政管理，正如英国警察协会郡警察局长安迪特洛特所说："我们需要接受这一事实——人们有权以一种可让人讨厌的方式与他人交流，警察机关并不希望介入。但另一方面，社交媒体中出现了大量的人身攻击，比如骚扰和暴力威胁，这些都产生了实实在在的伤害。在这一方面，警察不能坐视不管。"[①]尤其是2011年伦敦骚乱事件发生后，英国政府更新立法计划，更加强调行政执法机构对网络进行监管，允许国家安全部门查阅重要的网络数据资料，从而形成了行业自律、行政管理、技术管理、法制管理为主体的综合防控体系。

一、英国治理网络社会的立法体系

（一）《公共秩序法》

1986年颁布的《公共秩序法》（The Public Order Act 1986）适用于网上言论的规制。根据该法第4条规定，某人若以骚扰、威胁或使他人陷于苦恼为目的，使用具有威胁、侮辱性质的言语，或者散布具有威胁、侮辱性质的文字或符号，该人就构成犯罪。尤其是强调煽动种族仇恨的言语、文字或符号，符合本法第三部分第18条至第23条列举的煽动种族仇恨的各种行为方式，应当适用《公共秩序法》追究其刑事责任[②]。

（二）《计算机滥用法》

1990年颁布的《计算机滥用法》适用于规制破坏计算机信息系统的非法行为。该法第1条专门针对未经合法授权而滥用计算机的行为，即某人为进行非法活动进入任何操作系统或数据库，在明知自己行为未经许可的情况下，启动他人计算机、接近操作系统或数据库的，处以6个月监禁或者法定5级标准的罚金。该法第2条针对未经合法授权访问计算机并进行破坏的行为，即某人在实施了上述第1条未经许可侵入计算机的违法行为后，继续实施其他犯罪活动，即使没有达到继续实施其他犯罪活动的目的，但已经为此扫清

---

① 唐华：《报告称过去4年英国社交网络犯罪案件增长近8倍》，载国际在线，http://gb.cri.cn/27824/2012/12/28/2805s3974460.htm，最后访问时间：2016年5月3日。

② 范卫国：《网络谣言的法律治理：英国经验与中国路径》，载《学术交流》2015年第2期。

了障碍，对于年满21周岁以上的行为主体，应当处以5年监禁。该法第3条针对未经合法授权改动计算机原件的行为，即某人在实施了上述第1条未经许可侵入计算机的违法行为后，又实施改变他人计算机系统内容的行为，处以6个月以上5年以下的监禁①。

（三）《诈骗法》

《诈骗法》适用于规制网络诈骗行为。《诈骗法》实施之前，有关诈骗的行为适用英国1968年的《盗窃法》第15条的规定。但适用该条款的必要条件之一是要认定行为人是否实际参与，如果行为人没有实际参与，则不构成诈骗，这显然是针对传统社会的行为方式，不符合网络社会诈骗的特征。于是，针对网络诈骗行为的数量不断增长，2006年出台了《诈骗法》，规定行为人只要以诈骗为目的转移财产（主要是货币）就构成诈骗，对其追究刑事责任。《诈骗法》对于“伪造”行为也做了规定，即伪造或变造他人文笔（笔迹）导致他人利益受到侵害的行为②，或者为自己或他人使用、伪造假冒工具，并且引诱他人接受仿造品当成真品③，使用本法予以处罚。

（四）《数字经济法》

英国《数字经济法》（DEA）为遏制版权网络侵权行为提供了基本制度框架。《数字经济法》包含48个条文，分别对网络环境下的基础设施建设、数字内容的版权保护、域名管理、数字内容管理、数字作品的公共借阅权等方面作出了规定，《数字经济法》第二部分的第3条至第18条是关于版权网络侵权的议题，主要内容包括：一是网络服务提供者负有通知义务。网络服务

① ［英］史密斯、［英］霍根：《英国刑法》，李贵方等译，法律出版社2000年版，第58页。

② William Blackstone，Commentaries on the Laws of England，Of Public Wrongs，Beacon Press，Volume 4，1962，p. 290。参见古丽阿扎提·吐尔逊：《英国网络犯罪研究》，载《中国刑事法杂志》2009年第7期。

③ Forgery and Counterfeiting Act 1981，Section 1. 参见古丽阿扎提·吐尔逊：《英国网络犯罪研究》，《中国刑事法杂志》2009年第7期。

提供者在收到著作权人发出的著作权侵害通报后，应当对著作权人提交的证据[①]予以审查，并自收到著作权侵害通报之日起一个月内将该通报送达涉嫌侵权用户之电子地址或邮政地址。二是网络服务提供者负有技术制裁义务。为了减少网络侵权损害版权，网络服务提供者应当采取限制所提供之用户服务的速度或容量、阻止用户使用服务以获取特定资料或限制该使用、暂停向用户提供服务以及以其他方式限制向用户提供服务。三是网络服务提供者未尽到义务需要承担的法律后果。根据该法第 14 条规定，网络服务提供者未尽通知义务和技术制裁义务的，可以由通信局处以 25 万英镑以下的罚款，特殊情况下可以由部长提高 25 万英镑的处罚额度[②]。

（五）《诽谤法》

英国 1952 年出台的《诽谤法》是其现代意义上的第一部专门规制诽谤行为的法律。随着网络诽谤和诋毁行为的增加，英国在 1996 年对《诽谤法》予以修订，之后在 2013 年对《诽谤法》再次进行修订。《诽谤法》第 1 条规定了构成网络诽谤，需要追究法律责任的条件：一是行为人为诽谤陈述的作者、编辑或出版者；二是行为人对相关诽谤的发布未尽合理的注意义务；三是行为人应当知道且有理由相信他的行为会引起或有助于诽谤字句得以发布。同时规定，网络诽谤一旦成立，实施主体则需要承担赔偿损失的义务，并且刊登法庭判决以向原告赔礼道歉[③]。

（六）《反恐怖主义法》

英国自 2001 年颁布《反恐怖、犯罪和安全法案》后，为更好地打击恐怖主义活动，于 2005 年又颁布了《预防恐怖主义法》，之后于 2006 年、2008 年两度修改《反恐怖主义法》，这些反恐怖主义的法规同样适用于打击网络恐怖主义活动。如《2006 年反恐怖主义法》规定，鼓励、纵容恐怖主义也是刑事

---

① 依据 DEA 第 3 条和《2003 年通信法》第 124 条，著作权人向网络服务提供者提出的著作权侵害通报应包括以下内容：（a）叙明发生著作权侵害的事实；（b）包含一项明显侵权的描述；（c）包含明显侵害证据，表明用户之 IP 地址及收集到证据的时间；（d）自收集到证据之日起一个月，送达网络服务提供者；（e）遵守通信局所制定之初始义务规定的任何要求。

② 汤璇：《英国版权网络侵权立法解读》，载《青年记者》2013 年 6 月上。

③ 范卫国：《网络谣言的法律治理：英国经验与中国路径》，载《学术交流》2015 年第 2 期。

犯罪，其范围包括颂扬恐怖主义，散发恐怖主义刊物，准备、计划或协助他人的恐怖主义活动，指导或接受恐怖主义培训和参加恐怖主义训练营等。如2011年伦敦骚乱中，20岁的布莱克肖于9日在脸谱网上呼吁制造骚乱，邀请147人到其所住城市诺斯威奇的一家麦当劳集合，商议如何进行一场疯狂的抢劫；22岁的萨克利夫-基南则在脸谱网上煽动"10日在沃灵顿的某街区制造骚乱"。尽管两人的网页很快被当地警方发现并删除，避免了骚乱的发生，但两人均被判入狱4年，这是伦敦骚乱事件中，法官对肇事者做出的最严厉判决。英国警方在审判结束后表示，此案证明社交网络会引发犯罪，任何人在社交网络煽动非法行为都将要承担相应法律责任①。2014年英国政府提出了一项法律，作为"反恐和安全法案"的一部分，要求互联网服务提供商（ISP）持续记录IP地址分配情况，并将其提供给警方。这一规定将帮助执法人员识别并跟踪网上犯罪，恐怖主义分子使用的上网设备，并帮助保护易受伤害的民众②。

二、英国治理网络社会的政府管理机制

（一）英国互联网行政管理组织

英国内政部（Home Office）是负责互联网行政管理的最高行政机构，但具体工作由信息通信管理局（Office of Communication，简称为Ofcom）、互联网任务力量工作组（Home Secretary's Internet Task Force）、网络安全行动中心（Cyber Security Operations Centre，简称为CSOC）等部门执行。

1. 信息通信管理局。信息通信管理局是2003年经英国贸工部授权依法设立的，在广播标准委员会、电信管制局、无线通信局、无线局、独立的电视委员会5个行政管理部门基础上合并而成的信息通信业主管机构，负责对互联网非法内容进行行政管制。Ofcom的具体职责包括：保证电磁频谱系列的最

① 林杉：《英两男子因发表煽动骚乱言论获刑4年 警方权限或扩大》，载《中国日报》2011年8月18日。

② 参见《英国政府要求ISP保留Email记录》，载cnBeta网，http://www.cnbeta.com/articles/74484.htm，最后访问时间：2016年9月12日。

好使用、保证大量电子的通讯服务、保证高质量和宽频率的大量电视和无线电服务、在广播的预备维持多数、为观众对不开心或伤害的内容提供充足的保护、为观众对隐私的不公正或侵犯隐私提供充足的保护。

2. 互联网任务力量工作组。互联网任务力量工作组是由英国内政部在2001年成立的互联网行政管理机构，其主要职责在于保障儿童在线行为安全，使英国成为世界上孩子使用互联网最好和最安全的地方。互联网任务力量工作组由4个子群和2个工程队组成。4个子群包括：刑法子群（主要任务是考虑刑法是否充足）、公共了解子群（主要任务是便利公众了解内政部运动活动）、孩子安全保护措施子群（负责对实践中所存在的安全保护措施模型的进行评估）、新“证据底”子群（主要任务是收集集合存在的信息并且开发对分享风险的理解、关注关键的风险团体并鉴别新服务）；2个工程队是指安全技术工程队（主要任务是鼓励并且开发保护孩子安全的软件）、工程董事会①。

3. 网络安全行动中心。网络安全行动中心由政府通信总部（GCHQ）负责管理，主要负责为政府各部门、企业以及普通民众提供网络安全的相关服务，包括网络安全政策指导、网络安全专业技术支持、网络安全事件通报等。网络安全行动中心的主要职责是监控网络空间的发展变化情况并汇总有关信息、提交形势报告、分析网络安全行业趋势、改进完善英政府应对网络安全事件的技术协作能力。网络安全行动中心是维护英国网络安全的重要力量，在发现和引导网络安全威胁方面发挥了重要作用。

此外，英国在警察部门成立了网络警察小组，负责调查和应对网络安全风险、确保电子政务安全运行、发布病毒警告并提供技术支持和服务②。

（二）英国互联网行政管理的主要手段

英国互联网行政管理除体现为通过立法对网络行为加以规制外，主要手段还包括打击和教育两个方面。

1. 英国政府重视打击网络违法犯罪行为。一是重视打击网络黑客。英国

---

① 姜群：《英国互联网管理体制透视》，华中科技大学2006年硕士论文。

② 郑颖：《中国信息网络安全监管法治建设路径探析——基于国际比较的视野》，载《河北学刊》2014年第5期。

中央政府拨款2500万英镑，组建内政部所属的专门机构，负责跟踪、打击网上的金融欺诈、黑客攻击、电脑病毒等犯罪行为。二是重视打击网上散布儿童色情信息的团体和个人。如2001年，英国警方在英格兰、苏格兰北部和北爱尔兰持续进行了为期5个月的严打活动，共逮捕了几十名利用网络向未成年人散发淫秽色情信息的犯罪嫌疑人[①]。此外，英国政府将成立一个专门机构，让情报部门和打击犯罪部门联合行动，加大打击儿童网络色情力度，并且将出台新法律，规定在英格兰和威尔士地区，任何成年人向未成年人发送含有性内容的信息，或持有含有恋童内容的材料，均属于违法行为[②]。三是重视打击网络诈骗行为。英国广播公司（BBC）2013年7月30日报道称，英国是网络诈骗犯罪集团的主要目标。许多犯罪集团藏身在东欧和俄国，主要利用网络进行金融诈骗。英国电子监听情报机构GCHQ称通过更好的网络信息管理，可以预防80%的网络攻击。英国内政部发言人透漏，政府正在投资8.5亿英镑（约合人民币79.4亿）建立全国网络安全项目，以发展和保持最先进的对付网络犯罪的手段[③]。四是重视打击网络售假行为。据统计，英国每年通过网络销售的伪造产品总额达1350亿美元。为打击网络售假，英国政府强化了监管和执法力度。从2013年开始，英国知识产权犯罪监管部门加大了打击力度，严厉查处各种实体及网络售假、侵犯知识产权行为，到2014年4月共8个月时间里共查处关闭了2500个售假网站，涉及的伪劣商品总额高达数千万英镑。此外，英国政府监管部门积极加强跨国监管合作。2014年6月，英国知识产权犯罪监管部门同欧洲刑警组织、美国移民和海关执法局联手，共查处关闭了200家跨国售假网站，伪劣产品包括手机、运动服饰、奢侈品等。自2012年开始合作计划以来，三方共查处了1349家销售伪劣商品的网站[④]。

2. 英国政府重视对国民开展媒介教育。1988年，英国教育部将媒介教育纳入正式教学体系中，并规定在小学阶段和中学阶段要进行媒介教育。他们

---

① 姜群：《英国互联网管理体制透视》，华中科技大学2006年硕士论文。

② 刘石磊：《英政府将成立新机构打击儿童网络色情》，载新华网，http://news.xinhuanet.com/world/2014-12/12/c_ 1113618264.htm，最后访问时间：2015年7月3日。

③ 刘洋：　《英议员：政府必须打击网络诈骗，否则将被击败》，载环球网，http://world.huanqiu.com/exclusive/2013-07/4192801.html，最后访问时间：2016年6月12日。

④ 李应齐：《英国打击网络售假不含糊》，载《人民日报》2015年2月9日。

按照学生年龄将国家课程的实施划分为四个阶段：第一阶段（5～7岁）、第二阶段（8～11岁）、第三阶段（12～14岁）和第四阶段（15～16岁）。在第四阶段，要求学生选择一些专业课程作为中等教育普通证书（GCSE）的应试科目。到1997年，英国就有近2/3的学校开设了媒介研究课程，现在许多学院和大学都设有媒介素养教育的教师培训项目。此外，英国国会2003年通过的《通讯法案》，明确通讯局负有对国民开展媒介教育的职责：用电子媒体发行教材使大众了解电子媒体的本质与特性；通过电子媒体教材的发行，增进民众对资讯出版渠道与过程的了解；通过发行电子教材，使民众理解信息的产制；让民众有效地处理、运用所得资讯①。

三、英国治理网络社会的行业自律机制

20世纪90年代中期以前，英国在电信方面执行的是“双寡头垄断政策”，即主要依赖于行政管理与法律规制，随着互联网的迅猛发展和网民人数的剧增，传统的“双寡头垄断政策”不能发挥有效的管理功能，英国政府逐渐意识到由互联网的各服务商按照行业协约进行自我管理，才是维护网络秩序和安全的有效路径。

（一）自律组织的典型代表：互联网监视基金会

互联网监视基金会（Internet Watch Foundation），简称为IWF，是在英国政府倡导下成立的一个行业自律组织，其基本宗旨就是要与网上的刑事犯罪内容作斗争，消灭儿童色情和种族仇恨，以实现网络行业的自我管制和自我保护。IWF是由独立董事会管理，与英国政府间的关系不是处于被管制的地位，但与作为政府部门的英国内政部（Home Office）、英国贸工部DTI（Department of Trade and Industry）、教育和技能部（Department for Education and Skills）、文化媒体和体育部（Department of Culture Media & Sport）之间保持协调合作。此外，尽管是自律组织，自身出台了一套以协议形式体现的行业

① 黄娟：《英国媒介素养教育的发展及启示》，载人民网，http：//media. people. com. cn/GB/22114/206896/232373/15948126. html，最后访问时间：2016年3月12日。

规范，但其自律行为是在现行法律框架下进行的。如对“成人色情犯罪内容”的衡量和审查，IWF 依据的法律是 1959 年和 1964 年的《淫秽出版物法》以及 2008 年《刑事审判法和移民法》第 63 条；对“煽动种族仇恨的内容”的审查与认定，其法律依据是 1986 年的《公共秩序法》和《种族关系法 》①。

（二）自律组织的行业规范：3R 网络安全协议

“3R 网络安全协议”是英国互联网行业间的法律。在英国政府组织下，IWF 与 50 家网络提供商组成的 ISPA、伦敦网络协会（ LINX）及英国城市警察署、国内事务部的代表共同签署了“安全网络：分级、报告、责任”协议。因为分级（Rating）、报告（Reporting）、责任（Responsibility）三个单词均以 R 开头，故又称为 3R 网络安全协议（3R Safety - Net）。其一，分级（Rating）指的是根据 1987 年《儿童保护法（英格兰和威尔士）》、1982 年《政府公民法（苏格兰）》、2003 年《性侵犯法（英格兰和威尔士）》的主要变更部分、《谅解协议：2003 年性侵犯法》第 46 条以及《2006 年司法和公安法》对不适合青少年的网络信息特别是色情信息进行分级标注。其二，报告（Reporting）又称检举，是指网络用户发现有害网络信息后向互联网监视基金会投诉，由基金会调查评估，对于认定为非法信息的，通知服务提供商删除有关信息。对于严重的情形，基金会向司法机构报告，请司法机构进一步调查处理。其三，责任（Responsibility）是指运营商需要采取合理的，可行的和适当的措施阻止网络的非法使用，否则必须承担有关法律责任②。

（三）自律组织的主要工作内容

IWF 主要监看的内容主要包括以下四个方面：一是全球各地服务器上，儿童性虐待图像；二是英国境内服务器上，涉及成人色情犯罪内容；三是英国境内服务器上，煽动种族仇恨的内容；四是英国境内服务器上，非照片形式的儿童性虐待图像③。对上述内容的监看，IWF 主要通过以下途径开展工作：其一，鼓励公众投诉并依法处理。IWF 于 1996 年 12 月开通了网络热线，

---

① 徐颖：《英国互联网行业自律及其启示》，华中科技大学 2010 年硕士学位论文。

② 李晓飞：《试析英国的网络安全治理》，外交学院 2014 年硕士论文。

③ 徐颖：《英国互联网行业自律及其启示》，华中科技大学 2010 年硕士学位论文。

作为公众举报或投诉涉及儿童色情、种族仇恨和其他淫秽内容网址的渠道。一旦接到举报或投诉，IWF 都会认真进行调查认定，如果根据法律认定为“非法信息”，IWF 就会通知网络服务商从其服务器上删除，网络服务商置之不理就会收到起诉。对于情况比较严重的，IWF 根据网络 IP 地址确定该信息的来源后，移交给相应的执法机构进行处理。其二，支持网络服务商对网站内容进行分级和过滤。除法律明文禁止的儿童色情内容以外，IWF 鼓励网络服务商采用内容分类标注技术，对成人色情、种族主义言论等内容进行分类标注，既有助于引导网络用户在是否浏览该网络信息时自行决定，也有利于儿童的监护人有效防止儿童接触网络上那些非法和淫秽的内容。其三，监看服务器架设在英国之外的非法网站。一方面，基金会负责联系这些网站服务器所在国的相关监管机构，向其通报情况并请其进行处理；另一方面，IWF 根据长期的工作经验将这些不良网站列入“黑名单”，由英国的网络服务提供商切断网络访问途径，或是采取其他方式干扰对这个网站的访问①。

IWF 自 1996 年成立以来，其行业自律机制在维护网络环境方面取得了明显的成效。如在阻止儿童色情的网络内容方面，由 1996 年所占违法网络信息总比例的 18% 下降到 1% 。IWF 由此在英国网民中具有较高的知名度，《英国的成年网民：2008 年研究报告》统计的数据显示，54% 的网民听说过 IWF，39% 的网民知道 IWF 是英国公众举报热线，39% 的网民知道 IWF 主要负责打击儿童色情网络信息，47% 的受访者认为，英国打击互联网儿童色情内容非常成功，35% 的网民把 IWF 看做英国互联网监管机构。此外，IWF 的自律机制增强了网民的举报监督意识，《英国的成年网民：2008 年研究报告》统计的数据显示，97% 受访者愿意向 IWF 举报儿童色情制品问题，94% 的受访者认为儿童色情网站应该是从互联网上删除，92% 的女性受访者和 81% 的男性受访者愿意放弃一些上网自由，帮助制止网上儿童色情制品。2009 年 IWF 热线服务受到了 Ofcom、网络运营商、移动运营商、政府部门等机构的重视和嘉奖，一致认为它“为英国互联网消除儿童性虐待内容起到了领先带头的示范作用。”②

---

① 李晓飞：《试析英国的网络安全治理》，外交学院 2014 年硕士论文。

② 徐颖：《英国互联网行业自律及其启示》，华中科技大学 2010 年硕士学位论文。

四、英国治理网络社会的技术管理手段

（一）英国网络信息安全管理标准：BS7799 标准

BS7799 标准是由英国贸易工业部立项研发的网络信息安全管理标准。英国贸易工业部于 1995 年首次出版 BS7799 - 1《信息安全管理实施细则》；1998 年英国公布 BS7799 - 2《信息安全管理体系规范》。1999 年 BS7799 - 1 与 BS7799 - 2 经过修订并重新予以发布，1999 版考虑到信息处理技术在网络和通信领域应用的发展，同时还非常强调商务涉及的信息安全及信息安全的责任。BS7799 - 1 是组织实施信息安全管理的实用指南，可以帮助组织识别在运作过程中对信息安全有影响的元素，包括方针、安全组织、信息分类与控制、人事安全、物理与环境安全、通信与运营安全、访问控制、系统开发与维护、商务可持续运营、法律符合。BS7799 - 2 是对组织的信息安全管理体系进行审核与认证的规范体系，组织通过以下步骤建立信息安全管理体系：（1）建立信息管理框架，设立方向、信息安全目标，定义信息安全方针，同时管理层应承诺该方针；（2）评审组织的信息安全风险，投资控制措施需要在信息的价值、所面临的风险和这些风险对组织运营的影响间保持一个平衡；（3）选择和实施控制措施，使确定的安全风险减少到可接受的程度；（4）不同的组织将选择不同的控制措施①。

（二）英国网络信息安全技术管理的主要手段

1. “技术防火墙”。“技术防火墙”是指在风险评估的基础上，综合利用商用密码、防火墙、防病毒、身份识别、网络隔离、可信服务、安全服务、备份恢复、PKI 服务、取证、网络入侵陷阱、主动反击等多种技术与产品来保证企业的信息系统的机密性、完整性和可靠性②。

2. Net intelligence 安全软件。Net intelligence 安全软件是英国电信 BT

① 姜群：《英国互联网管理体制透视》，华中科技大学 2006 硕士论文。

② 姜群：《英国互联网管理体制透视》，华中科技大学 2006 硕士论文。

Wholesale 研发并投入市场的网络监管软件。这个软件设计最大优势在于“即插即用”，为家庭和小企业这些非技术用户提供网上安全保障。IWF 数据被存进 Net intelligence 中央的数据库，它包含超过 30 百万不适当的网络站点、文件和图像，家长可以据此阻止不适当的内容①。

3. 网上内容分级过滤技术。IWF 采用“网络内容选择平台”（Platform for Internet Content Selections，简称 PICS）系统对网上内容进行分类过滤，其工作原理主要是将网络内容分为色情、裸露、暴力、侮辱等类别并作出标记，便于用户浏览这部分信息时，根据自己的意愿选择需要浏览的信息。英国“公开权利组织”2014 年 7 月公布的一份报告称，他们调查了超过 10 万家网站，发现被网络服务提供商过滤器屏蔽的网站数量约为 1.9 万，其中主要是涉及色情、暴力、极端思想及侵权内容的网站。此外，为防止儿童免受网上不良信息影响，政府鼓励安装家庭过滤软件，截至 2013 年年底，家中有 5 至 15 岁少年儿童的用户当中，已有 43% 主动安装了家庭过滤软件②。

第二节　美国的网络社会综合防控体系

作为互联网的诞生地，美国是最早管理互联网的国家。与其他国家一样，美国网民在互联网使用的初期，曾一度认为政府不应当控制互联网，而应当依靠网民自律和市场调节。随着互联网的不断发展，诸如电脑病毒、黑客攻击、网络色情、网络诈骗、知识产权侵犯等一系列网络违法犯罪问题愈演愈烈，美国开始认识到法律管理、政府管理、技术管理实施于网络社会的重要性和必要性。尽管美国国家领导人不断高调宣扬“网络自由”，但对美国国内的互联网管理并没有丝毫放松，通过完善网络立法、强化政府管理、改进网络防控技术、引导行业自律等方面建立起了网络社会综合防控体系。

---

① 姜群：《英国互联网管理体制透视》，华中科技大学 2006 硕士论文。

② 刘石磊：《英国屏蔽近两万网站，大力净化网络环境》，载新华网，http：//world. people. com. cn/n/2014/0807/c1002 – 25424860. html，最后访问时间：2016 年 4 月 10 日。

一、美国治理网络社会的立法体系

作为互联网的创始国，美国是世界上最早对互联网内容进行约束和管理的国家，1977 年出台的《联邦计算机系统保护法》首次将计算机系统纳入法律的保护范围。至今，美国出台关涉互联网管理的联邦立法和各州立法已经达到 130 多项。涉及对网络信息安全法规，以及对欺诈、诽谤、色情、盗版等网上不法行为的防范与打击的法律法规，形成了一套严密的法律规制体系。

（一）美国网络信息安全立法

根据美国 2002 年《联邦信息安全管理法》规定，“信息安全是指保护信息和信息系统不受未经授权的访问、使用、披露、破坏、修改或者销毁”，以确保信息的完整性、保密性和可用性。在网络信息安全立法方面，美国已经通过近 50 部与网络信息安全有关的联邦法律。其中 1986 年的《计算机欺诈和滥用法》、2010 年的《加强网络安全法案》、2015 年的《美国自由法案》等对美国网络信息安全的保护发挥了十分重要的作用。

1. 《计算机欺诈和滥用法》。《计算机欺诈和滥用法》于 1986 年签署，明确了联邦计算机犯罪中欺诈和滥用罪的定义，从而消除了法律模糊性，扫除了对计算机犯罪起诉的障碍。根据该法第 1030 条，与计算机有关的欺诈及其相关活动主要包括：（1）故意非法或超出合法权限进入计算机系统，借此获取美国政府行政命令或法律规定为保证国防和外交而必须给予保护以防非法公开的信息，或《1954 年原子能法》第 11 条规定的受限制的数据，鉴于该信息非法获取后会用来损害美国利益，为故意传播、传送、发送以上信息或引起以上信息被传播、传送、发送，或企图传播、传送、发送以上信息或企图引起以上信息被传播、传送、发送给无权获取上述信息之人或故意保留上述信息而不传送给应获取上述信息的美国官员或雇员的国家所利用；（2）故意非法或超出合法权限进入计算机系统，从而获取金融机构的金融档案信息，或第 15 篇第 1602 条第 14 款中所规定的信用卡发行者之金融档案信息，或《公平信用报告法案》中规定的消费者报告机构之档案中有关消费者之信息；美国部门和机构的信息；州际或对外交流中使用的受保护的计算机里的信息；

(3) 无权进入美国政府部门或机构的非公用计算机，却故意进入该部门或机构的美国政府专用计算机，或故意进入由美国政府使用或为美国政府服务且受到违反该法行为影响的非美国政府专用的计算机；(4) 为了欺诈而非法或超出合法权限进入被保护的计算机，并且借此进行进一步的欺诈，获取有价之物，除非欺诈目的和获取之物仅涉及该计算机的使用且该使用价值一年之内不超过5000美元；(5) 故意引起程序、信息、代码和命令的传送，因此引起被保护的计算机的未经授权的损坏；故意非法进入被保护的计算机系统，因此鲁莽地造成计算机系统损坏；或故意非法进入被保护的计算机并因此损坏计算机系统①。对于上述计算机欺诈和滥用的行为，根据不同违法情形，处以至多1年之有期徒刑、至多5年之有期徒刑、至多10年之有期徒刑、至多20年之有期徒刑，还可以并处与该罪名相应之罚款。

2.《国土安全法》。2002年11月通过的《国土安全法》增加了有关监控互联网和惩治黑客等条款，使得互联网受到监控比较以往更为严格。根据法案规定，在国家安全受到威胁情形下，服务商信誉和客户机密只能让位于国家安全。因此，在调查机关要求下，网络服务提供商有义务向美国政府提供用户的有关信息和背景；对于互联网上包括个人电子邮件在内的信息来往，警方享有监视权；在“危及国家安全”情况出现或“受保护的电脑”遭到袭击情形下，国土安全部等国家安全机关无须事先征得法院同意，即可监视电子邮件和互联网上的其他相关信息。

3.《加强网络安全法案》。2010年美国众议院在整合众议院科技委员会科学教育分委会通过的《2009年网络安全研发法案》、技术创新分委会通过的《2009年网络安全协调与加强法案》的基础上，吸收《网络空间政策评估》的有关建议，形成并通过了《加强网络安全法案》。该法案的主要内容包括：一是壮大高素质的网络安全队伍；二是增加联邦政府在网络安全领域的研发投入；三是促进网络安全技术的商品化和市场化；四是加强网络安全教育，提高全社会对网络安全的认识②。

① 《美国〈计算机欺诈和滥用法〉》，载中国信息安全法律网，http://www.infseclaw.net/news/html/937.html，最后访问时间：2016年10月7日。

② 《美国众议院通过加强网络安全法案》，载科技部网站，http://www.most.gov.cn/gnwkjdt/201004/t20100419_76819.htm，最后访问时间：2016年10月12日。

4.《美国自由法案》。《美国自由法案》出台的背景是解决 2001 年《美国爱国者法案》中规定美国国家安全局（National Security Agency，简写为 NSA）享有三项核心权力引发的争议①，尤其是 2013 年斯诺登爆出“棱镜”计划这一事件后，美国不得不对此进行修改②。《美国自由法案》的通过，尽管禁止 NSA 等情报执法机构继续对美国国内公民进行大规模电话监控，但依然要求电信运营商直接参与国家反恐，承接情报执法机构的一部分功能，对公民“电话细节记录”信息进行留存。“电话细节记录”信息包括拨打过的电话号码、拨打日期和通话时长，但不包括电话内容。该法案规定，自《美国爱国者法案》公布之日起 180 日之内，美国电信公司必须建立自己的电话数据搜集和留存制度，并向政府部门备案。并且规定，电信公司留存制度如有修改，应当及时向政府汇报和备案。

（二）保障儿童免受网络侵害的立法

在美国，保障儿童免受网络侵害的立法已经构成基本的体系。这个体系是以《儿童在线保护法案》《儿童在线隐私保护法案》《儿童互联网保护法案》三个联邦法律为基础，规范了商业组织、家庭、学校等在儿童网络保护方面的行为。其保护的重点措施是：研制屏蔽性软件，要求学校、图书馆、网吧安装屏蔽性工具；设立与成年人分开的专门的未成年人上网场所；对不

---

① 《爱国者法案》中三项条款赋予 NSA 核心权力。一是“独狼”条款。这条允许执法部门有权力对任何与恐怖活动有关的资讯进行调查，主要针对单独作案，未与恐怖组织有来往的嫌疑人。二是“窃听”条款。该条例允许安全机构对一个人监控行动，而不仅仅是电话和电子设备。三是最核心的“215 条款”，以反恐为名，政府部门对公民的诸多个人资料都有调查权。对此，争议双方围绕着“爱国”与“自由”展开讨论。在民权主义者看来，美国《爱国者法案》是对民主自由的直接伤害；而美国《爱国者法案》的“铁杆”支持者则认为，应当采取一切必要的措施保护美国公民不受他们所说的激进分子的威胁。如果这意味着放弃自由，允许普遍的秘密调查，也应当接受下来。参见李德意：《美国〈自由法案〉通过，公民并不自由世界仍被监听》，载《人民日报（海外版）》2015 年 6 月 7 日。

② 自 2013 年 6 月以来，美国前防务承包商雇员斯诺登通过媒体披露了国家安全局旗下“棱镜”等网络和电话监控项目，在美国国内和国际社会引发轩然大波。美国国内一些民权组织批评政府电话监控项目严重侵犯公民个人隐私，并将国家安全局和联邦调查局告上法庭。位于纽约曼哈顿的美国联邦第二巡回上诉法院表示，国家安全局对美国民众的电话记录采集没有得到国会授权，超出相关法律规定范围。法院在一份近百页的意见书中说，国安局电话记录采集计划已经远远超出美国《爱国者法》第 215 条所规定的范围。面对批评和指责，奥巴马政府承诺对情报监控项目实施改革。参见李德意：《美国安局历时数年监控项目或在本月底终止》，载新华网，http://world.huanqiu.com/article/2015-05/6512021.html，最后访问时间：2016 年 8 月 7 日。

良信息网站的严格管理，成人网站设定身份认证制度；对未成年人隐私权的保护等等。其中《儿童在线隐私保护法案》可以看作是美国保障儿童免受网络侵害的立法的典型代表。《儿童在线隐私保护法》（COPPA），由美国国会于1998年通过，规定网站和在线服务者如需向儿童收集个人信息，在此之前必须得到父母的同意，并且网站应保障儿童的父母有修改和更正这些信息的权利。之后，为保障《儿童在线隐私保护法》实施，联邦贸易委员会（FTC）于1999年发布了实施该法的细则，该细则明确了适用对象与法律责任。一是在适用对象上，《儿童在线隐私保护法》的规定适用于面向12岁以下儿童的网站和在线服务者，及那些明知对方是儿童的一般网站。二是明确“得到父母的同意”的例外情形为：（1）即使没有父母同意，允许儿童通过电子邮件提问；（2）当儿童从网上获得时事信息时，可以没有父母同意，只要父母被通知并有权取消这些信息；（3）当儿童从事联邦贸易委员会认为必要的活动时。三是明确儿童网站提供聊天服务履行义务的选择模式。一是可以保证在发布信息前，把个人信息从儿童的交谈中剥离掉，并从网站的记录中删除；二是可以通过传真、信件、800免费电话、信用卡认证、数字识别、设密码的电子邮箱等识别方法得到父母的许可。

（三）保护网络知识产权不受侵犯的立法

《数字千年版权法案》（英文全称“Digital Millennium Copyright Act”，简称DMCA），又称“千禧年数字版权法”，于1998年10月28日由克林顿总统签署后正式生效，为美国网上作品著作权的保护提供了法律依据。《美国数字千禧版权法》内容包括有五个部分：（1）世界知识产权组织条约的实施（WIPO Treaties Implementation）。根据该法案第103条规定，对于实施破坏著作权之保护体系及保护著作权权利管理信息的完整性的行为，除非营利性的图书馆、档案室、教育机构外，对于第一次实施此类侵权行为的人，可以判处五年以下的徒刑、五十万美元以下的罚金，这两项处罚可同时使用；第二次实施此类侵权行为的，可以判处十年以下的徒刑、一百万美元以下的罚金，这两项处罚亦可同时使用。（2）网上著作权侵权责任限制（Online Copyright Infringement Liability Limitation）。主要规定国际互联网服务提供者（ISP）发生通过其网络侵害他人著作权事件时的责任问题，免除传输信息的ISP的责任。（3）计算机维护与修理之著作权豁免（Computer Maintenance or Repair Copyright Exemption）。电脑维修公司经客户授权维修电脑的，可以启动被维修客户电脑中有著作权的电脑软件进行维修工作而不会因此触犯本法律。（4）综合条款（Miscellaneous Provisions）。该部分规定免除因为网络传输而产生的录音作品的复制行为的侵权责任。（5）某些原创设计的保护（Protection of Certain Original Designs）。主要针对与网络著作权有关的原创设计予以保护。①

二、美国治理网络社会的政府管理机制

（一）美国互联网行政管理组织

1. 美国国土安全部。美国国土安全部是“9·11 事件”之后新成立的美国联邦部门，负责国内安全及防止恐怖活动。美国国土安全部主要负责的工作包括四方面：一是加强空中和陆路交通的安全，防止恐怖分子进入美国境内；二是提高美国应对和处理紧急情况的能力；三是预防美国遭受生化和核恐怖袭击；四是保卫美国关键的基础设施，汇总和分析来自联邦调查局、中央情报局等部门的情报。美国国土安全部主要由四大业务分部组成，包括：信息分析与基础设施保护分部；化学、生物、放射与核对抗措施分部；边境与运输安全分部以及应急准备与反应分部。其中信息分析与基础设施保护分部负责融合和分析来自其他机构的涉及国土安全威胁的情报和信息，全面评估关键基础设施应对恐怖主义的能力②。在网络高度发展的今天，美国国土安全部的“分析员”通过搜索关键词随时掌握社交媒体上的“潜在威胁信息”。如据英国媒体报道，26 岁的英国人布莱恩和一名朋友 2012 年 1 月下旬前往美国西海岸的洛杉矶旅游，出发前一个星期，他在社交网站推特上随便发布了一条微博：“这个星期之后，我要前往美国摧毁它。”二人一入境即被逮捕。尽管布莱恩强调自己的本意是在美国“疯玩一场”，但警察还是于次日将二人

① 参见北大法律信息网，http：//vip. chinalawinfo. com/Newlaw2002/Slc/Slc. asp？ db = iel&gid = 67110040，最后访问时间：2016 年 10 月 12 日。

② 张莉：《美国保护关键基础设施安全政策分析》，载《信息安全与技术》2013 年第 4 期。

遣返回英国①。

此外，为防范美国国家安全受网络威胁，美国国土安全部网络安全中心（NCCIC）于2009年成立，其主要职责是联络美国国家通讯协调中心（NCC）和美国计算机紧急情况反应小组（USCERT），帮助他们实现协同工作。其中前者是美国政府的通讯网络管理机构，后者则是政府和网络企业间的紧急情况应对机关。向上，NCCIC还将协调美国国家数字安全中心（NCSC）下属六大数字安全中心的工作②。

2. 总统关键基础设施保护委员会。“总统关键基础设施保护委员会”是依据1996年克林顿政府第13010号行政令建立的，负责向总统汇报关键基础设施的脆弱点信息，应对加强基础设施保护提案所引发的法律问题等。“总统关键基础设施保护委员会”的主要职责包括：（1）协调促进私营部门、州政府、地方政府及相关机构在保护信息关键基础设施方面的交流与合作；（2）信息共享：在自愿的基础上建立行业组织和相关执行机构间的信息分享、分析中心，并与联邦计算机应急中心等机构开展合作；（3）事故协调和危机应对：与司法部等机构及负责人开展合作，协调应对危及信息关键基础设施的信息安全事件；（4）招聘、保留、培训行政部门安全专业人员；（5）与企业、大学、联邦政府资助的研究中心和国家实验室间进行研究、发展、交互合作；（6）协调与国家安全机构间的法律实施活动，推动打击网络犯罪方案的实施；（7）支持保护信息关键基础设施的国际活动；（8）为保护信息关键基础设施的立法活动提供咨询建议；（9）国土安全办公室（2002年7月升格为国土安全部）进行协调，保护信息关键基础设施，并修复对之攻击所造成的破坏③。

3. 美国国家安全局。美国国家安全局（National Security Agency，简写为NSA），又称国家保密局，隶属于美国国防部，是1952年根据杜鲁门总统的一项秘密指令，从当时的军事部门中独立出来、用以加强情报通讯工作的，是美国情报机构的中枢。美国国家安全局的五个业务部门分别是外国事务部（与外国情报局、反情报中心合作，并与英国等“五只眼”成员国交换情报信

---

① 张晋龙：《美国：立法管理互联网的先行者》，载《人民日报》2012年6月9日。

② 《美国国土安全部网络安全中心开张》，载搜狐网，http://it.sohu.com/20091102/n267893802.shtml，最后访问时间：2016年8月13日。

③ 尹建国：《美国网络信息安全治理机制及其对我国之启示》，载《法商研究》2013年第2期。

息)、信息保障部（负责开发制定美国国家各层面、各部门使用的安全软件代码)、信号情报部（负责协助确定其他业务局、总统和军事部门的情报需求)、研究部（主要用来测试研发如何破解代码)、SCI 敏感隔离信息（分类）部。美国国家安全局专门负责收集和分析外国通讯资料，其具体内容包括监听电台广播、通讯、互联网，尤其是军事和外交的秘密通讯。美国国家安全局为美国联邦调查局（FBI)、美国中央情报局（CIA）等政府机构提供可靠情报，帮助其破获重大恐怖犯罪和刑事案件，并为美国政府守护尖端机密，例如在外特工名单、高度危险的证人的姓名地址资料、军事武器的设计图、监测卫星的发回数据、总统的原子弹发射密码等等。

（二）美国互联网行政管理的主要手段

1. 重视网络安全审查。所谓网络安全审查，就是对关系国家安全和社会稳定信息系统中使用的信息技术产品与服务进行测试评估、监测分析、持续监督的过程。2000 年，美国率先在国家安全系统中对采购的产品进行安全审查，随后陆续针对联邦政府云计算服务、国防供应链等出台了安全审查政策，实现了对国家安全系统、国防系统、联邦政府系统的全面覆盖。审查对象不仅涉及产品和服务，还会针对产品和服务提供商。随后，美国等西方国家为保障国家安全、防范供应链安全风险，逐步建立了多种形式的网络安全审查制度。美国国家安全系统委员会 2000 年发布的《国家信息安全保障采购政策》规定，自 2002 年 7 月起进入国家安全系统的信息技术产品必须通过审查。美国政府要求被审查企业签署网络安全协议，协议通常包括：通信基础设施必须位于美国境内；通信数据、交易数据、用户信息等仅存储在美国境内；若外国政府要求访问通信数据必须获得美国司法部、国防部、国土安全部的批准；配合美国政府对员工实施背景调查等①。

2. 打击网络违法犯罪。美国联邦调查局已在全美建立 15 个“区域性计算机取证实验室”，其中有 3 个设在加州。这些机构所追踪的网络犯罪行为包括传播电脑病毒、安插恶意软件、信用卡欺诈、黑客入侵、盗用网络身份、网

---

① 孙扬：《美国是如何进行网络安全审查的》，载新华网，http：//news. xinhuanet. com/world/2014 - 05/22/c_ 1110810913. htm，最后访问时间：2015 年 12 月 6 日。

络色情和网络“钓鱼”等。美国一直注重严厉打击对公共安全进行威胁的言论，如2009年加州一名47岁的白人男子沃特·爱德华·巴格达萨利安（Walter Edward Bagdasarian）因在网上抱怨奥巴马并说“他的头很快就会中一发50口径的子弹”，结果他被逮捕并起诉。法庭判其60天监禁，狱外执行①。

3. 积极开展网络安全宣传教育工作。美国早在21世纪初就注意到提高全民网络安全意识对提升网络安全防护能力的重要意义，并于2004年就启动了国家网络安全意识月活动。美国国家网络安全意识月活动的目标是“推动公共部门、私营部门以及国际共同体提升意识，对美国公民进行网络安全自我保护教育，提升国家及其网络基础设施的恢复力，从而维护网络空间带来的巨大机遇并进一步推动经济增长”。自2009年10月1日时任美国总统奥巴马公开发表关于“国家网络安全意识月”的宣言后，每年美国总统均会发表公开宣言，倡导美国公众增强安全保护意识，使其国家网络安全意识月获得了更多关注。美国国家网络安全意识月由美国国土安全部和国家网络安全联盟以及跨州信息共享和分析中心联合主办。国土安全部负责实施“停止·思考·连接（STOP·THINK· CONNECT.）”项目，具体包括“国家网络”“网络意识联盟”“学术联盟”“朋友计划”四个子项目，私营部门和非营利机构作为合作伙伴参与到整个活动过程当中。这种政府主办、各方参与的组织模式，既有利于确保宣传活动的权威性和可信度，也有利于调动和发挥私营部门在技术、资源方面的力量。美国网络安全意识月针对不同对象组织开展内容丰富多样的活动，举办会议论坛、竞赛，成立主题联盟、发放安全材料及开展培训等均在活动内容之列②。

三、美国治理网络社会的社会自律机制

（一）美国计算机伦理协会制定的“计算机伦理”

著名的“计算机伦理”（The Ten Commandments for Computer Ethics）是由

① 冷哲：《在美国怎么打击网络谣言?》，载观察者网，http：//www.guancha.cn/LengZhe/2013_09_25_174058.shtml，最后访问时间：2015年12月6日。

② 乔飞翔：《美国网络安全意识月连续举办11届，总统吁全民重视》，载海外网，http：//world.haiwainet.cn/n/2014/1123/c232591-21427184.html，最后访问时间：2016年10月12日。

美国计算机伦理协会制定的关于计算机道德的十条戒律，即要求网民在使用网络时应当遵守以下行为规范：（1）不能用计算机危害其他人；（2）不能妨碍别人的计算机工作；（3）不能偷看别人的文件；（4）不能利用计算机进行偷窃；（5）不能利用计算机做伪证；（6）不能非法拷贝软件；（7）不能在未经允许的情况下使用他人的计算机资料；（8）不能非法使用别人的智力成果；（9）想一下你写的程序对社会将产生的影响；（10）遵守计算机使用规则①。

（二）在线隐私联盟公布保护个人数据隐私权的指南

在线隐私联盟是美国社会具有深远影响的产业联盟，该联盟于 1998 年公布了一份旨在保护个人数据隐私权的指南。根据指南的要求，联盟各成员机构必须合法收集个人数据信息、使用个人数据信息时必须征得主体同意以及保障个人数据信息完整、安全②。随后，著名的隐私认证组织 TRUSTe 应运而生。TRUSTe 是美国加利福尼亚州旧金山的一家公司，其在线隐私封条闻名于世。TRUSTe 经营着世界上最大的隐私密封方案，为 3500 多网站提供认证，包括领先的门户网站和雅虎、脸谱、微软、苹果公司、IBM 公司、甲骨文公司、Zoho、Intuit 和 eBay、Comm100。除了它的隐私密封外，TRUSTe 还提供包括网站的声誉管理、隐私政策、供应商评价和消费者隐私的争议解决等的专业服务。至今，TRUSTe 已取得巨大成功，包括微软在内的许多著名互联网企业成为其成员③。

（三）政府采取税收优惠政策引导网络行业自律

美国在 1998 年底通过的《网络免税法》规定，除非商业性色情网站提供 17 岁以下未成年人浏览裸体、实际或虚拟的性行为、缺乏严肃文学、艺术、政治、科学价值等成人导向的图像和文字，政府在两年内不对网络交易服务科征新税或歧视性捐税。

---

① 李乔：《网络不良信息对未成年人健康成长危害及消除》，载《中州学刊》2007 年第 6 期。

② 王静静：《从美国政府的互联网管理看其对中国的借鉴》，华中科技大学 2006 年硕士论文。

③ TRUSTe CEO Chris Babel：《美国隐私保护问题非常复杂》，载世界总裁网，http://www.wnceo.com/article-13578-1.html，最后访问时间：2016 年 10 月 12 日。

四、美国治理网络社会的技术管理手段

（一）食肉动物系统

“食肉动物系统”是美国司法部下属联邦调查局开发并使用的一套信息监控系统，当它被安装到因特网服务供应商的服务器上时，能够有效地监控特定用户几乎所有的网络活动。2000 年经《洛杉矶时报》等部分美国媒体披露后，媒体与公众普遍认为“食肉动物系统”的存在严重威胁了公民的隐私和个人自由，要求严格控制对“食肉动物系统”的使用。2001 年“9·11”恐怖袭击事件发生后，美国国会通过了新的法案，决定增加对“食肉动物系统”的拨款，并将该系统改名为“DSC－1000”。联邦调查局得到拨款之后，加速了部署、使用“食肉动物系统”的步伐①。

（二）梯队系统

“梯队”电子间谍系统长期以来一直处于绝密状态，该系统首次被曝光是英国著名的调查记者杜尔肯·坎贝尔在《新国家主人》杂志中进行披露，当时并没有引起人们特别注意。1996 年，新西兰和平活动分子尼科尔基·哈格尔在他所写的《秘密力量：新西兰在国际间谍网络中的作用》一书中首次详细描述了“梯队”系统的工作原理和“梯队”这一正式的名称，他认为，“梯队”系统实际上是由五国的卫星信号截收地面站的计算机联网组成的系统，各国的情报部门在这些计算机里输入要搜集的情报的关键字眼，然后计算机就会从所截获的成千上万的卫星信号情报中自动筛选出相关的情报，然后再由情报人员进行判别整理。作为一个遍布全球的庞大的监听系统，整个梯队系统由三部分组成，第一部分是分布在地球同步轨道和近地轨道上的侦察卫星，负责监听全球各地的电话、传真以及网络通讯信号；第二部分是分布在多个国家的 36 个地面监听站，这些监听站有着巨大的电子天线，负责接收侦察卫星发回的信号，并完成一部分辅助的监听；第三部分是美国国家安

① 张恒山：《美国网络管制的内容及手段》，载《红旗文稿》2010 年第 9 期。

全局，所有收集的信息都最终统一汇总到那里进行分析。该系统最大的特点是，由卫星接收站和间谍卫星组成的系统几乎具有拦截所有的电话、传真、互联网通信的能力①。

（三）分级系统

分级系统（Rating System）主要是通过对于网络上纷繁复杂的信息内容进行分级整理，使得网络用户在通过搜索引擎等方式查找所需内容时，可以直接取得所需内容，而其他的一些不符合法律规范、道德规范的不正当内容则会直接被屏蔽掉。美国麻州理工学院所属机构3WC（World wide web Consortium）推动美国的PICS技术标准协议（Platform for Internet Content Selection，简称PICS）的形成，根据该标准，计算机使用者对网络信息进行筛选。之后研发的RSACi（RSAC on the Internet）分级系统，能实现对网络内容按照性（Sex）、暴力（Violence）、不雅言论（Language）或裸体（Nudity）表现程度进行分级，有助于学校、家长进行分级控制，防范未成年人身心发展受到不良网络信息的侵害②。

（四）过滤系统

过滤系统（Filtering System）的工作原理是，根据事先确定的网络不良信息的程度，搜寻并过滤诸如以penis、cunt、sex等为关键词的网络信息。以“网络保姆”（Net Nanny）为例，具有网络监看的功能，可以检视未成年子女使用计算机联机的记录，有助于家长对子女的网络行为进行管理。此外，利用“网络保姆”提供的“黑名单”，能够阻止色情网站的侵袭；“网络保姆”还具有进行防堵的功能，对网络用户自行设定的涉网络不良信息的关键词句进行防堵，甚至实现中断联机。

此外，为更好治理网络谣言，美国国防部高级研究项目局于2011年7月启动“战略通信中的社交媒体”研究计划，投入约4200万美元进行为期三年的研究，目标是开发更新的技术手段，通过监测、分类和追踪网络空间的欺

① 张恒山：《美国网络管制的内容及手段》，载《红旗文稿》2010年第9期。
② 王静静：《从美国政府的互联网管理看其对中国的借鉴》，华中科技大学2006年硕士论文。

骗性信息，并有针对性地发布信息以阻止网络谣言迅速传播①。

第三节　德国的网络社会综合防控体系

随着网络日益成为人们生活中的重要元素，网络言论自由的保护与立法规制也成为法律视野中的重要问题。德国很重视法律在网络社会治理中的作用，为了保护未成年人的身心健康，德国刑法对拥有或传播儿童色情内容者都做出了明确规定。2009 年 6 月份，德国联邦议院高票通过了《阻碍网页登录法》。这部法律赋予了德国执法机关封锁儿童色情网站的权力。此外，在《联邦反垃圾邮件法案》《电信传媒法》《多媒体法》等诸多德国法律中，对于网络接入服务商责任，滥发色情短信的处罚，互联网传播机构的义务等方面，也做了相应的规定。② 同时，德国作为互联网发展起步最早的国家之一，基于长期的严谨而细致的建章立制妥善应对，从而形成了政府主导、行业自律、技术管理、法律规制为主体的综合防控体系。

一、德国治理网络社会的立法体系

和其他国家一样，在德国，网络言论被视为言论的一种，而纳入言论自由的范围内进行宪法保护。德国《基本法》构成了德国宪政体系的基础，也是言论自由保护的基础。但德国网络言论的保护与规制主要来自于普通立法规范。德国在网络言论自由的保护上延续了宪法对言论自由的保护，但同时颁布了进行专门的立法规制。

（一）“为打击计算机犯罪的《刑法》第 41 修正案”对两个公约的吸收

欧洲理事会《关于网络犯罪的公约》（简称《公约》）和欧盟理事会《关于攻击信息系统的理事会框架决议》（简称《决议》）生效之后，2007 年 8 月

① 毛磊：《美国探索利用新技术应对社交媒体谣言传播》，载《科技日报》2012 年 5 月 3 日。
② 邢璐：《德国网络言论自由保护与立法规制及其对我国的启示》，载《德国研究》2006 年第 3 期。

7 日德国“为打击计算机犯罪的《刑法》第41 修正案”（简称《修正案》）获得德国联邦议会决议通过，并于8 月11 日开始生效，完成了欧洲理事会和欧盟委员会关于打击计算机犯罪的两个国际公约在德国刑法中的移植，将德国网络犯罪立法提升到新的高度，有利于遏制德国社会日益严重的新型网络犯罪。[①]

2009 年3 月9 日德国联邦议会批准该《公约》，2009 年7 月1 日《公约》在德国生效。《德国刑法典》吸收和植入《关于网络犯罪的公约》和《关于攻击信息系统的理事会框架决议》的规定，采纳两个《公约》中非法侵入计算机系统罪（侵犯计算机数据和信息系统安全的犯罪）、非法拦截计算机数据通讯罪（窥探数据）、非法干扰计算机数据罪（变更数据）、非法干扰计算机系统罪、滥用计算机设备罪（利用计算机实施的网络犯罪）。

《公约》是目前世界范围内影响力最大的打击网络犯罪的全面的国际公约，《决议》是欧盟成员国范围内打击攻击信息系统的网络犯罪的国际公约，德国在这两个国际公约的起草和签署中都发挥了重要作用，反过来这两个公约也对德国网络犯罪立法特别是《修正案》的制定发挥了立法修改的“标杆”和“限时器”的作用，加快了德国网络犯罪立法速度，提升了立法水平。德国“为打击计算机犯罪的《刑法》第41 修正案”此后设立窥探数据罪、拦截数据、预备窥探和拦截数据、变更数据、破坏计算机罪。

（二）《联邦反垃圾邮件法案》

德国重点打击传播和拥有儿童色情信息的行为。该国《联邦反垃圾邮件法案》就规定，对于滥发色情信息之类的垃圾短信者，政府将会处以最高5 万欧元的罚款；对于利用手机或网络传播青少年（14 岁—18 岁）色情和儿童（14 岁以下）色情的打击，拥有儿童色情内容者，可判处最多2 年徒刑，或处罚金；传播以上内容者，可判处3 个月至5 年徒刑，并且不可以罚代刑；如果是出于商业目的或团伙犯罪，那么可加重判处6 个月至10 年徒刑。

此外，德国打击手机网络色情传播行为，而且毫不手软。2009 年1 月份，德国警方发起了被认为是德历史上最大一次打击手机传播儿童色情的“苏西行动”。全德出动了约1000 名警察，在16 个州对425 名犯罪嫌疑人进行了搜

① 皮勇：《论欧洲刑事法一体化背景下的德国网络犯罪立法》，载《中外法学》2011 年第5 期。

查、没收了640台手机，数百台电脑以及1万多张光盘和影碟。

保护未成年人手机用户不受干扰，德国采用了手机入网实名制。德国电信移动公司规定，未成年人用户购买手机时，运营商须严格履行检验用户身份证的手续，相关手续有用户身份证、户口簿住址等，并且输入到电信运营商的数据库中备案。此外，还会为他们的用户卡安装防色情软件，双重把关。

（三）《多媒体法》

德国是网络立法开始较早国家，目前主要是通过普通立法来规制网络言论自由，尤其以作为欧洲第一个全面规制网络内容的立法——《多媒体法》而在世界各国网络立法领域著称于世。这是世界上第一部对电子网络空间的行为进行规范的专门立法，它标志着人类对电子网络这一高科技领域的法治规范开始起步①。

德国立法者为了阻止激进的网上宣传，通过了《多媒体法》（ICSA，又称《信息和传播服务法》）。《多媒体法》在三个主要方面对德国的互联网控制产生影响②：即对ISPs加强了对非法内容传播的责任，比如说对有关“纳粹复兴”内容的传播，“将会使用该法律”，“可以技术性地阻止其传播”；通过法令设定特定的“网络警察”监控危害性内容的传播；《多媒体法》将在网上制作或传播对儿童有害内容的言论视为一种犯罪；法院对有关网络言论采取了严厉的监控措施，而且支持此类法规的适用性。

德国的《多媒体法》在涉及网络言论的法律界限上主要表现在对青少年的保护上。根据该法，有关青少年保护的内容分为三个部分：其一是禁止违反刑法、违反秩序法的产品、服务；其二是以联邦检查处列举有害但并非禁止的产品、服务，散布者必须在技术上预防确保不使青少年获得；其三是责令服务负担提供商以聘请青少年保护人员之义务。2009年，德国还通过了《阻碍网页登录法》，旨在保护儿童上网。可见，《多媒体法》一方面将可能遭到限制的内容分为“禁止的”与“有害但并非禁止的”两种，从而为保护网络言论的多样性提供了前提条件；另一方面，要求散布者“在技术上预防确保

---

① 唐绪军：《破旧与立新并举 自由与义务并重——德国“多媒体法”评价》，载《新闻与传播研究》1997年第3期。

② 邢璐：《德国网络言论自由保护与立法规制及其对我国的启示》，载《德国研究》2006年第3期。

不使青少年获得”和“聘请青少年保护人员”的规定都充分体现了立法者对网络特殊性质的考虑。①

（四）《国家图书馆法》

德国互联网普及率处于欧洲较高水平。自2006年起，德国国家图书馆开始履行在线资料采集、编目和保存的法定职能。根据有关法规和该馆《文献采访指南》的规定，在线资料采集的对象包括互联网中对公众开放的所有以文本和音像格式出现的作品，如电子出版物期刊、图书、报纸、政府出版物、学位论文、音乐作品及网站等。现行有关在线资料采集和缴存的法律制度主要规定于2006年德国《国家图书馆法》和2008年10月17日颁布的《向德国国家图书馆缴存出版物条例》两个法律文献中。② 后者则进一步就在线出版物的性质和缴存范围做出了具体规定。

二、德国治理网络社会的政府管理机制

德国公共服务体系以其三级行政架构为基础，是联邦、各州和各地区政府中经济和社会基本设施中的组成部分，并且在行使民主及社会福利的任务时担任必不可缺的关键职能；此外，德国因其大陆法系固有的法哲学理念和向来以严谨而闻名于世的民族性格，在治理网络社会方面，以政府为主导的特点相当明显。所以，在德国政府监管网络社会治理和综合防控方面具有不可代替的重要地位。

（一）德国互联网行政管理组织

1. 联邦内政部。联邦内政部是德国网络社会最高监管部门，其具体管辖的部门是内政部下属的联邦警察局，内政部和联邦警察局专门组织由色情犯罪专家和技术力量组成的调查机构，来跟踪分析违反相关色情信息法律法规的可疑情况。德国的网络社会治理也是建立在公共服务体系基础之上，按照

---

① 蓝麒：《从德国判例透视我国网络言论的法律监管》，载《科教文汇》2007年第9期。

② 翟建雄：《欧洲六国网络资滋采集和激存立法评析》，载《新世纪图书馆》2011年第12期。

统一规划，联邦政府坚持由中央集中统一规划，联邦、各州、各地区依据职能组织实施。德国内政部总体负责并协调规划，联邦政府将各部门的所有职责进行了分解，将职能进行重新组合和集中，制定了基于互联网的职能联合策略，形成一个完整的政府服务职能一览表。早在1999年德国联邦政府就制定了“德国21世纪的信息社会”行动计划，以指导性的行政计划力促信息技术应用，之后联邦管理部门通过18个“试点项目”来探索富有创新的电子政务解决方案，联邦政府还建立了自己的门户网站，起草了《电子政务手册》，为政府治理网络社会建设提供全面支持。[①] 然后据此制订2002至2005年详细的实施步骤，以实现同层次和上下级政府机构之间的信息交换和信息共享，避免由于各自为政、系统缺乏兼容和共享所带来的“信息过度”。

2. 首席信息化官员办公室。德国内政部下设“首席信息化官员办公室”负责全国信息技术领域，也即网络社会的综合协调。德国各级政府在推进网络社会治理过程中，非常重视企业和社会公众对政府服务的评价，这和各级行政长官对民众的支持率的高度重视是密切相关的。正是以企业和社会公众为中心的服务理念引导下，各州和各地区政府推进网络社会治理和服务都十分注重公众参与，主要做法包括：以企业和公众的需求为导向开展电子政务设计和建设，鼓励市民利用电子政府手段获取公共服务，根据公众满意度对电子政府建设结果进行调控。

3. “联邦政府信息技术协调和咨询处”。“首席信息化官员办公室”下设的“联邦政府信息技术协调和咨询处”提供信息技术的顾问咨询及承担联邦信息基础设施建设；18个“试点项目”对于探索富有创新的网络社会治理创新解决方案。

4. 德国信息安全处。“德国信息安全处”即信息技术安全局，吸收了300多名物理、数学、信息学等方面的专家应对和解决网络安全问题；负责向社会发布安全警告，提供安全技术支持；承担信息安全研究和实施。德国政府高度重视信息安全工作，在法律和技术层面均采取了相应的保障措施，以确保网络环境下的信息安全。在信息网络安全保护方面，联邦信息安全局提供了电子政府软件的基础平台、防火墙、数据加密系统等。

---

① 王山琪：《德国电子政务建设及特点》，载《通讯管理与技术》2010年第3期。

5.“联邦在线 2005 项目组”。负责“联邦在线 2005”实施计划的制订和实施协调工作。为迎接 21 世纪新的挑战，同时也为了确保德国在欧洲信息化社会的领导者地位，德国总理施罗德 2000 年 9 月 18 日在汉诺威发布了“联邦在线 2005 电子政务工程规划”（bundonlin 2005）（以下简称“联邦在线 2005”），要求联邦政府到 2005 年所有政务实现网上办公。“联邦在线 2005”是一个庞大的系统工程，它不仅仅是一个信息技术项目，而且还涉及政府管理的革新以及行政管理的调整，是联邦政府为使德国成为信息化社会所制定的重要规划和政策。它确保公民、企业、院校及其他管理机构能更方便、快捷和花钱最少却最有效地享受联邦政府的各种服务。“联邦在线 2005”计划的目标是：消除官僚主义、政府办公管理现代化、政府创新管理、为“德国上网计划”打下基础。“联邦在线 2005”计划从 2001 年开始实施，计划到 2005 年完成。“联邦在线 2005”和“eGovernment2. 0”计划的实施，在提高德国各级政府机构的行政效率和公共服务能力，推动解决各自为政、系统不兼容和“信息孤岛”等电子政务建设难题方面发挥了积极作用。

（二）德国互联网行政管理的主要手段

德国互联网行政管理除体现为通过完备严谨的立法对网络行为加以规制外，主要手段也包括打击和教育两个方面。

1. 德国政府重视打击网络违法犯罪行为。通过加强对互联网的管理，严厉打击利用互联网从事违法犯罪行为，对有害信息的法律制裁和行政处罚措施非常严格。同属内政部的联邦刑警局，实时跟踪网上可疑信息，负责对信息网进行广泛调查。他们积极与青少年保护部门、网络供应商等合作开展活动，交流侦察有害信息内容的方法和技术；还与美国联邦调查局、欧洲刑警组织等机构开展国际合作，加强打击网络犯罪力度，共同监管互联网信息传播。联邦刑警局还下设一个“数据网络无嫌疑调查中心”的机构，即网络警察，专门负责监控有害信息的传播。除了内政部外，在联邦政府层面，德国家庭部设立了青少年有害媒介联邦检验局，在州政府层面设立了青少年媒介保护委员会，其下还设立了青少年保护网络有限公司，共同对德国媒体、网络实施监管，判断其传播的信息是否违反相关法律法规。

2. 德国政府全方位落实责任制。涉及本地科、教、文、卫领域问题，各联邦州政府也可下令关闭网站。全方位落实责任制即德国要求所有网络参与者都必须承担相应的法律责任。根据德国法律规定，网络运营商有义务制止通过网络传播的违法内容，例如色情、恶意言论、谣言、反犹太主义等宣扬种族主义的言论。网站必须主动配合青少年保护工作，含有色情内容的网站都必须应用“成人认证系统”，通过输入个人信用卡信息、身份证等不同方法来确认访问者的年龄。所有网吧电脑必须设置黄色信息过滤器和网站监控系统。公民需要对自己发布在互联网上的内容负法律责任。

三、德国治理网络社会的行业自律机制

强调政府在网络管理中的作用，通过政府立法以及网络过滤技术进行网络管理。

（一）政府主导下的多重组织保障

1. 网络安全理事会。“网络安全理事会”每年召开 3 次会议，德国联邦总理府、外交部、国防部、经济部、司法部、财政部、教研部及部分联邦州代表与会，还有德国工业联合会、德国工商大会、德国信息经济、电信和新媒体协会，以及输电系统运营商 Amprion 等经济界代表出席。

2. 国家网络防御中心。除“网络安全理事会”外，德国协调政府各部门之间网络安全合作的机构还有“国家网络防御中心”。该中心于 2011 年成立，由德国联邦信息技术安全局领导，联邦宪法保护局、联邦民众保护与灾害救助局、联邦刑事犯罪调查局、联邦警察、海关刑事侦察局、联邦情报局和联邦国防军共同参与。“国家网络防御中心”负责处理关于网络攻击的所有信息，参与部门各司其职又紧密合作。例如，联邦信息技术安全局会从技术层面评估一次网络攻击，联邦宪法保护局调查攻击是否来自国外情报机构，联邦民众保护与灾害救助局评估攻击对基础设施可能造成的影响，其他部门则负责处理攻击途径及所用工具等信息。分工合作后，“国家网络防御中心”可在很短时间内全面掌握当前安全形势并提出应对建议。

3. 网络安全联盟。德国还有一个“网络安全联盟”，它由德国联邦信息技术安全局和德国信息经济、电信和新媒体协会在 2012 年成立。该联盟的主

要职能是加强政府机构与经济界之间的合作，无论是基础设施运营商、中小企业还是科研单位，均可以从联盟中获得网络安全形势及应对措施等信息。

总之，政府主导下的全方位的基础战略、机构设置和研发计划，在网络安全方面为德国提供了多重制度保证。

（二）加强行业自律，提高社会公信力

加强行业自律，提高社会公信力是德国自律组织行业规范的普遍特征，网络行业也不例外。德国的行业协会和商会都有各自明确的利益目标，代表着不同组织的利益。为了维护自身利益和自身形象，每个行业协会如商会都特别注重自己的行为和专业操作的规范，依照章程行使权力，依靠各种制度规范行为。在网络社会综合防控方面，德国设立“国际性内容自我规范网络组织”以确保网络内容的安全性，尤其是对于未成年使用者①。

（三）自律组织的主要工作内容

作为政府监管的补充方式，行业自律组织通过网络信息服务，建立自我管理、自我约束、互相监督、共同发展的行业自律机制，规范网络服务提供者的行为，并通过严格的行业自律机制有效地配合国家对网络信息服务的法治化管理，使网络信息服务对国民经济和社会发展的积极作用得到充分发挥，同时有效地避免或消除在互网络上传播违法、有害、不良信息及其带来的消极影响，促进中国网络信息服务业快速健康发展；同时采取一系列措施保护重要信息基础设施、保护德国信息技术系统、加强行政管理部门的信息技术系统安全维护以及加强网络空间的犯罪控制。

四、德国治理网络社会的技术管理手段

（一）德国网络信息安全管理标准

德国弗劳恩霍夫协会是欧洲最大的应用研究机构，在德国乃至欧洲信息

① 董风：《西方国家互联网企业建立行业自律组织》，载腾讯网，http://news.qq.com/a/20100811/001608.htm，最后访问时间：2010年8月11日。

安全研究中占据重要地位。它对德国国家网络安全研究议程“网络安全2020”提出了7项建议：（1）捍卫数字主权。在信息安全这一核心领域，德国坚持绝对独立，不仅在信息通信技术这一关键领域，也要在跨领域的重大未来项目（如“工业4.0”和“互联网经济”）的服务中保证德国信息技术的独立。（2）信息安全应用研究。保证实用性；建立和运行同企业保持紧密合作的应用实验室；针对网络犯罪和网络间谍行为的系统解决方案的可行性进行实际研究和验证。（3）通过设计保护安全。从最开始就要考虑到安全问题，要促进各个组成系统的融合并明显提高安全性。（4）可由第三方检测。使已达到的安全性具有可证性。（5）通过设计保护隐私。应对网络犯罪和网络间谍行为，同时保护经济、国家和个人隐私，特别要考虑个人信息保护的重要意义，预防非法网络入侵和信息滥用。（6）了解自身安全情况。高效及时地绘制自身安全形势图，使决策者能够就安全情况作出可靠评估。（7）人性化的信息安全。信息安全机制及方法高度人性化，力求具有良好的可用性，使研发人员、信息安全专家和普通人都能完成与安全相关的任务。①

（二）德国网络信息安全技术管理的主要手段

1. 通过特定的网络警察技术性地阻止。

德国《信息和传播服务法》允许设定特定的网络警察以监控危害性内容的传播强化了对非法内容传播的责任，例如可以技术性地阻止有关“纳粹复兴”内容的传播，它还将在网上制作或传播对儿童有害内容的言论视为一种犯罪。在德国的司法实践中，出现网络言论自由与其他利益冲突的衡量时，对于网络言论自由的限制体现得较为明显，尤其是在涉及儿童色情以及“法西斯复兴”的言论方面，“公共利益”较之“个人的言论自由”常常占到上风。②

2. 邀请企业参与信息技术安全防护。

德国政府认为信息基础设施保护需要提高民众和中小型企业使用的信息技术系统的安全性能。德国政府计划把网络安全措施重点集中在十个战略区

---

① 饶晔、刘润生、张丽娟：《德国“工业4.0”中的网络安全》，载《学习时报》2014年7月22日。
② 唐汇西：《网络信息政府监管研究》，武汉大学2010年博士论文。

域：保护重要信息基础设施、保护信息技术系统、加强行政部门的信息技术系统安全维护、设立国家网络防御中心、设立国家网络安全委员会、加强网络空间的犯罪控制、在欧洲与世界范围内采取有效的协调措施确保网络安全、利用可靠的信息技术、加强联邦主管当局中的人事发展、建立应对网络攻击的工具①。

为此，德国政府计划采取如下措施：第一，普及网络安全知识，联合社会团体收集有关信息技术系统风险及安全使用的信息，为用户提供服务；第二，对信息技术产品与服务进行安全标准与使用便捷性的审查；第三，为国家认可的大众使用的基本安全功能（如电子身份证）提供特别激励措施和资助。为了支持信息技术系统安全领域的中小型企业，德国联邦经济和技术部组建了“企业信息技术安全”特别工作小组，邀请企业参加。②

3. 网上内容分级过滤技术。

对互联网络的内容管理，并非像一般人想象的那样放纵。恰恰相反，德国政府在网络治理方面采取相当严格而严谨的管理。只不过这些国家市场运行机制趋于成熟，更多地通过市场调节与行业自律的方式来对网络内容进行管理。德国将电信管制局的管制范围调整为电信、无线电和闭路电视三大块，对电信和网络实施对称准入政策。③

位于柏林的诺基亚网络安全中心，最新网络安全控制技术，防范恶意软件对社会各行业的侵扰，打造更值得信赖的互联网安全系统④。

第四节　日本的网络社会综合防控体系

日本互联网起步早，1989 年就引进互联网。2010 年，日本网民人数已经达到 9462 万人，网络普及率达 78.2%，已进入稳定发展阶段。网络快速发

① 程群、胡延清：《德国网络安全战略解析》，载《德国研究》2011 年第 3 期。
② 程群、胡延清：《德国网络安全战略解析》，载《德国研究》2011 年第 3 期。
③ 唐汇西：《网络信息政府监管研究》，武汉大学 2010 年博士论文。
④ 信莲：《鲁炜到访德国亲身体验网络安全控制技术》，载比特网，http：//sec.chinabyte.com/154/13463154.shtml，最后访问日期：2015 年 7 月 6 日。

展，促进了日本的通讯、政府办公、电子商务、媒体宣传的发展，但同时网络违法犯罪的猖獗也危害着日本的社会稳定。据日本警察厅统计，仅2010年，日本被检举的“网络犯罪”案件为6933起，同比增加3.6%。其中，网络诈骗案为1566起，同比增加22.3%；儿童色情案件783起，同比增加54.4%；侵犯著作权案件368起，同比增加95.7%①。针对网络技术犯罪、违法信息传播等影响网络安全与稳定的问题，日本互联网治理采取的是政府指导型治理模式，体现出坚持法治与行业自律并重的特点。

一、日本治理网络社会的立法体系

（一）网络信息安全立法

日本政府在发展网络信息社会的同时，也关注网络信息安全问题。早在2000年，日本就通过了《高速信息通讯网络社会形成基本法》（又称《IT基本法》），该法第22条规定“在制定与高速信息通信网络社会形成的相关规则时，应当采取必要的措施，确保高速信息通信网络的安全性及信任感，严密保护个人信息，使居民能够放心地使用互联网”。同年，日本《反黑客法》开始实施，加强了对黑客的处罚力度。该法规定擅自使用他人身份及密码侵入电脑网络的行为都将被视为违法犯罪行为，最高可判处10年监禁。2003年，日本《电波法》通过，该法第108条规定了对破坏通信设备的处罚：破坏供电信业务或广播业务使用的无线电台的无线电设备或与保护生命或财产、维护治安、气象业务、电气事业有关的供电业务或与铁道事业有关的列车运行业务使用的无线电设备，或者使其与物品接触以及其他阻碍无线电设备的功能、妨碍无线电通信者处五年以下徒刑或一百万日元以下罚金。该法第109条规定，非法获取无线通讯信息或者破解加密信息的，处一年以下徒刑或50万日元以下罚金；从事无线通讯业务的责任人，非法获取信息或破解的，处两年以下徒刑或100万日元以下罚金②。为更好应对网络攻击，2014年11月

① 周永生：《互联网对日本政治、经济、安全的影响及中国的借鉴》，载《中州学刊》2011年第6期。

② 马闻慧：《日本网络信息内容安全的治理机制及对中国的启示》，华中科技大学2013年硕士论文。

日本国会众议院全体会议表决通过了《网络安全基本法》，该法规定，日本政府将新设以内阁官房长官为首的“网络安全战略本部”，统一协调各部门的网络安全对策。“网络安全战略本部”还将与日本国家安全保障会议、IT综合战略本部等其他相关机构加强合作。该法还规定电力、金融等重要社会基础设施运营商、网络相关企业、地方自治体等有义务配合网络安全相关举措或提供相关情报。此外，该法提出将协助中小企业制定网络安全措施①。

（二）防范未成年人免受网络信息侵害立法

1.《交友网站规制法》。2003年，日本颁布了《限制利用互联网交友网站引诱向儿童买春行为相关的法律》（简称《交友类网站限制法》或《交友网站规制法》），禁止交友类网站运营商对青少年传播淫秽信息。该法规定了交友类网站服务提供者的责任：一是负有确认进入网站者身份的义务，采取有效措施防止未成年人进入。二是交友类网站必须有“禁止未成年人使用”的明确标识。如有违反，交友类网站会被处以罚款100万日元，责任人甚至面临高达6个月的监禁。

2.《青少年网络环境整顿法》。2004年通过的《青少年网络环境整顿法》（又称《不良网站对策法》）细化了对未成年人信息内容安全的保护，进一步明确了妨碍未成年人健康成长信息的范围，强化了网络服务提供商的法律责任。该法规定，属于妨碍未成年人健康成长的网络有害信息包括：一是以直接且明显的方式进行实施、中介，或者引诱犯罪或触犯刑法法令的行为的信息；二是直接且明显的引诱自杀、相约自杀的信息；三是对人的性行为或者生殖器官的下流的描写或者其他明显的能够使未成年人性欲亢奋的信息；四是有关杀人、行刑、虐待等阴暗场面的描写或者有其他明显残暴内容的信息②。该法进一步强化了网络服务提供商的法律责任，一是规定网络服务提供商应当对未成年人应用网络提供有害信息过滤服务，甚至规定青少年能够接触到的公共领域内网络终端，也应安装上网过滤软件；二是手机网络运营商在向未满18岁的未成年人提供服务时，必须在手机中安装过滤有害网站的软

---

① 王慧、曾晓强：《日本国会通过〈网络安全基本法〉》，载《人民日报》2014年11月7日。

② 马闻慧：《日本网络信息内容安全的治理机制及对中国的启示》，华中科技大学2013硕士论文，第26页。

件；三是电脑厂商在向未成年人用户出售产品时，必须为其安装过滤软件提供便利。此外，该法还规定了监护人的义务，即监护人有义务掌握孩子上网情况，并通过过滤软件等手段对上网孩子进行管理等①。

（三）禁止网络信息侵权的立法

日本于2002年开始实施《提供商责任限制法》，规定网络服务提供商在防范网络信息侵权方面的责任：一是对于网络上发现的有关人身攻击、侵害权益的信息应当立即删除，并对信息发布者提出警告；二是公民个人因网络上信息受到侵害时，网络服务提供商有责任向受害者公开信息发布者的姓名、IP地址、电子邮箱等信息；三是网络服务提供商有义务协助、配合执法部门打击网络违法犯罪活动②。此外，日本内阁会议决定向国会提交部分修改刑法的草案，草案内容不仅将制作、传播、拥有电脑病毒纳入刑法处罚的范围，而且还规定政府可以要求网络运营商保存某特定用户最长60天的上网履历和通讯记录③。

二、日本治理网络社会的政府管理机制

（一）政府推行网络安全战略

2013年6月，日本政府“IT战略本部”下属的“信息安全政策会议”制定了旨在加强防范网络攻击的《网络安全战略》。为进一步维护网络安全，日本政府2015年5月，又制定了新的《网络安全战略》，其立法宗旨确保网络空间的自由和安全，新战略提出了“信息自由流通”“法治”“对使用者的开放性”“主动遏制恶意行为的自律性”“政府和民间等多方面的合作”5项原则，并明确提出要积极参与制定网络空间的国际规范④。

① 《日本依法为未成年人打造安全上网环境》，载新华网，http：//news. xinhuanet. com/world/2009 - 11/28/content_ 12553891. htm，最后访问时间：2016年5月13日。

② 王慧芳：《中日互联网治理比较研究》，中国矿业大学2014年硕士论文。

③ 《日本依法为未成年人打造安全上网环境》，载搜狐网，http：//news. sohu. com/20091128/n268534683. shtml，最后访问时间：2016年10月24日。

④ 蓝建中：《日本政府制定网络安全新战略》，载《经济参考报》2015年5月26日。

根据2013年的《网络安全战略》，日本于2015年年初设立网络安全战略本部，以有效防范网络攻击。网络安全战略本部与日本国家安全保障会议（NSC）以及IT战略总部紧密合作，拟定应对网络攻击的重要政策的基本方针，并在发生重大案件时查明原因。在设立战略本部的同时，日本政府还计划设置“内阁网络安全中心”，使目前的“内阁官房信息安全中心”（NISC）拥有法律权限[①]。

为保障国家网络安全，日本还不断健全相关组织机构。2005年4月，日本内阁官房成立国家信息安全中心，5月又成立信息安全政策委员会。2014年3月，日本防卫省组建“网络空间防卫队”。日本政府还成立“政府安全行动协调组”，负责24小时监控政府机构的网络信息系统，监督国家信息安全中心的工作开展，协调各部门加强网络防御工作[②]。

（二）政府推行网络安全教育

日本政府重视通过教育渠道维护网络安全环境。一是注重网络安全法制教育。如在九州大学开设的课程中，介绍关于《网络安全基本法》及企业遭受网络攻击的案例，学校计划于2017年4月将该课程设为所有入学者的必修科目。会津大学开设了面向社会人士的专业讲座，假想黑客非法入侵银行系统提取顾客存款，介绍相关防范手段和对策[③]。二是注重加强信息道德教育。日本更新信息道德教育的指导教材，开设信息道德教育网络培训课程，总结并编写网络信息内容安全案例，以达到警示作用[④]。三是注重增强青少年保护个人信息意识的教育。内阁府加强各种宣传教育，提高青少年对个人信息的保护意识，使青少年形成良好的利用网络的习惯。四是注重培养网络信息安全的专业人员。如长崎县立大学将于2016年度起新设“信息安全学科”（暂定名），以培养具有专业知识与技能的技术人员[⑤]。

---

① 蓝建中：《日本政府制定网络安全新战略》，载《经济参考报》2015年5月26日。

② 王舒毅：《日本网络安全战略——发展、特点及借鉴》，载《中国行政管理》2015年第1期。

③ 李欲晓：内外兼施多层面提升全社会的网络安全意识，中国网信网，http：//www. chinanews. com/sh/2015/06－03/7320056. shtml，最后访问时间：2015年12月1日。

④ 马闻慧：《日本网络信息内容安全的治理机制及对中国的启示》，华中科技大学2013年硕士论文。

⑤ 李夏君：《日媒：网络攻击增加，日本大学着力培养安全人才》，载中国新闻网，http：//www. chinanews. com/gj/2015/05－10/7264929. shtml，最后访问时间：2016年3月12日。

（三）打击网络违法犯罪

1. 打击网络黑客。一是成立“反黑客组织”。为对抗黑客的攻击，日本政府决定提供优厚的待遇，从民间招募“反黑客组织”。“反黑客组织”的成员具备极高度的信息系统防护专业知识，能够进行监测、分析与应对①。二是建立反黑客设施。日本参考美国国土安全部的系统经验，对涉及日本国家安全的道路交通、航空、新干线等基础设施网络和化学工厂等工业设施实施强有力的网络防护，以阻止黑客集团攻击②。

2. 打击社交媒体上的违法行为。日本警方已经把 8 类行为规定为社交媒体上的违法行为：第一，公开陈列淫秽物品；第二，公开陈列儿童色情物品；第三，提供违法卖淫广告；第四，制作违法交友约会网站；第五，在网上销售以及使用毒品；第六，提供违规药物广告；第七，贩卖银行户头；第八，销售、转让匿名手机等。只要接到举报，警方可以依法进入任何一台计算机调查③。

三、日本治理网络空间的社会自律机制

日本的行业自律体系更显完善，电气通信业者协会、电信服务业提供商协会等行业组织，制定了《Internet 网络事业者伦理准则》等一系列行业规范，强调行业自律与法治相结合，使网络参与者的自律成为解决网络问题的重要渠道。

（一）手机内容审查运营监管机构

日本手机内容审查运营监管机构成立于 2008 年 4 月，设有理事会和审查基准制定委员会、内容审查监视委员会及咨询委员会等三个工作委员会，所

① 孔庆玲：《日本政府拟高薪从民间招募网络高手对抗黑客攻击》，载中国新闻网，http：//www.chinanews.com/gj/2015/06－15/7343606.shtml，最后访问时间：2016 年 5 月 10 日。

② 胡涛：《日本将建大规模反黑客中心》，载《北京商报》2012 年 3 月 19 日。

③ 朱稳坦：《日本官民大联合净化网络社交媒体》，载环球网，http：//world.huanqiu.com/exclusive/2014－09/5137976.html，最后访问时间：2016 年 10 月 1 日。

有委员会成员均由民间人士担任，是专门负责监管网络信息的民间机构。日本手机内容审查运营监管机构所需经费并非由国库提供，而是来源于申请认定的网络企业支付的审查费用和赞助会员费。手机内容审查运营监管机构对互联网信息安全与网络秩序的维护，主要从以下 3 个方面开展工作：一是监督网站的监视工作，要求网络企业配备和培训与自身的网站规模相符合的网站巡视员，由网站巡视员坚持 24 小时不间断监控网站信息。二是监视网络用户的投稿和留言，将网站用户的投稿必须保存 3 个月以上。对于网站和网络用户公开的内容，通过长时间目视和样本抽出进行审查确认。三是监督网站对网络用户的管理。网站必须在页面设置醒目的举报按钮，设置专门窗口应对来自于网络用户的咨询或者举报。该监管机构的审查监视委员会下设监视室，对审查通过的网站开展全天候的监控或抽样分析，一旦发现违法或者有害的网络信息，通知该网站立即进行整改，后果严重的将取消网站的手机浏览资质。据统计，手机内容审查运营监管机构自 2008 年 7 月成立到 2012 年 9 月的 3 年期间，共审查提出申请的手机网站 97 家。2012 年上半年对网络用户投稿提醒注意及警告的达到 41880 件，删除用户投稿数量为 135 万件。2012 年上半年通过网站用户举报按钮向机构直接举报的数量为 2485 件①。

（二）日本计算机娱乐软件协会

日本计算机娱乐软件协会（Computer Entertainment Supplier's Association，简称为 CESA）是社团法人，该协会成立于 1996 年，以从事手游的自主规制、青少年教育引导、提高客服质量为主要职责。为避免儿童与青少年接触到不适当的游戏内容，日本计算机娱乐软件协会于 2002 年设立电脑娱乐分级组织，该组织为特定非营利活动法人团体，主要负责制定电脑游乐器游戏的分级制度、审查游戏的分级。根据日本网络游戏分级制度，网络游戏应当分成 A、B、C、D、Z 五个级别。A 级适合于全年龄对象；B 级适合于 12 岁以上对象；C 级适合于 15 岁以上对象；D 级适合于 17 岁以上对象；Z 级仅适合于 18 岁以上对象。CESA 同时也规范了 Z 级游戏软件的贩售、陈列与展示的参考准则：所有 Z 级游戏的订单都需要注明级别；全面禁止贩售 Z 级游戏给 18 岁以

① 王梓安：《浅谈日本手机移动互联网管理》，载《中国记者》2013 年第 3 期。

下玩家；Z 级游戏必须陈列于 150 厘米以上、儿童无法拿取的高度[①]。

（三）网络服务商的自律

日本成为 Line 社交软件的最大市场，在日本有 5200 多万用户正在使用 Line 社交软件。Line 公司通过与手机运营商的年龄认证系统联动，对于无法确认手机用户的年龄是否已满 18 周岁，Line 公司对该用户采取用户检索等限制。同时，Line 公司专门设置页面针对学生发布上网安全建议，如强调“不要和陌生人讲话”，并且详细列出了网络“危险人物”的特征。同时强调在网络空间应当遵守礼貌规则：不说他人坏话、不随便上传个人及他人的照片、不发淫秽照片以及文字、不去扩散虚假信息或者不知是否是事实的内容[②]。

四、日本治理网络社会的技术管理手段

一是研发治理垃圾电子邮件的技术。自 2005 年以来，日本有 30 多家网络企业联合起来成立了反滥用电子邮件组织，努力探究开发应对垃圾电子邮件的技术，维护网络空间的秩序。反滥用电子邮件组织开发出“发信域名认证”技术和“发送端口阻止”技术。“发信域名认证”技术的适用要求主要包括：第一，只有经过身份认证的用户才能使用 SMTP 服务转发邮件，这样可以有效防止非信任主机借用服务器发垃圾邮件，并且这个选项是默认选中，无法修改的。第二，发件人和认证用户必须一致，发件人和认证用户必须是同一邮箱帐号，这样可以有效防止系统内没有权限外发的用户借用有权限外发的帐号来发邮件。第三，以本系统中域名发邮件时必须认证，即以包含本系统中域名的邮件地址来发邮件时必须认证，这样可以防止发垃圾邮件者伪造发件人来发垃圾邮件[③]。“发送端口阻止”技术即通过设定服务器发送电子邮件时默认使用的端口，从而阻止未经网络服务商认证的服务器发送邮件。据日本有关部门统计，日本 97% 的“go. jp”邮箱设置发信域名认证，对欺骗

---

① 参见日本计算机娱乐软件协会网——http：//www. cesa. or. jp/。

② 王梓安：《浅谈日本手机移动互联网管理》，载《中国记者》2013 年第 3 期。

③ 苏影：《法律和技术为日本网络管理保驾护航》，载新华网，http：//news. xinhuanet. com/newscenter/2006 -05/21/content_ 4578601. htm，最后访问时间：2016 年 3 月 20 日。

邮件进行检测[①]。“发信域名认证”技术和“发送端口阻止”技术，对于防范垃圾电子邮件侵权发挥了很好的效果。

二是使用过滤技术保障未成年人的上网安全。在日本，消费者购买手机必须向通信公司提供身份证、驾驶证或外国人登陆证等有效证件实名注册并与通信公司签约。依据2008年日本国会通过的《青少年网络规制法》，手机销售公司负有向未满18岁青少年提供手机网络过滤服务的义务，即只要未成年人的监护人没有明确拒绝手机销售公司提供的手机过滤服务，手机销售公司都应当对自己出售的手机设置过滤功能。过滤功能是依靠过滤技术对网站的内容和域名进行详细分类并加以浏览限制，对于有害于未成年人的异性交友网站、赌博类网站、黄色网站等，过滤技术能起到禁止未成年人看到网页和随意发帖子留言等效果。

第五节　国外网络社会综合防控体系的启示

英美日等网络发达国家的网络社会治理实践表明，政府在网络社会的治理中具有举足轻重的地位，但绝不是政府的专利。网络社会的治理需要贯彻综合防控的原则，即坚持立法防控与技术防控相结合、国家管控与社会自律相结合、国内治理与国际合作相结合，以形成保卫网络安全、维护网络秩序的合力。

一、立法防控与技术防控相结合

综观英美日等互联网发展水平较高的国家，都非常重视立法对网络社会秩序的调控。如英国颁布的《计算机滥用法》、美国颁布的《计算机安全法》、日本颁布的《网络安全基本法》等网络基本法，这些网络基本法确定了互联网治理的基本原则，在基本法确定的基本原则指导下，英国、美国、日

① 参见日本技术在线——http://china.nikkeibp.com.cn/news/mobi/60800-20120424.html?ref=ML。

本等国也颁布了相关的地方立法等，如在美国，国会、政府和法院通过发布立法、行政命令及司法判例的方式，已经构筑起一个网络社会治理全局问题的完整法律体系，为这些国家网络社会的安全与秩序稳定提供了立法保障。同时，英美日等互联网发展水平较高的国家在建立严密的网络立法体系的同时，也充分关注随着网络社会发展，对于网络社会出现的新情况新问题相应修改完善立法，如日本根据《IT 基本法》这部互联网行业的纲领性法律，针对互联网技术更新对立法的需求，不断进行互联网行业法律立改废活动，即根据互联网发展的现实需求添加或删减相关法律中的相应内容，对于不适应现实需求的网络立法则予以废止，从而保障法律的针对性和可操作性。我国的互联网发展迅速，但在网络立法领域目前存在着诸多不适应网络社会发展需要的问题：一是缺乏以一部高层级的、专门性的法律作为网络治理法律体系的基本法。目前相关网络的法规、行政规章、行政规范性文件的制定，是以全国人大常委会的决定即《关于维护互联网安全的决定》和《关于加强网络信息保护的决定》为其法律依据，由于缺乏统一的网络指导思想和指导原则，呈现出网络立法不能有机配合、甚至冲突的情形。二是在网络发展过程中，面临新情况、新问题，缺乏有效法律加以规制，从而出现“网络立法的漏洞”。三是有些网络立法是在网络初期制定的，对于网络社会高度发展的今天，呈现不能有效调控网络社会公共领域秩序的情况，从而出现网络立法过时的问题。因此，借鉴英美日等网络社会高度发展的国家，我国在网络立法方面应当尽快出台网络社会调控的基本法，为相关网络社会的行政法规、规章、其他规范性文件的制定或修改提供明确的立法方向和指导原则，促进中国形成一个科学有效的网络立法体系。同时，注重处理好网络立法的稳定性和适用性，根据网络社会发展的需求，适时修改和完善网络立法体系。

网络立法的完善对网络社会秩序的调控固然重要，但网络社会的发展毕竟是依靠网络技术的进步为基础的，尤其是一些网络违法犯罪是运用网络技术实施的，需要“以技术对技术”，通过改进网络技术防控网络违法犯罪行为的发生。英美德日等国都非常重视发展网络技术，普遍采取网络过滤技术，如英国 IWF 采用“网络内容选择平台”（Platform for Internet Content Selections，简称 PICS）系统通过对色情、裸露、暴力、侮辱等类别作出标记，实现对网上内容进行分类过滤；美国研发的“网络保姆”（Net Nanny）具有网络监看的功能，利用“网络保姆”提供的“黑名单”，能够阻止色情网站的侵袭。德国危机信息平台由两个彼此独立的子系统构成。其中，危机预防信息系统集中了互联网上所有可以找到的危机预防措施信息并面向社会公众开放，主要向人们提供在面对各种危机情形时应当如何采取保护措施等信息，并及时与网民互动，内部危机预防系统主要是建立民事保护和灾难防护领域的内部信息网络，来支持非同寻常的危险和损失发生时迅速的信息分析，为决策者在民众保护和灾难救助上提供信息，帮助决策者有效地应对危机，大大减轻决策层的预先评估和资源管理工作。①

可见，运用技术手段为治理网络社会已经成为网络发达国家的普遍经验。我国在构建网络社会综合防控体系过程中，理应重视网络技术的防控功能，由政府提供优惠政策甚至是资金支持、鼓励网络企业研制开发相关网络技术。与此同时，政府既应当对网络防控技术的开发研制的标准设定法律标准，防止这些技术标准损害国家利益、社会利益以及公民的合法权益；也应当为网络服务提供商使用网络技术提供法律保障。

二、政府管控与社会自律相结合

网络社会发达国家构建网络社会防控体系的实践表明，政府作为维护社会治安的主导力量，在网络社会治理中具有举足轻重的地位。英美日等国普遍建立了职责清晰的网络管理行政机构体系，如日本政府管理网络信息的最高机关是内阁官房办公厅，内阁官房办公厅下设信息安全中心，具体负责对管理网络信息的各部门工作予以协调，处理网络安全应急事件，指导并监督网络行业协会开展工作。美国在“9·11 事件”后，形成了比较清晰的网络社会管理组织体系，具体体现为由总统关键基础设施保护办公室负责统筹协调，国土安全部是专门管理机构，此外，国防部、商务部、行政管理和预算局等作为辅助机构，各机构的网络社会防控职能由法律作出明确规定，共同应对网络安全问题。从英美日等国的网络社会治理实践来看，政府在网络社会秩序调控中主要发挥着以下方面的作用：一是政府制定网络中长期战略规

---

① 陈慧：《发达国家如何监管网络舆情》，载《学习时报》2014 年 7 月 7 日。

划。美国是世界上首个制定网络安全战略的国家，早在 1978 年就颁布了第 12065 号行政令，成立了专职负责管理国家网络安全事务的信息安全检察办公室、划分了国家安全信息的种类、明确政府及其雇员所具有的权限。美国的网络安全战略具体形成于 2000 年初克林顿政府发布了《保卫美国的网络空间：信息系统保护国家计划 1.0 版》，这是美国针对网络空间首次制定的战略文件。“9·11”恐怖袭击发生后，小布什政府于 2002 年 9 月发布了《美国国家安全战略》，将反恐作为国家安全战略的首要内容。之后，奥巴马政府于 2011 年先后发布《网络空间国际战略》和《网络空间行动战略》两个网络安全战略文件，以全球视角来确定网络安全战略。除美国外，英国、日本等国政府也根据自身国情制定了网络安全战略。二是政府运用行政权力打击网络违法犯罪活动，如英国知识产权犯罪监管部门成功查处并关闭了 200 家跨国售假网站。三是政府重视开展网络宣传教育工作，采取有效措施提升网民的网络媒介素养。如英国教育部早在 1988 年就将媒介教育纳入正式教学体系中，并规定在小学阶段和中学阶段要进行媒介教育。面对网络社会治理中出现的问题，我国政府在网络社会综合防控体系中起着主导作用，可以借鉴英美日等国政府的治理网络社会的成功经验，建立起职权清晰的网络社会行政管理体制，明确各职能部门在网络社会行政管理体制中的职权与职责，形成政府防控的合力。

政府运用国家强制力对互联网进行管控固然能起到立竿见影的效果，但在网络社会治理中绝不是最好的方式。一是网络社会具有虚拟性、易变性、广泛性等不同于现实社会的属性，光靠政府的力量是无法治理好网络社会的；二是网络社会治理的成本相当之高，也是政府自身难以承受的；三是网络社会的属性决定了政府治理往往只能是“治标不治本”。英美日等网络发达国家非常重视社会自律，实现对网络社会秩序的调控。其一是各国重视行业自律。如英国形成了以 IWF 为中心的行业自律体系，拥有互联网行业自律的纲领性文件——《R3 网络安全协议》，负责对网络空间的煽动种族仇恨、色情犯罪内容、儿童虐待图像三方面内容予以打击；美国计算机伦理协会制定的“十诫”在防控网络违法犯罪方面起到了很好的效应。其二是各国重视企业自律，即由互联网企业（即以网络为基础的经营商，一般包括 IT 行业、电子商务企业、软件开发企业等）开展自律活动。如日本 Line 社交软件公司通过与手机运营商的年龄认证系统联动，对于无法确认手机用户的年龄是否已满 18 周岁的，采取限制用户检索的措施。其三，各国重视网民自律。英美日等国政府通过自身开展媒介教育、引导行业自律组织教育网民等途径，培育网民的自律精神，自觉遵守网络法律与规范。我国政府在构建网络社会综合防控体系过程中，已经注意到社会参与治理的积极意义，如成立了中国互联网协会，该协会发布了自律公约和倡议书，但协会带有明显的行政印记，给社会公众的印象往往是受制于政府，以至于自律作用发挥欠缺；我国网络企业自律做得较好的是新浪公司，建立自律专员制度对网络不良信息进行监督，并且成立微博辟谣团队、建立微博辟谣机制，对网络社会秩序的维护作出了重要贡献，但其他一些网络企业在这方面依然存在欠缺；我国网民在网络空间的行为呈现非理性的状况依然比较严重，其主要原因在于缺乏自律意识。因此，借鉴国外互联网自律机制的特色和成功经验，并根据我国的国情构建社会自律机制，应当成为实现网络社会协同的重要路径。

三、国内治理与国际合作相结合

英美日等网络发达国家的网络治理实践表明，网络的开放性、跨国性决定了许多网络违法犯罪具有跨国性，网络治理不能仅仅依靠国内力量，还需要谋求国际合作。在国内治理方面，英美日采取立法规制、技术管控、政府管理、社会自律相结合的方式实施。尤其重视网络社会的依法治理，注重运用刑事制裁、行政处罚、民事赔偿等多种法律手段对网络社会进行综合管理。如美国国会通过的《网络端正通讯法》（Communication Decency Act，简称 CDA）规定，通过网络向未满 18 周岁的未成年人传播“猥亵”（obscene）或“粗俗不雅”（indecent）的言论或信息的行为属刑事犯罪，可被判处两年以下监禁及 250000 美元以下的罚款①。再如索尼公司没有采取积极的防御措施造成黑客侵入网络，造成全世界约 1 亿人的个人信息泄露，英国当局向索尼公司的欧洲负责人索取约 3750 万日元赔偿金。我国《全国人大常委会关于维护

① 江登琴：《美国网络色情刑事处罚的宪法审查——雷诺案的经验与启示》，载《国家检察官学院学报》2011 年第 1 期。

互联网安全的决定》（2000 年 12 月 28 日第九届全国人民代表大会常务委员会第十九次会议通过，2009 年修正；以下简称《决定》）中已经明确了综合运用刑事制裁、行政处罚、民事赔偿等法律手段维护网络社会秩序。其中，《决定》的第 1 条至第 5 条规定了危害互联网的运行安全、危害国家安全和社会稳定、破坏社会主义市场经济秩序和社会管理秩序、侵犯个人和组织的人身财产等合法权利以及其他行为构成犯罪的，应当追究刑事责任。《决定》的第 6 条则规定，“利用互联网实施违法行为，违反社会治安管理，尚不构成犯罪的，由公安机关依照《治安管理处罚法》予以处罚；违反其他法律、行政法规，尚不构成犯罪的，由有关行政管理部门依法给予行政处罚；对直接负责的主管人员和其他直接责任人员，依法给予行政处分或者纪律处分。利用互联网侵犯他人合法权益，构成民事侵权的，依法承担民事责任。”可见，落实《决定》的刑事制裁、行政处罚、民事赔偿等法律手段综合运用，既需要完善现有网络立法，更需要公正司法、严格执法作为保障。

当前，网络空间已成为继陆、海、空、天之后的“第五空间”，网络发展给世界各国带来政治、经济、文化便利的同时，也让各国蒙受网络攻击之害，可以说，网络空间的安全问题已成为困扰世界的严峻挑战。2012 年出炉的战略与国际问题研究中心（CSIS）报告显示，在统计的 77 次网络攻击事件中，美国 28 次成为被攻击的对象。而受到网络攻击的，远不止美国。从报告中可以发现，网络攻击除了经常发生在美、英为主的发达国家外，中国、印度为主的发展中国家，以及以色列、巴基斯坦等局势出现动荡的国家也成为报告中的高频词汇①。美国的《网络空间行动战略》中指出，“盟友”是网络空间行动战略的五大支柱之一，也就是需要寻求网络合作。美国在应当网络攻击实践中积极寻求合作，已经与日本、韩国、以色列等建立了合作关系。各国在网络社会治理国际合作实践中充分认识到：网络安全是全球性挑战，单靠一国之力难以有效应对，必须通过国际合作共同破解这一难题，这就需要各国共同制定网络空间规则、深化打击网络犯罪合作、加快网络防护技术发展、完善网络安全对话机制②。

---

① 赵琦：《评论称美国通过加强国际合作应对网络战》，载《南方日报》2012 年 7 月 16 日。

② 马晓天：《网络安全离不开国际合作》，载《人民日报（海外版）》2012 年 5 月 30 日。

四、保护言论自由与管控网络失范行为的结合

网络行为是否失范由网络言论的双重属性决定，也与各国在网络言论保护上的价值取向和传统言论自由保护的方式有关。

德国在网络言论自由的法律规范保护方面，体现为“宪法的直接保护和特别立法的保护、限制相结合”的方式。[①] 一方面，宪法直接规定基本权利有直接效力，并将网络言论自由纳入到言论自由范围内进行保护；另一方面，颁布特别立法“多媒体法”，对网络言论自由的规制进行具体化。在司法实践中，法院适用普通法律解决网络言论自由纠纷，允许对网络言论自由的普通立法限制。我国应从此两个方面入手，结合自身特点，实现网络言论自由的保护和立法规制；各级政府和工作部门应成分认识到网络社会与“言论自由”与生俱来的联系，深刻体会治理网络社会实质上就是保护和平衡言论自由的过程，统筹兼顾保护言论自由和规制网络失范行为的双重任务。基于自由与秩序的原理和平衡论的指导，必须突破“单边主义”的思维方式与行动逻辑，方可达成治理网络公共空间的目标、实现网络社会法治化。

五、建设必须有统一规划和专职领导机构

对于我们来说，网络社会还可以称作“一个新生事物”，而网络社会综合防控还是一项系统工程，因此离不开来自最高领导层的推动，需要其制定统一的规划和设立专职的领导组织机构。其他网络治理和建设较发达的国家如美、英、德等国都设立了类似的领导机构。如德国有“首席信息化官员办公室”统筹全国电子政务建设，而我国目前没有一个专职的电子政务建设的领导机构；规划方面，目前，全国人大常委会、国务院以及国务院新闻办、公安部、工业和信息化部、教育部、文化部、国家新闻出版广电总局等部门已推出10余部与互联网有关的法律法规规章，成为世界上该领域法律法规规

① 邢璐：《德国网络言论自由保护与立法规制及其对我国的启示》，载《德国研究》2006年第3期。

章最多的国家。[①] 但是，我国的网络社会治理缺乏宏观规划，也没有提出明确的电子政务发展目标，没有制定出全国性的政府信息化的中长期总体规划，特别是没有制定统一的技术标准，致使目前的网络社会综合防控工作形成“九龙治水”的局面。为此，亟需在以下几个方面做出切实努力：

其一，对政府业务流程进行必要重组。网络发达国家多注意根据向公民提供服务的业务进行评估，以此来确定重组政府流程的计划，这实际上反映了“政府业务流程的设计是以服务为中心、组织机构的设置是以流程为中心”的理念。而我国现有的政府业务流程是以自身的需要为出发点的设计思路，不是以服务为中心，而是以管理为中心，加上政府的组织结构是以职能为中心设计的，不同的部门具有不同的职能，从而人为地把流程割裂开来，使得整个业务“数据流”不得不按地理位置和人为分配被“打碎”至多个部门，导致整个“数据流”无人全程掌控[②]。信息流与业务流相脱节使政府的整个业务流程不具有系统性，造成政府整体效率低下。

其二，注重加强政府网站的建设。网站事关政府的形象，也是对外服务的平台。政府网站是实现电子政务的重要载体，没有高质量的政府网站，就不可能有高水平的电子政务应用。德国的柏林市官方网站在网站定位和发展目标等方面的设计相当合理有效。而我国的政府网站总体来看则是质量不高，有很多“僵尸网站”，导致网站互动性较差甚至缺乏，栏目设计和内容不很规范，服务能力低下。

综合本章所述，借鉴网络发达国家的治理经验，我国的网络综合治理需要兼顾保护言论自由和规制网络失范行为的双重任务，统筹运用立法、行政、行业自律、网民道德自律等多种手段，警觉、剔除“单边主义”思维倾向，消解和弥合其消极影响，引入协同治理思维和理论，建立多元主体共同参与网络虚拟社会的协同治理体制。

---

① 唐汇西：《网络信息政府监管研究》，武汉大学2010年度博士论文。

② 李章程：《德国电子政务建设经验及对我国的启示》，载《北京档案》2004年第1期。

第四章　我国网络社会综合防控体系的建设思路

第一节　我国网络社会防控体系建设的现状

一、我国网络社会快速发展及面临的形势

互联网影响了世界，同时也深刻地改变着中国。其发展历经了魔幻般的变化，正如《数字化犯罪》的作者、曾经的黑客尼尔·巴雷特所说："开始作为学者和研究人员游乐园的因特网，已经成为一个功能齐全、政治化的自由社会—— 计算机王国。它吸引了不同生活背景、行业、年龄的公民，同也吸引了许多坏人、盗窃分子、诈骗犯和故意破坏分子。"①以计算机技术和现代信息技术为为基础的国际互联网诞生于 1969 年，其前身为美国国防部高级项目研究机构网络，即阿帕网（ARPANET）。1979 年美国国防部通信局和高级研究计划管理局研究制定了网络通讯协议——"TCP/IP" 协议，解决了不同电脑之间相互通信的问题，使众多不同型号的计算机实现联网通信。"TCP/IP" 协议适用于阿帕网标志着真正意义上的互联网出现了。20 世纪 80 年代中后期，世界多个国家计算机网络纷纷与阿帕网连接，逐渐形成了今天的具有巨大影响力的国际互联网。自 1994 年 4 月 20 日中国作为世界互联网大家庭中第 77 个成员正式（NCFG）正式接入 Internet 以来，互联网在中国已有 21 年的发展历程，时间不算长，但对中国人乃至中国社会的改变是极其深刻的。中国正在从互联网大国迈向互联网强国，根据中国最具权威性的中国互联网络

① ［英］尼尔·马雷特：《数字化犯罪》，辽宁教育出版社 1998 年版，第 196 ~ 179 页。

信息中心（CNNIC）于2015年7月23日发布的第36次《中国互联网络发展状况统计报告》显示，“截至2015年6月，我国网民规模达6.68亿，互联网普及率为48.8%”，网站400多万家，“手机网民规模达5.94亿，网民中使用手机上网的人群占比提升至88.9%”；2014年电子商务交易额超16万亿元人民币①。由此可以看出，互联网已经成为当今世界经济和社会发展的基础力量，互联网经济已经成为中国经济和社会发展的中坚力量，也是中国经济最大的增长点。根据这一报告提供的信息，可以看出移动互联网在中国的大发展更进一步推进和深化了网络化社会的形成。随着以大数据、云计算、物联网、移动互联网为核心技术的加速发展，以及为适应中国产业转型的产业新布局，国务院分别于2015年7月17日、8月19日通过和发布《“互联网+”行动的指导意见》《关于促进大数据发展的行动纲要》，并印发《三网融合推广方案的通知》等一系列国内重要产业规划文件及公共政策。同时，近年来中国政府不断加强互联网国际化沟通与合作，在信息化建设、互联网建设方面采取了一系列具有重大影响的举措，努力为我国互联网和信息化建设创造比较有利的国际环境，比如召开了以“互联互通·共享共治”为主题的首届世界互联网大会，中方呼吁国际社会齐心协力，携手建立多边、民主、透明的国际互联网治理体系，共同构建和平、安全、开放、合作的网络空间，并提出了中国关于互联网建设的九大主张：促进网络空间互联互通、尊重各国网络主权、共同维护网络安全、联合开展网络反恐、推动网络技术发展、大力发展互联网经济、广泛传播正能量、关爱青少年健康成长以及推动网络空间共享共治②；中国政府积极主动出击，仅仅在今年9月份一个月内就成功筹办了“中阿网上丝绸之路”“中国—东盟信息港论坛”“第八届中美互联网论坛”等多个具有国际影响的互联网会议，引起各方热议；特别是习近平2015年9月访美期间与美方就互联网议题进行深入地沟通和协调，在诸多争议问题上取得了突破，达成了诸多共识，特别是双方承诺，共同继续制定和推动国际社会网络空间合适的国家行为准则，中美双方同意建立两国打击网络犯

① 《第36次中国互联网络发展状况统计报告》，载中共中央网络安全和信息化领导小组办公室网站，http：//www.cac.gov.cn/2015-07/23/c_1116018727.htm，最后访问时间：2016年2月10日。

② 《首届世界互联网大会 中方就互联网发展提出九点倡议》，载第三届世界互联网大会官网，http：//www.wicwuzhen.cn/system/2015/08/11/020781987.shtml，最后访问时间：2016年2月10日。

罪及相关事项高级别联合对话机制，双方同意就调查网络犯罪、收集电子证据、减少源自其领土的恶意网络行为的请求提供合作，双方同意各自国家政府均不得从事或者在知情情况下支持网络窃取知识产权等等[①]。中国政府在互联网建设方面对内对外一系列重大举措和积极作为必将更进一步的推动中国互联网和信息化向更快速、更全面、更高层次发展，进而更深层次地融入并影响中国社会和中国人生活。

互联网正有力推动着人类社会的发展进程，深刻改变着人们的生产生活方式，人们在网上交流、交往、交易，话在网上说，钱在网上花，事在网上办，已经成为一种习惯、一种常态。而这一切使人们不自觉地迈入了网络社会的大门，进入这个浩瀚的虚拟时空，这个星球上的众多个体不经意间成为了这个网络世界的“初民”。网络给人们的生产生活带来了无数的惊喜和便捷，同时，网络安全问题也相伴而生，花样百出、层出不穷：网络攻击、网络恐怖等安全事件时有发生，侵犯个人隐私、窃取个人信息、诈骗网民钱财等违法犯罪行为依然猖獗，网上黄赌毒、网络谣言等屡见不鲜，已经成为影响公共安全的突出问题，人民群众对打击网络有害信息和不法行为的呼声非常强烈，维护网络安全迫在眉睫、刻不容缓。也就是说，大量的现实问题延伸到网络社会中，模糊了现实和网络的边界，这些延伸到网络社会中的问题，往往是越轨性社会问题。实施越轨行为的主体是以电脑为工具，以互联网为载体，进行损害其他参与网络互动的主体利益的网民，越轨行为主要有网络诈骗、网络暴力、网络色情、侵犯知识产权等具体形式。这也给我们敲响了警钟：网络安全不仅仅是一个简单的技术问题、国内安全问题，它还是一个涉及国家主权的安全问题，即网络主权安全问题，事关国家安全和国家发展——近些年来，中国的政治、社会生活中稍有一些动静就有关于中国政府及海量的规模商业网络受到国外大规模、致命性的网络攻击的报告以及在2013年由美国司法部网络承包商斯诺登引发的“棱镜门事件”中暴露的一系列美国政府窃听、收集他国领导人通话信息及一个主权国家政府的力量对他国政府、商业网站进行致命性的攻击等也都说明了这一点。网络安全也不是一个

① 《习近平访美期间中美关于网络空间的共识与成果清单》，载中共中央网络安全和信息化领导小组办公室网站，http：//www. cac. gov. cn/2015 －09/28c_ 1116702255. htm，最后访问时间：2016 年 1 月 10 日。

抽象的、虚幻的安全问题，它是一个具体的、实实在在的安全问题，直接关系到每一个网民的切身利益。“8·12”天津港特别重大火灾爆炸事件处置过程中，由于信息发布不够及时、全面、权威，导致社会质疑、网络上猜疑不断，谣言满天飞。李克强一针见血地指出“权威发布一旦跟不上，谣言就会满天飞。”总的来说，网络安全面临的风险和挑战日益突出，互联网日益成为维护国家安全和政权稳定的主战场，成为社会矛盾和负面舆情发酵放大的策源地，成为违法犯罪活动的作乱地。

互联网产业是一个年轻的产业，我国互联网发展和发达国家相比历史不算长，面临的是一个各国网络和信息极速发展的时代，我国的互联网建设必将迎来前所未有的机遇，同时也面临巨大的挑战，其中网络安全的挑战尤显突出，在世界范围内，我国网络安全水平被排在令人尴尬的第四类①，即最低等级，足见信息网络安全形势非常严峻。如果能够积极妥善地应对这些挑战，将会对互联网发展起到重大的推进作用，对维护我国网络主权安全、社会安全，提升人民群众的生活质量都有极其重要的作用。根据我国网络社会建设实践，从社会治理角度来看，当前我国网络发展中面临的挑战和压力主要有：

（一）经济社会转型带来的压力

纵观全球，当今世界各国都或主动或被动地进入了一个新时代、新阶段，总体来说，发达国家在先期优势基础上进一步深化发展，而多数发展中国家，特别是新兴发展中国家正在经历一场艰难但又极具重大意义的社会转型——从传统产业、传统社会向现代产业、现代社会的急剧转型，信息化、市场化、全球化、工业化、城镇化步伐快速推进。社会转型期往往是利益重新调整期、矛盾凸显期、激化期，阶级阶层分化日益显著，社会问题不断聚集，社会发展和社会稳定之间产生巨大的张力，社会和谐局面容易被打破、出现失衡。转型社会中的政治生态更为复杂、人际关系更为紧张、社会共识更为脆弱、社会心理更为敏感、凝聚人心更为困难，社会治理也就面临更大的挑战。随着互联网时代的来临，现实社会管理和网络社会管理是每个政府必须面对的双重难题。互联网作为思想文化的集散地和社会舆论的放大器，赋予每个网

① 亦旻：《中国信息安全不能居于“第四类”》，载《安防科技》2003年第4期。

民平等的参与权、话语权和知情权，一改以往个体在社会管理中的弱势地位，实现了现实社会中难以达到的“去科层化”。以互联网为核心载体的网络社会因其具有自由性、平等性、超时空性、匿名性、互动性、开放共享性、全球性、数字性、非中心性、即时性、交流主体的隐匿性、社会的强连接性等新型特征，更有利于言论自由权利的实现和社会观念的表达，尤其是社会转型中的利益受损群体，更倾向于通过网络平台表达利益诉求和抒发情感。因此，现实社会矛盾和问题往往会在网络空间以较为激烈的形式表现出来，反过来固化了社会的“极化”和不宽容，为转型期的社会稳定运行“增荷”。

（二）“数字化鸿沟”的压力

从网络信息技术发展水平看，发展中国家与西方发达国家相比存在很大的差距。互联网核心技术和掌控权在极少数国家手中，从光纤到路由器，从计算机到操作系统，从核心电子器件到基础软件，从数据库到应用软件，互联网核心技术绝大多数掌握在美国手中，美国拥有全球范围内最雄厚的技术积累，相比他国具有绝对的互联网技术优势。根据相关资料，仅就硬件看，目前支撑互联网运转的根逻辑域名服务器（简称根服务器）全球共有 13 台，其中 1 台是设在美国的主根服务器，另外 12 台根服务器也有 9 台设在美国，其他 3 台分别设在瑞典、荷兰和日本，美国利用技术优势，通过对根服务器实施特定的技术手段可以对他国互联网业务进行监听与破坏。在互联网上，美国、英国和法国的新闻组织收集情报和信息的能力远高于其他国家的新闻组织。发达国家的互联网企业在商业合作、海外技术援助等名义下，介入发展中国家互联网基础设施建设，这些公司凭借技术优势在竞争中挤压发展中国家本土信息技术企业的生存空间，阻碍发展中国家的信息技术自主研发进程，造成发展中国家对发达国家的技术依附，处处受制于人，诸多关系国计民生领域的信息安全难以保障，经济社会运行将面临极大风险。

（三）社会治理能力的压力

作为后发国家，发展中国家不仅在信息技术水平上与西方国家有较大差距，在社会治理能力和治理水平上也存在很大改进空间。尤其是如何加强和创新网络社会管理，是摆在发展中国家面前的难题。直至当前，一些发展中国家政府尚未真正认识到网络社会管理的重要性，对互联网的管理不重视，工作不到位，监管出现漏洞，或是任由极端言论和虚假消息在网络上蔓延，或是不注重听取网络民意导致执政被动，或是网络空间被敌对势力利用引发政局动荡；还有一些发展中国家政府一味采用强制手段压制反对意见，招致国际舆论的谴责。总之，在网络社会管理上，一些发展中国家普遍较为缺乏法制化、长期性、稳定性的运作，依然以压制性、应急性、随意性的操作为主，一旦发生经由互联网煽动和引发的群体性政治事件或社会事件，往往会危及政权稳定，难以扭转被动局面。

（四）国外政治输出的压力

冷战结束之后，西方发达国家试图通过网络外交战略构建国际网络新秩序，实现强权在网络世界的扩张，通过对互联网传播系统的控制为其霸权提供合法性理由。西方发达国家利用高科技信息手段，开展信息心理战，推行“网络自由”战略，输出西方价值观和意识形态。微型博客、搜索引擎、电脑游戏等多种新兴网络传播介质已经被开发主导和有效掌控，并在其中巧妙加入西方政治价值观、意识形态和文化符号，其渗透性和影响力非常强大。通过发达国家信息技术公司提供帮助，一些发展中国家的反对派的网站能一直处于运营状态，发挥政治传播效力，免于受到政府的审查和取缔。技术发达国家甚至直接运用技术安全措施防范和阻止执政当局破坏反对派的网站。通过这些举措，西方价值观可以通过信息化载体快速传播和大面积覆盖，在特定的国家和区域大行其道。从实际来看，目前许多发展中国家互联网管理面临较为严峻的问题，甚至与社会问题和政治问题交织在一起，产生了激化矛盾的影响，导致国内政局动荡和社会不稳定。前几年，在北非、独联体国家和中亚地区的“颜色革命”中，一些民众通过网络形成民间舆论，对当局施压，为反对派提供舆论支持。在中东地区，30 岁以下的青年占人口总数的60%，这个庞大群体是中东人口金字塔的重要组成部分，关乎中东的社会发展和政局稳定。同时，网络成为中东民众获取信息、相互沟通甚至参与社会事务的主要渠道和平台。截至 2010 年，阿拉伯国家的网民约有 6000 万以上，全地区有 3. 5 万个活跃博客，Facebook 用户高达 1700 万，推特用户的年增长率高达 142%。2011 年在“阿拉伯之春”中，埃及、突尼斯、巴林等国政府的网络强控和信息封锁政策失效，激起更大范围的民间反弹，这些国家的青年群体通过网络信息平台，开展“蜂拥”战术，成为政权变革的主力。近年来，在战乱不断的叙利亚，反对派则通过网络串联并对外发布消息，统一对抗政府的行动，导致国内冲突经久不息，进一步升级。

互联网是把双刃剑，正如埃瑟·戴森所言，“数字化世界是一片崭新的疆土，可以释放出难以形容的生产能量，但它也可以成为恐怖主义者和江湖巨骗的工具，或是弥天大谎和恶意中伤的大本营。”当海量人、设备和服务连接到互联网后，其存在的安全风险对于整个网络空间的影响将是灾难性的，由于网络世界与现实物理世界深度融合，网络世界的安全威胁也将更深地影响到现实世界。只有保护好每一个网民的安全，才能让网络安全落地生根，用坚实的一砖一瓦，构筑起国家网络安全的坚固长城。基于互联网给现代社会治理带来的挑战，如何适应引导互联网社会的快速发展为我所用并有效化解互联网所带来的诸多危害成为检验政府治理水平和治理能力的试金石。

二、我国网络社会综合防控体系建设所取得的成果

我国网络社会在快速发展的同时，也衍生出诸多问题，对我国政治、经济、军事、文化、社会、外交、国家战略、法律、产业链、人才等多个方面形成挑战。面对如此复杂、综合的挑战，如果仅仅采取“头疼医头，脚疼医脚”的方法，由个别部门采用单项的、片面的、一维的、单向的措施，并无助于问题的解决，反而错失了破解治理难题的有利战机。因而必须要将网络社会问题治理摆到一个关系到国家主权安全、社会安定的战略高度，动员国家各级机关部门及社会组织力量，综合运用各种手段，积极构建网络社会综合防控体系，通盘谋划，化解矛盾。

这里所谓网络社会综合防控体系，是指通过打击各种危害社会的网络违法犯罪活动，通过行政和社会等各种手段的综合运用和全社会的统一行动来预防和治理网络违法犯罪，维护网络社会的和谐与安全。近些年来，我国政府在网络社会综合防控体系建设方面下了很大力气，也取得了显著的成效：

其一，转变理念，提高认识，开始从宏观层面来建构网络安全治理体系。为应对网络社会所带来的挑战，我国实现了对网络安全重要地位认识上的升

级转变，进一步从战略全局的高度对网络安全和信息化问题深化认识：党的十八大报告指出要“深化平安建设，完善立体化社会治安防控体系”；十八届三中全会明确提出了社会治理体系和治理能力现代化，强调“坚持积极利用、科学发展、依法管理、确保安全的方针，加大依法管理网络力度，加快完善互联网管理领导体制，确保国家网络和信息安全”；为贯彻落实总体国家安全观，加强组织体系建设，中央从战略全局的角度考虑成立了中央网络安全和信息化领导小组统筹协调网络社会管理工作，在小组第一次会议上习近平总书记作出了重要论断“没有网络安全就没有国家安全，没有信息化就没有现代化”①，同时会议提出网上政治安全、网络空间晴朗、网络保障有力、网络攻防实力均衡等国家网络安全战略的总体部署。认识上的提升和最高政治权威的牵头挂帅为网络社会综合防控体系的建构提供了思想上和组织上的保障。

其二，初步探索出一套符合我国基本国情的网络管理办法，形成了国家互联网信息办公室、信息产业、公安、新闻宣传等各部门联动的协调机制。网络社会是一种源于计算机网络技术不断普及和发展而形成的一种新的社会形态。2011 年起，中央提出了加强和创新社会管理的重大命题。网络社会管理是社会管理的应有之义和重要内容，中央要求进一步加强和完善信息网络管理，提高对网络社会的管理水平，健全网上舆论引导机制。逐步形成了政府主导型柔性互联网管理，完善了互联网基础管理制度，充分发挥主管部门作用，依托公安机关力量，坚持依法依规处理，维护虚拟社会稳定，为构建信息网络安全社会防控体系，促进我国改革发展稳定创造了良好的舆论环境。

其三，网络技术研发取得了一定成果。技术手段在监督管理网络活动方面具有不可替代的功能。绝大多数虚拟空间的违法犯罪行为之所以屡屡得逞，一个重要原因在于监管技术不足。近年来，我国在网络安全的技术研发方面已经取得了显著进展。例如我国自主研制的网络安全身份认证技术，能够有效地缓解网络环境的身份安全认证难题；另外，由中科院研发的通用 CPU，虽然无法与 Intel 和 AMD 相竞争，但由于其主要运用在军队、政府、国企及科研院所等单位，有助于消除我国在电子政务和国防等方面存在的安全隐患；

---

① 《习近平的网络观：没有网络安全就没有国家安全》，载人民网，http：//www.peopel.com.cn/xuexi/n/2014/1120/c385475 -20161137.html，最后访问时间：2016 年 11 月 2 日。

再如，我国自主研发的瑞星等杀毒软件，实现国家反病毒技术的重大突破。

其四，逐步认识到以法治网的重要性，积极推进网络监管立法，初步突破网络管理建设无法可据的问题。依法监管是所有国家在进行网络管理时共同的选择，我国也在不断加快互联网立法进度。我国的网络立法起步于 1994 年 2 月国务院颁布的《计算机信息系统安全保护条例》，并由此开启了我国信息网络立法的序幕。2000 年以来，各个层次的立法工作相继展开也取得了相当可观的成果：《中华人民共和国电子签名法》《全国人大常委会关于维护互联网安全的决定》《全国人大常委会关于加强网络信息保护的决定》国家层面的法律文件有 3 部；《信息网络传播权保护条例》《互联网上网服务营业场所管理条例》《计算机软件保护条例》《外商投资电信企业管理条例》《互联网信息服务管理办法》《中华人民共和国电信条例》《计算机信息网络国际联网安全保护管理办法》以及《国务院关于授权国家互联网信息办公室负责互联网信息内容管理工作的通知》等由国务院制定的行政法规 8 部；《外国机构在中国境内提供金融信息服务管理规定》《电信和互联网用户个人信息保护规定》《规范互联网信息服务市场秩序若干规定》《互联网文化管理暂行规定》《互联网视听节目服务管理规定》《互联网新闻信息服务管理规定》等部门规章及地方性法规达至少达 300 部以上，其中全国范围适用的部门规章 7 部；最高人民法院、最高人民检察院发布的《最高人民法院关于审理利用信息网络侵害人身权益民事纠纷案件适用法律若干问题的规定》等涉及网络的司法解释 5 部。在这些法律、法规、规章及司法解释中，对于利用网络实施的煽动颠覆国家政权、窃取国家秘密、诈骗、赌博、传播淫秽物品、非法经营以及非法侵入计算机信息系统等犯罪活动，不仅可以进行治安处罚，还可以追究相关责任人的刑事责任。虽然这些法律文件的出台距离互联网法治化的目标甚远，但在应对网络发展实践中出现的诸多问题起到了不可忽视的作用。

其五，加强互联网违法信息收集、发现、查处等执法管理机构建设，努力加强网络执法队伍建设。为了加强社会监管，2004 年以来，相关部门先后成立了互联网违法和不良信息举报中心、网络违法犯罪举报网站、12321 网络不良与垃圾信息举报受理中心、12390 扫黄打非新闻出版版权联合举报中心等公众举报受理机构，并于 2010 年 1 月发布了《举报互联网和手机媒体淫秽色情及低俗信息奖励办法》。培养一支正规化、现代化的网络执法队伍，也是加强虚拟社会管理的必然要求。目前我国网络执法人才比较缺少，执法活动往往缺位。除了公安系统组建了相对完整的网警队伍外，检察、法院、安全、工商、海关等司法与行政系统的专业力量严重不足。因此，加强网络社会中执法队伍的建设、切实提高网络执法队伍的执法水平，才能够确保网络文化健康发展。

最后，作为网络安全防控体系建设和维护主体力量的公安机关已经成为加强网络安全保卫工作的有效载体。公安机关集打击、防范、管理、服务等多项职能于一身，是维护社会治安秩序的主力军，也是网络社会治安防控体系中不可缺少的专门力量，具有核心地位和主导地位。经过十多年的快速发展，目前全国公安机关基本建立了部、省、市、县四级网络安全保卫工作组织体系，初步建立了一整套覆盖网络各个环节的技术手段和管控措施，形成了一套相对成熟的网上监控、侦控、侦查、管理等业务工作机制，在维护国家安全和社会稳定工作中发挥了重要作用。

三、网络社会的发展对社会治安的影响

网络社会发展中暴露出的绝大多数问题，最终都会落脚于社会治安问题，并最终对社会治安形成一定的压力和影响。

（一）网络社会对社会治安面管控的宏观影响

网络技术的迅猛发展和深入广泛地应用，使网络成为人们日常工作、生活、娱乐、消费、交往等活动的重要场所；成为影响生活在现代社会中的广大群众认知的重要舆论场；成为各种不稳定因素聚集和蔓延的主要策源地；成为各类违法犯罪分子实施犯罪活动的新平台；成为了境外敌对分子对国家安全进行渗透破坏的主渠道。诸多现实问题更多地反映到了网络社会中，并通过网络社会的演绎、放大、传播，进而酝酿成为严重的治安事件，同时诸多的网络社会中的问题又直接影响到现实社会，对现实社会的建设和管理带来严峻的挑战，对维护国家安全与和谐稳定带来严峻挑战。

1. 主流意识形态和核心价值观面临冲击。

互联网为广大公众提供了一个极其广阔的话语平台和言说空间，人们在

这个平台和空间拥有了空前的话语权并处于乎不受约束的状态，即所谓的“人人手中有话筒，个个都是通讯社”。在网络社会中，各种思潮以各种形式相互辩论、相互影响、相互传播，活跃于网络之上，社会各行业各领域各阶层通过网络“发声喊话”，一些图谋不轨的组织和个人，借助互联网渠道大肆煽风鼓动，涌现出大批“意见领袖”肆意发表一些不同声音，很多非主流思想和偏激观点充斥于网络空间，对主流意识形态和核心价值观造成直接冲击并产生了巨大的影响。境外敌对势力也充分利用这个极度开放和自由的平台，开展渗透和破坏活动，网络社会已经成为我们和敌对势力展开较量的重要要战场。

2. 社会稳定面临挑战

截至2015年6月底，我国网民规模达6.68亿，互联网普及率为48.8%，移动互联网发展更是突飞猛进，手机网民规模也达到5.94亿①。从数量上看，我国互联网规模早于2005年就是世界第一了，是名副其实的网络大国。但从实践来看，网络越是发达，网络舆情对社会的稳定的破坏力也就越大。基于网络具有开放性、自由性、流动性、虚拟性和自治性等新特征，它已经打破了政府部门掌控舆论发展走势的原有格局。网络社会已经改变了我们的社会管理方式。一些别有用心的人，借用网络空间挟持舆论，假借民意制造假舆情，对社会秩序的维护带来了挑战，比如天津港“‘8·12’特大火灾爆炸事故”处置过程中有关谣言在网上广泛传播，更加重了当地受灾民众的恐慌情绪。

3. 群体性事件走向网上网下勾连互动

在我国社会经济发展过程中，不可避免会发生一些矛盾和问题，部分群众在新一轮利益调整和分配过程中或许会出现心理失衡情况，往往将心中的不满和怨气在网络社会中宣泄出来，一些现实中的矛盾和冲突一旦进入到网络社会中，势必会发酵、扩散、触点增多，燃点降低。一旦有人插手加以煽动，就会引发现实社会中的群体性事件乃至更为严重的“街头政治”。通过微博、微信等即时通讯工具的裂变式传播，社会中的一个小口角、一则极其荒

① 《第36次中国互联网络发展状况统计报告》，载中国互联网络信息中心网站，http://www.cnnic.net.cn/hlwfzyj/，最后访问时间：2016年3月8日。

诞的谣言在互联网的平台上，瞬间就能网罗汇集一定规模的人群聚集街头或者要道，产生难以估量的社会负面效应，2007 年厦门 PX 项目引发的市民到市政府门前集体“散步”事件等都是需要引起高度警惕的案例。之前的贵州瓮安“6・28”事件、甘肃陇南“11・17”事件等，均由起初网络社会中的声音走向了现实社会中的行动，造成了极具有破坏性的社会影响。

4. 网络违法犯罪更加隐蔽频发

现实生活中的传统违法犯罪活动呈现出向网络社会快速转移蔓延的趋势，网络诈骗、网络传销、网络赌博、传播介绍淫秽色情活动、网络非法集资等涉网违法犯罪活动不断滋生繁衍，甚至在网上贩卖枪支弹药、爆炸物品、危化物品、毒品等违禁物品的现象也相当突出，并呈现出跨国界、跨地区、体系化、隐蔽化、低成本、高科技性趋势。给广大人民群众的现实社会安全及网络社会安全都带来了很大的威胁。

（二）网络社会对社会治安带来的微观问题

网络社会是人类社会的一部分，它并没有脱离现实社会。因此，网络社会治安问题也是现实社会治安问题的组成部分，但它无论是在违法犯罪形式、手段方面，还是在社会影响等方面，都体现了信息时代特征：虚拟性、迅捷性、隐蔽性、跨区域性、智能性、广泛性等等。一些传统违法犯罪如诈骗、盗窃、赌博、淫秽色情等利用网络的诸多特性得到了快速发展与蔓延，其违法犯罪手段也借助网络技术的快速发展得以不断翻新。总的来说，网络社会治安呈现出以下特点及发展趋势。

1. 破坏国家安全社会稳定的案件激增

在一些网上论坛、QQ 群、微信公共帐号、微信群等公共网络信息服务场所中，出现了一些非正当目的非法集会、非法结社、非法串联、网络恐怖等违法活动内容。一些别有用心的人，或者不明真相的群众，在网络上故意捏造虚构事实、传播谣言、散布虚假信息，恶意污蔑攻击政府，毁损政府形象，以图混淆视听、欺骗群众、制造恐慌等。某些言论在网络社会中传播极快，极易成为群体性事件的导火索。大量身在国外的极端组织、邪教组织及恐怖分子、分裂分子、极端分子等“三股势力”，和其他一些受境外敌对分子和敌对势力蛊惑和影响的违法分子，渗透进网络社会中，利用互联网相互勾结、煽动群众，有预谋地实施一系列危害国家和社会和谐稳定的违法犯罪行为。

2. 网络侵财型犯罪形态高发多发

随着电子政务和电子商务的兴起，越来越多的不法分子将作案目标转向了网络。他们通过计算机网络技术手段实施侵财犯罪，其中最为典型的有：网络盗窃、网络诈骗、网络传销等。网络盗窃主要是指借助计算机网络技术，采取盗窃密码、控制账号、修改程序等方式，将有形或无形的财物据为己有的行为。资金、虚拟财产以及有价值的数据信息是网络盗窃者的主要目标。他们通过假冒网上银行网站、木马程序等，获取用户账号和密码直接窃取资金；通过盗窃他人的 QQ 号码、网络游戏账号窃取虚拟货币、虚拟财产；通过系统漏洞或技术手段窃取网上存储的有价值的数据信息如银行账户信息、股票交易信息、商业机密信息等并出售获利。网络诈骗是随着互联网的发展而出现的新型诈骗形式。它借助计算机网络技术，或对传统的诈骗方式进行重新包装，或通过新的诈骗手段来获取非法利益。如不法分子通过欺骗或黑客手段获取受害人亲友的 QQ 号码、商业伙伴的电子邮箱，开设“钓鱼网站”等实施诈骗，让受害人在不知不觉中上当受骗。近年来，网络诈骗案件逐年多发、类型多样化，诈骗手段可以说是五花八门，呈现出专业性、技术性、欺诈性很强的特点。网络传销，是以网络为载体，通过上线发展下线，以会员数量为依据给付佣金或以缴纳费用、认购商品取得会员资格后的高额返利方式，实现非法牟利。近年来，网络传销作为一种新型传销方式，在国内蔓延迅速。除此之外，网络非法集资、网络黑市、网上销售违禁品、网络制假售假、侵犯知识产权等几种以侵财为主要目的的犯罪也日益增多。

3. 网络“黄、赌、毒”案件非常突出。

随着网络技术的迅猛发展以及网上支付手段等的出现，“黄、赌、毒”活动迅速在网络空间泛滥开来。如网络色情淫秽活动，因为隐蔽性强、成本低廉，网上网下相互衔接，迅速得到了蔓延。一些不法分子通过开办淫秽网站传播淫秽色情信息，组织网络色情表演，进行网上招嫖活动，等等。网络淫秽色情活动的发展蔓延，给广大群众特别是青少年带来了严重危害。网络赌博由于运营费用比传统赌场低，而且不受时间、空间限制，犯罪分子只需要一台电脑，给赌客建立一个平台，就可以实施犯罪，风险低获利高的特性导致网络赌博屡禁不止。网络贩毒，即利用互联网贩卖毒品的行为。网络的虚拟性、匿名性和隐蔽性为贩毒分子逃避打击提供了极大的便利，使越来越多的毒品犯罪分子将贩毒行为转移到网络空间进行。《2012 年中国互联网违法犯罪问题年度报告》将网络贩毒列为 2012 年中国互联网违法犯罪十大类型之一。据有关资料表明，我国最早使用互联网进行毒品交易的贩毒人员起初目的是便于与境外毒品联络交易①，但随后越来越多的贩毒分子通过此途径从事贩毒活动。如 2011 年 10 月公安机关成功破获的利用互联网视频交友平台进行涉毒违法犯罪的“8・31”特大网络吸贩毒案，该案涉及全国 31 个省市区，连带破获制贩毒案件 496 起，查获涉毒违法犯罪嫌疑人员 12125 名。网络“黄、赌、毒”活动的日益猖獗，严重影响了社会风气。

4. 侵犯人身权利和民主权利的案件增多

网络社会中较为常见的侵犯公民人身权利的案件，是利用网络对他人进行人身攻击、公然侮辱、造谣诽谤、以及窥探、传播他人隐私等。有些网民在某些网站论坛上匿名发帖，对特定被害人进行侮辱和谩骂，或是恶意粘贴、散播涉及被害人隐私的图片和言论，也对被害人的正常生活造成了干扰和严重影响。根据北京网络安全反诈骗联盟发布的《2015 年第一季度网络犯罪数据研究报告》揭示，因无良商家盗卖、网站数据窃取、木马病毒攻击、钓鱼网站诈骗、二手手机泄密和新型黑客技术窃取等手法导致个人信息大量泄漏。目前，围绕个人信息泄漏，已经形成了一条完整的产业链，有人甚至为此开设了钓鱼网站、通讯公司和商业信函公司，专门通过收集、买卖公众“名址库”牟利，这不仅对公民的财产权带来侵害，更对公民个人隐私权、名誉权造成严重侵害。

5. 恶意攻击计算机信息网络安全的案件逐渐增多。

网络不仅仅是一种获得和发布信息的渠道，它正日益成为现代国家与社会的基础设施和神经中枢。依赖网络建立起来的各国及全球金融网和政府网等存储着大量信息，信用卡号码、社会保险号码、信用卡费用和交易记录、国家敏感资料甚至保密数据等成为了不法分子易选的攻击目标。一些犯罪嫌疑人非法制作、传播计算机病毒，利用“黑客”等技术对政府网站、商业网站等进行恶意攻击，造成计算机系统不能正常运行，某些商业机构的网站因

① 鲍焕明：《宁夏毒品犯罪的现状及对策意见》，载《中国刑事警察》1996 年第 1 期。

黑客入侵而导致泄露商业信息，某些政府网站因黑客恶意攻击而无法正常浏览，损害到公众利益。此外，经常会有来源不明的病毒在网络社会里肆意蔓延。对电子政务、电子商务和网络用户日常安全构成极大威胁①。

四、我国网络社会防控体系建设中存在的不足

实践证明，网络社会治理是一项涉及面很广的系统工程，仅仅从单角度、单维度“头痛医头，脚痛医脚”加以应对，并不能有效解决问题。我国网络治安防控体系建设虽然取得了一定成效，但仍然是初步的、低层次的，网络安全保卫能力远远跟不上网络社会快速发展的问题日益凸显，互联网思维欠缺、网络治理理念落后、网络法律法规滞后、技术硬件相对落后、网络治理国际化合作、综合管控缺乏联动性等诸多不足，必须从体系建设的各个环节认真加以审视和检讨。具体不足如下：

（一）互联网思维欠缺，网络社会防控体系建设理念创新不足

与互联网飞速发展相比，管理者观念不适应，管理手段也较为陈旧。网络社会作为一种新的社会存在与传播方式，深刻地改变了人们的生存方式和思维方式。目前我们的管理理念还不能有效适应这一重大变化，很多做法和思路依靠的还是过去对现实社会的管理经验。与传统的以行政区域划分行政管理的方式相比，网络社会管理从管理对象和运作方式上都更趋复杂：网络资源的合理配置与协同共享，网络多元文化和价值观的并存与协调等。网络社会促使管理思想必须从封闭走向开放，从单一性走向多样性，从孤立性走向协调性，注重网络社会理念的培植，树立人性化、柔性化的管理观念。网络社会远比现实社会复杂许多，不懂技术，偏执于保守的思想观念往往会导致“剪不断、理还乱”的结局。这一点在公安机采取的应对网络社会治安措施方面尤显突出。具体分析如下：

---

① 沈雁辉：《从公安执法角度谈网络虚拟社会的法律规制》，华东政法大学2012年专业学位硕士论文。

1. 管控理念和方式落后

对快速发展且日益复杂的网络社会，公安机关目前仍处于比较落后的管控阶段，突出表现在管控的理念和方式的落后。受现实社会管理理念的影响，我国公安机关对于网络社会的管理一贯的思维就是“兵来将挡，水来土掩”。这些措施在早期打击网络违法犯罪行为、引导网络舆论方面起到了一定的作用。但随着网络社交媒体、网络新技术的出现和移动互联网的普及，这种传统的管控观念在应对新网络技术犯罪，特别是面对网络谣言、网络恶意炒作、网络诈骗作等方面显得力不从心，处于被动地位，使得警察跟着罪犯走、警力跟着舆情走，网络社会管控的成效大大降低。在对网络社会管控方式上，当前公安机关采取的常规措施仍然是“封”“删”“打”，这对于快速打击网络犯罪、维护国家和公民利益起到了重要作用。但是，随着社会的进步和网络的快速发展，如何对虚拟社会网络意识形态进行有效管控，在打击和预防犯罪的同时掌握网络舆论主导权，引导虚拟社会健康发展已成为公安机关面临的最大挑战。

2. 在网络治理中缺乏网络信息价值观、伦理观及生态观

网络社会是人与信息的生态系统，网络社会生态环境的好坏，关系到人们生存质量的高低。网络社会生态环境问题，实质上是人与信息的矛盾问题，是人与信息矛盾的激化，是人创造的数字化信息与人的需求之间矛盾的激化。作为一个系统，优化这样的安全的数字化环境，需要政府主导、社会协同和公民的参与；作为由技术产生的问题，就要依靠技术的进步，填补数字鸿沟，治理信息污染，提高环境的自净化能力，保护网络社会生态环境。

一是努力填补数字鸿沟。网络社会的一个突出特征是网络新技术的广泛应用不断催生新的生产方式、传播方式、消费方式，不断引领信息形态的更新换代。因此需要政府不断研发新技术，作为网络社会生态环境的技术保障。要填补与国外的数字鸿沟。应加大人财物的投入，密切跟踪网络技术前沿动向，从战略高度对网络重大问题进行研发，组织科研攻关，加强对防病毒技术、防火墙技术、防攻击入侵检测技术、远程监控技术、舆情防控及预警技术等的研究与开发，形成独立知识产权的核心技术优势。尤其是重视下一代互联网技术的研发，把网络社会的发展建立在自己掌控的技术平台基础之上填补国内的数字鸿沟。我国网络社会的生态环境问题，除了违法、失范的原

因，很重要的一个方面就是由于数字鸿沟造成的反映非网民的弱势群体呼声的信息不足。他们目前在中国总人口中还占有很大比例。缺少这部分信息，不能达到网络社会生态环境的信息平衡，就谈不上优化网络社会的生态环境。因此，各级政府应继续加大对广大农村地区网络基础设施建设的投入，同时着力加强对农村网民正确、合理使用互联网能力的培养，提高农村网民利用网络获取和利用信息的能力。

二是治理虚拟网络信息污染。网络社会信息污染主要是利用互联网传播谣言、淫秽色情、赌博、暴力、迷信、邪教等不良信息和西方资本主义的意识形态等 应该清醒地看到，境内外敌对势力通过网上炒作、煽动、组织串联与我争夺舆论阵地和进行窃取国家机密等各种破坏活动的信息，以及一些网民肆意发布虚假信息，随意造谣诽谤，甚至利用互联网勾联聚合，扰乱社会秩序，破坏社会稳定。治理信息污染、确保信息安全是网络社会信息生态系统健康发展的基础保障。为此，政府应加大技术投入，加强对网络监控技术的研究，推进动态堵截技术、信息安全防范及保护等技术的应用，开发信息识别、信息过滤、自动侦缉、不良信息自动报警等监控系统。要加强网络主体对信息传播的过程性监控。根据网络信息在传输初端（网站）、中端（网络运营商和服务商）和末端（用户电脑）等环节的不同特点，设置相应的技术监控，有效阻止有害信息扩散。同时，加强网络道德伦理、法律的研究和构建。把技术进步与伦理道德、法律的综合运用作为手段，创造出更加人性化的网络社会生态系统。

三是加强网络社会生态系统自净化能力。能被称为生态系统的都具有一定程度的自动调节净化能力，由于这种能力的存在，才使得生态系统在一定的范围内，可以承受一定的压力，即体现出一定的“弹性”，从而维持着自身的动态平衡——生态平衡。网络社会也有自身的生态逻辑，在各种观点的交相呈现和反复激荡中，逐步形成多元互补的格局。在这一过程中政府信息的补充尤为关键。法国文化学者让诺埃尔·卡普费雷《谣言》一书中说，“当人们希望了解某事而得不到官方答复时，谣言便会甚嚣尘上。”加强网络社会生态系统自净化能力，维持信息生态平衡，政府必须保持充分的信息服务供给。

（二）网络社会安全技术储备不足，缺乏顶层设计和战略规划

互联网是未来综合实力、国际竞争和实现国家安全利益的制高点，已成

为各个国家战略的重要组成内容，“制网权”成为大国博弈的焦点之一。互联网产业对转型发展的积极推动，具有明显拉动实体经济发展的潜力，正成为我国国家战略型新兴产业的重要组成部分，深刻影响网民的各个方面。我国至今没有从国家战略顶层对互联网发展进行全局性的长远规划、设计和布局，互联网发展战略一直滞后。从技术上看，网路社会管理的技术准备不足，人才缺乏。由于互联网的核心技术掌握在西方发达国家手中，这使得我们的管制技术不成熟，管制盲区大量存在，严格制约了管制效果。加之网络技术高速发展，知识更新速度非常快，新技术层出不穷，我们没有紧跟技术发展的步伐，缺乏对新技术的自主研究，使得针对网络虚拟社会管理的专用设备和技术手段没有得到及时更新，无法发挥应有的作用。与此同时，网络技术的迅猛发展又使得网络犯罪的手段和逃避侦查的手段都越来越隐蔽和复杂，管理难度与日俱增。没有技术提升和更新，就难以保证管理的有效性和时效性。

（三）网络社会法治化建设不足

我国在网络立法工作方面虽取得了一定成绩，关于网络的法律文件也比较多，但是网络法治建设整体水平不高，基本还处于低层次、初级发展阶段，法治防线存在很大缺口，突出表现在：

1. 网络法治理念滞后

没有形成与网络社会特征相匹配的新型法理原则，相关网络法律、法规、规章及司法解释仍然沿用或套用传统社会的法理逻辑，使得很多网络立法不能自圆其说，执行性差，甚至无法执行。无疆界的虚拟网络套用有国界的现实法律必然会引发争议和产生冲突。比如，网络用户发生跨地域的网络失范行为时，案件的诉讼管辖、证据认定等都是法律难题。

2. 法律规范缺乏整体规范，体系比较凌乱

我国涉及互联网安全的法律规范不注重整体规划，法律体系建设长期以来都存在着“头疼医头，脚疼医脚”的现象，缺乏连续性、系统性和稳定性。法律、行政法规、部门规章以及相关规范性文件之间存在着重复调整、职责不明和相互冲突，对法律法规的执行造成很大障碍，需要对该领域的法律规范进行系统性的梳理、更新和完善。

3. 网络立法缺乏规划、位阶低、质量不高

坦率地说，虽然我国网络立法从数量上来说已为数不少且仍不断增加，但是网络立法缺乏总体规划，大多属于应急式、尾随式和局部式的立法；部门规章多，法律位阶低，效力相对低；部门立法缺乏互相支持和关联，相互冲突的现象时有发生；立法总体质量欠佳，内容简单滞后缺乏可操作性。从法律范畴看，还没有划清网络中个人权利义务的范围、个人安全与国家安全之间的界限。

4. 网络社会管理相关法律法规的规定过于笼统

由于相关的法律法规大多是由各部委及机构所制定的，立法主体多，利益主体多元，沟通互动少，因而各部门及各部法律法规之间就缺乏相应的系统性和协调性。现有的关于计算机网络犯罪的各部法律法规对网络违法犯罪的认定过于原则、笼统，缺乏可操作性；网络犯罪的罪名认定、犯罪证据的调查和获取力度不够、信息安全、个人隐私、网上知识产权和网络虚拟财产保护不足；犯罪后果和实际损失缺乏评估标准、网络犯罪案件的管辖权划分问题更是无法可依。

5. 网络法律空白和盲点明显，缺乏网络安全基本法

随着网络技术应用的普及，由此引发的法律问题也越来越多。虽然说我们的传统部门法已相对完善，但是面临新问题时，传统部门法就显得力不从心了。而我国对网络社会中网络违法犯罪行为的管理和处理，主要是以一种规则规范或实际监管“不在场”的模式运行的。目前我国缺乏专门针对网络社会的社会准则和法律规范，缺少网络安全基本法，甚至于一些领域处于无法可依的状态。比如对犯罪后果和实际损失的评估缺乏标准，在涉及管辖权划分时缺乏依据等，在这些问题上并没有明确的法律法规做出界定。这些法律法规对于网络违法犯罪的认定过于原则或笼统，缺乏可操作性；对网络犯罪后果缺乏权威评估，实际损失难以量化；对虚拟财产价值认定、电子证据法律提取认定等关键性问题缺乏必要的司法界定和解释，使得调查举证难度增大。在刑事司法操作方面，以行为地为主确定案件管辖权的传统原则并不适用于跨地域性的网络犯罪案件，导致公安机关在受理案件中面临许多困难。

6. 信息网络缺乏诚信规制

网络社会还没有建立讲诚信的法治规制和相应机制。不少人认为上网发

帖等无人管，想怎么说就怎么说，造成网上假话、恶语满天飞等现象；对于信息网络上的假话、造谣等问题，网络执法取证难，处理上也缺乏有针对性的相关依据。现实社会中人们的恶行在信息网络无标识状态下，正在变得触目惊心，已开始威胁和危害到国家、社会乃至每一个公民。

（四）网络社会治理联动性、综合性不足

1. 政府部门各司其政，协调配合不足

根据目前的法律法规规定，网络社会的管理主体除了于2014年2月成立的以习近平为组长的中央网络安全及信息化领导小组（经国务院同意成立的国家互联网信息办公室）外，还涉及公安、工信、教育、文化、工商、通信管理、新闻出版、政府新闻办公室等16个政府职能部门，各部门按照不同的法律法规规定，在各自不同的法律职责范围内对网络社会进行管理，并通过制定本部门规章的方式进一步对网络社会进行规制。但是由于起初就没有把网络社会管控同现实社会治安管理工作摆到同等重要的位置，多个部门之间尚未形成有效的沟通协调机制，各部门各司其政，导致出现“线性管理”“多头管理”“各自为战”的局面，各部门职能分工不明确、职责设置重复，出现事情要么争相管控，要么相互推诿、造成网络社会管理留有空白，管控不力。此外，各部门的监管体系和监测系统之间，缺乏执法共享机制，缺乏执法联动和协作意识，致使管理空隙出现，不仅增加了监管的信息获取成本和执法成本，而且使得监管往往达不到其应有的效果。

2. 政府包办网络安全管控工作，忽略了社会组织及网络企事业单位的协调配合

网络社会的治理是一项社会综合治理工程。应当从社会公共管理的角度将其上升为政府行为，建立由政府牵头、行业组织和互联网服务单位参与、网民支持的虚拟社会综合防治体系。在现有网络安全的管控工作中，基本是政府，尤其是公安机关和网信部分在主导这项工作，工作思路仍然停留在政府包办这个层次，而忽略了社会组织及网络运营单位的积极作用。

3. 公安机关系统内各警务要素互动、协调不畅

当前，公安机关涉网警务机制依然不精，维护网络社会安全稳定的方法手段虽有所变化，但总体来说还是套用现实社会的工作机制。各警种业务工

作向网络空间延伸进度不一，难以发挥公安机关的全警作战优势，也无法实现网上网下工作有机衔接。加之作为网络安全的主管部门和打击网络违法犯罪主力军的公安机关内部的“块”层面整合度不够高，专业部门与其他警种的“条”的界面切割的不够清，同时在网络案件的侦破过程中缺乏国际、区际以及公安机关内部各警种间的信息共享和网上联动协作机制，网上网下结合度不够紧密，网络社会安全管控分工机制，决策机制、反应机制与实战需要存在差距，往往对网上违法行为的发现、追查和处置不及时，都大大降低了网络违法犯罪案件的发现力、打击力、防控力、处置力。

4. 我国网络监管执法存在的不足

其一，网络监管执法存在缺漏。目前我国网络监管基本上属于防范管制型模式；政府部门多头管理，政出多门，容易产生矛盾，难以形成“拳头”；政府主导，忽视社会各方参与；以事前审批为主，重审批轻监管；缺少信息网络电子治理措施。比如，对信息网络媒体的监管，简单地将传统社会媒体垄断的监管方法和思路运用于信息网络媒体管理，导致网络舆论“管不胜管、防不胜防”的尴尬局面。

其二，网络权利保护不力。偏重管理职权和处罚措施，禁止性规范多，保护性规范少，强调信息网络服务者和网络用户的责任和义务，而信息网络权利保障的规定相对欠缺；信息网络法律资源严重匮乏，调整信息网络法律关系时，常出现适用法律困难，造成大量由信息网络空间新生的权利，比如，信息网络上载权和传输权、虚拟财产权等，得不到法律承认与保障。我国近期出台的《关于加强网络信息保护的决定》，有望在这方面出现根本性改观。

5. 我国网络社会治理跨区、跨境合作存在不足

网络社会的自由性、虚拟性、开放性和无国界等特征注定了网络行为的跨区、跨境等难以规范、难以管控等情况的发生，究其原因：国内长期以来形成了以行政区划为基础的传统属地管辖模式，各行政区域往往在管理过程中有着各自的利益，所以难以形成协调互动、密切支持的“一盘棋”格局；境外地区及国家因为各国对互联网的管理模式和方法不一致，加之我国和很多国家至今尚无司法合作协议，所以在打击跨国（境）网络犯罪方面国际合作执法难。网络社会问题的治理要想取得成效必须要实现国内各地以及境内

外无障碍状态。但目前我国在网络治理国际化合作的步伐才刚刚开始，还有很长的路要走。好在这一现状已引起了政治高层的重视，习近平提出了“共同构建和平、安全、开放、合作的网络空间和建立多边、民主、透明的国际互联网治理体系”主张，[①] 这也反映了中国加强国际网络执法合作的意愿。

6. 网络行业自律与规制存在较大疏漏，与现代社会要求存在差距

网络社会的虚拟性和匿名性等特点决定了它的存在和健康发展比现实社会需要更多充分的条件和良好环境，需要网民等每个社会成员的悉心呵护。否则，势必导致网络公地悲剧。但是，目前包括一些商业网站在内的网络平台提供商和网络内容提供商缺少社会责任，为了吸引人们的眼球，不择手段地在娱乐节目和社会新闻上大做文章，“八卦新闻”、虚假报道、有偿新闻充斥其间，极大地阻碍了网络虚拟社会的有序健康发展。网站和网页不计其数，如果离开从业人员和机构的自律和规制，仅靠监管部门把关，无论如何都难以收到很好的效果。我国目前在这一方面的工作才刚刚起步，亟待加强和完善。

第二节　我国网络社会综合防控体系建设的基本走向

加强网络社会治理已经成为当今世界各国，特别是新兴发展中国家必须抓紧面对、急待解决的全新课题。而互联网发展是一个全新的、日新月异急速发展的领域，而且其正呈现出逐渐拓展的趋势，如果对其基本特点及其运行规律没有一个科学、清醒的认识，对其进行治理又谈何容易，构建一个所谓的网路社会综合防控体系只能是空谈，假如匆忙上马极有可能导致“带来的问题比解决的问题还要多”。目前我国已经探索出一些有效的治理路径，但是如果不能从网络社会的本质出发，不能对网络社会的发展趋势作出准确预测，那么当前的管理将极有可能成为管理上的短期行为。基于这一现实考量，

① 习近平：《共同构建和平、安全、开放、合作的网络空间，建立多边、民主、透明的国际互联网治理体系》，载《人民日报》2014 年 11 月 20 日。

在着手构建一个所谓的网路社会综合防控体系时，我们必须时刻提醒自己：在着手解决这一新问题时，必须要认清网络社会的基本特征和运行规律；即便不能制定一份完美的方案，也必须要为网络社会的治理确立一个基本的目标；同时还必须为保证目标实现而采取的措施制定清晰的原则，从而为我国网络社会综合防控体系建设确立一个清晰的发展走向。

一、遵循网络社会基本规律，构建网络综合防控体系

和现实社会一样，网络社会有着自身的特征和规律。而网络社会治理的基本要求便是必须要充分认识和遵循网络社会所具有的特殊规律，网络社会综合防控体系的建构也必须以此为前提。正如前文所述，有种比较有代表性的观点认为，网络社会与现实社会本质上没有区别，因此只需要进行严格管制和实名制等手段就可以实现有效治理。这种观点实际上没有认识到网络社会与传统社会的差异性。网络社会与现实社会相比，至少具有以下几个方面独有的特征，而网络社会发展的规律性往往也蕴含在这些新型的特征当中：

（一）巨系统的高度复杂性

传统系统理论和相应控制理论主要针对相对系统结构比较简单，能够比较精确得知系统结构互相作用传导机制，从而进行有效控制和干预的简单系统。而复杂巨系统理论描述的系统与传统系统不同，主要是指由形态功能各异、个体具有自主性、个体之间互相作用机制高度复杂，并且数量极为庞大的个体组成的系统①。仅仅从单纯的构成结构来看，网络社会本质是一个复杂巨系统，其复杂性表现为：组成网络社会的基本行为主体众多；网络社会主体组成高度复杂；网络社会的行为主体之间关系复杂；网络社会的脱离时空性加剧了网络社会的复杂性。以上的复杂性其实在真实社会中也是存在的（真实社会也是一个复杂巨系统）。然而，网络社会由于其存在和网络中主体的交流不受时间地域的限制（主要是不受地域限制），因而极大地加强了网络

① 钱学森、于景元、戴汝为：《一个科学新领域———开放的复杂巨系统及其方法论》，载《自然杂志》1990 年第 1 期。

社会的复杂特性。因为传统的社会中的交流严格受地域的约束（同时也受阶层、身份等限制），因此，传统社会的交互性和复杂性比网络社会要低得多。此外，网络社会所具有的匿名性、多身份性、隐蔽性等特征也加剧了复杂社会的特征。面对上述网络社会的复杂性，如果继续沿用传统现实社会中简单的自上而下监管模式，必然面临基本失灵的可怕后果。

（二）跨越时空性

网络社会是没有国界、不分区际的，其本质是跨越时空性，主要表现为网络之间的交流超越了通常的时空限制，可以做到即时性、跨地域性；并且由于网络信息的储存与检索机制，既往的网络事件和信息也可以对后来的事件产生极为强烈的影响。

（三）高度的流动性与动态性

由于网络信息传播与交流的跨时空性，使得网络社会中虚拟的个体本身具有高度的流动性。在极短的时间内，某一网络虚拟社区或者热点话题就会聚集大量的网络个体，产生极为强烈的公众舆论效果和动员能力。

（四）冲击与对抗性

由于高度的流动性与跨时空性，使得不同地域，不同背景，持有不同观念的人们能够在同时进行思想的交流和碰撞。原先被时空限制的思维的碰撞在网络空间中得以爆发。

（五）隐蔽性

隐蔽性是网络空间的重要特性。隐蔽性体现在两个方面，一方面现实个体可以拥有多个网络身份，并且可以伪造网络身份而不易被察觉，加剧了这种隐蔽性；另一方面拥有技术优势的一方可以使得技术成为一种实现自我利益的工具。

（六）权力的转移与技术的对等性

在传统社会中，政府由于拥有更大的资源优势，所以从力量对比而言，政府拥有绝对的优势。而在网络时代，谁拥有技术谁就拥有网络的更大优势，所以，整体而言政府的绝对优势被极大地削弱。网络主体之间呈现出大体均等的态势。

（七）极为松散的结构体系

由于权力的转移和技术的大体对等，使得网络整体上呈现出极为松散的特性，一方面表现为基本组织结构的松散型；另一方面也表现为网络中缺乏主流的意识形态，而呈现出极为多元的思想和观念的汇聚。

（八）跨国性和文化干预性

传统时代，跨国之间的文化交流受制于传统媒介和渠道的控制，从而使得国与国之间的意识形态的交流更加的具有间接性，然而在网络时代，各国网民之间可以互相通过网络进行直接的对话与交流，而有目的的意识形态输入也成为了可能，这就更加增加了一国网络治理的复杂性。

二、确立我国网络社会综合防控体系建设的目标

建立网络社会综合防控体系是实现网络社会稳定有序的一种方式，就网络社会治安防控体系的目标而言，面对各种具有长期性、复杂性和综合性的违法犯罪现象，必然要求开展社会治安的综合治理。从一定意义上说，网络社会综合防控体系正是在贯彻综合治理方针的过程中产生并为之服务的，因此，网络社会治安防控体系的运行需要遵循社会治安综合治理的总体要求。在社会治安综合治理的总体要求下，虚拟社会治安防控体系既要有着眼未来的长远目标，又要有立足当下的现实目标。概而言之，从长远角度讲，紧紧围绕全面提升网上维护国家安全和社会稳定能力的总体要求，坚持依法管网、以人管网、技术管网、综合管网，紧盯网上的事件、人员、阵地、舆情等核心要素，按照现实化、属地化、动态化管控的思路，综合运用法律法规、行政监管、网侦技术、行业自律等多种手段，全面落实网上网下打防控措施，加快构建集研判预警、打击防范、管理控制、宣传服务于一体的网络社会综合防控体系，形成全网覆盖、全时运转、全局联动、全警互动的网上工作格

局，全面维护网上政治安全、公共安全和网络安全。而现阶段虚拟社会治安防控体系的目标应定位于满足社会公众基本的安全需求，即依托现有的政治、经济、文化等社会现实条件，准确把握当前违法犯罪现象发展变化的规律和趋势，因时因地制宜，分重点、分阶段地实施防控。在从严打击刑事犯罪活动的同时，加强对违法犯罪行为的控制和预防，做好虚拟社会治安综合治理的基层基础工作。只有将长远目标与现实目标有机结合起来，才能引领虚拟社会治安防控体系有效运行，遏制违法犯罪现象大幅上升的趋势，保持社会治安秩序的基本稳定，使人民群众对社会治安状况有相当的满意度。

三、构建网络社会综合防控体系的方针及原则

网络社会综合防控体系的构建不只是一个简单的技术问题，更是一项极其复杂的社会系统工程，其复杂性往往表现为防控主体多元化、防控手段多样化、防控对象立体化，同时还包括防控体系运作的立体化。在信息社会条件下，网络社会治理主体不再仅仅是政府一家，政府不能再仅仅通过简单的行政命令管控信息，生硬地规定人们的行为方式，而应从社会整体利益和共同利益的角度出发，根据社会和市场需求，通过政策法规、经济手段和技术监督等方式进行间接规制。在这种庞杂的治理体系中，如果没有一根主线、缺少一个“灵魂”贯穿始终，不仅达不到实现网络社会大治的目标，还极有可能走向反面。这就要求在构建网络社会综合防控体系的过程中必须要遵守以下原则：

（一）以法治网的原则

通过法律进行社会治理是当今世界各国的基本共识，也是最具正当性与合法性的治理模式。网络社会是整个社会的一部分，因而法律是网络治理和约束网络个体行为规范的基本指导原则。网络社会是否能够最终得以有效治理，其根本在于是否能形成网络基本价值的共识，并在此基础上形成对具体的约束网络行为的规范体系。这种规范最终是以法律法规体系的形式呈现的。只有在法律体系完善的情况下，才能够有效地对什么是允许的行为，什么是不允许的以及将受到何种处罚进行明确的界定。如果没有这样的清晰的法律

体系界定，则会陷入两种可能：要么管制的努力流于形式，要么会由于缺乏明确的行为界限而使得正常的网络言行也受到干扰，从而压制正常的网络活动和交往。依法治网是一种治理理念，同时也是具体的治理途径。因此，必须要梳理依法治网的理念、原则并完善相应的体系，同时还要对网络执法机制、执法效能等予以强化。

（二）协同共治的原则

由于网络社会以上的诸多特点，使得网络社会的治理必须要改变传统的管制思想，而采用协同共治的原则。所谓协同共治，就是网络社会的治理并不是由政府通过管制单方面提供公共秩序，而是由社会中的各个主体（包括政府、社会组织、企业、公民）共同在基本的网络社会准则和规定下通过互动而实现公共秩序的供给。由于网络社会的高度复杂性（包括非中心性、不确定性、突发性等），使得协同共治是网络社会治理唯一有可能形成稳定治理结构的唯一途径。在协同共治原则下，要积极促进网络社区的自治，从而形成网络社会的多元主体共同治理的格局。

（三）全民治理的原则

与协同共治相一致，网络社会也要求实现全民治理。也就是说所有网民都是网络社会治理的主体，必须使得人人都在网络社会的规范下，对自己的言行负责，并且积极参与到网络社会秩序的维护中，才能实现网络社会的有效治理。这同时也要求有高度的网络社会基本价值的共识。

（四）虚实结合的原则

所谓虚实结合，就是指在网络社会的治理中既要考虑到网络社会本身的特殊性，又要结合现有实际社会治理体系中的优点和机制。例如，对于不同的侵害他人权益和危害公共安全的行为，要进行系统合理的界定，给予不同程度上的规制。对于哪些行为，适用于网络世界的处罚规定，而哪些行为应该对实际的真实个体进行违法犯罪处罚，应该给予具体的界定；并且在网络处罚和现实处罚中，还需要进行更为详细的界定。总而言之，要形成完整的对虚拟个体行为到现实个体行为约束的体系。

（五）承认并尊重网络社会的相对独立性和独特性

在谈及网络社会的综合治理问题时，要明确的一个重要原则就是要承认并尊重网络社会是与传统的现实社会有明显不同的，是具有自身相对独立性和独特性的。正如我们之前细致的分析表明，网络社会本质上是与传统社会具有明显不同的，无论从静态结构还是从动态机制来说，与传统社会的组织行为方式都明显不同。那种认为用传统手段就可以把网络社会控制住的想法，无论从技术上、能力上、还是从实施的效果上都是不可能实现的。因此，对网络社会进行治理，就首先要打破和放下这种试图用传统手段进行权威控制的基本观念和幻想。

四、我国网络社会综合防控体系建设的基本脉络

理论界对网络社会治理观念至今还处“百家争鸣”时代，关于网络社会的治理是一个还远未形成共识的领域，但根据互联网发展情况我们仍能对其勾勒出大致的治理格局与框架。在以上的关于网络社会若干重要问题的解决基础上以及网络社会若干治理准则引导下，网络社会的治理最终需要建立起“引导—协商—立法—自治”四位一体的综合治理体系。其中，引导—协商—立法—自治既是一个完整的治理体系，也是逐步完善网络社会治理体系的过程。

（一）引导

所谓引导，就是指在网络社会治理初期，由于缺乏可以借鉴或者成形的制度和经验，政府和权威机构对网络社会的运行主要通过宣传教育以道德约束的手段来对网络社会的基本行为进行规范，并逐渐形成关于网络社会内部价值和运行规范的基本共识。

（二）协商

所谓协商，从对象来看，既包括政府与网民之间关于网络社会治理的协商，也包括网络社会中各个主体之间的互动协商。从内容来看，既包括对网络

社会基本伦理价值、治理体制等软性约束要素的协商，也包括对关于网络社会行为立法的硬性约束的协商。

（三）立法

所谓立法，就是要通过法律体系的手段形成对网络社会基本行为规范的硬约束。网络社会的法律体系不仅仅包括对真实社会中的行为人的网络行为的约束和处罚，也包括网络社会本身内部对虚拟的网络主体的行为约束和惩罚，从而形成跨越真实与虚拟社会的共同的法律体系。

（四）自治

以上的关于网络社会的共同伦理价值的软约束以及法律体系的硬约束形成后，网络社会内更多的是要通过在法律体系和引导与协商的机制下，形成各个网络社区的自治。最终促进整个网络社会治理结构的形成。而在自治过程中，不仅仅需要法律体系的规范的保障，也需要协商机制的建立和政府以及权威组织对网络社会个体的引导。

第三节　我国网络社会综合防控体系建设基本思路

根据上文对网络社会防控体系建设基本走向的判断，我们试图对我国网络社会防控体系建构作相对微观的探索：

一、制定网络发展战略规划，维护国家网络主权安全

网络主权是国家主权在网络空间的延伸，是继领土、领空、领海和领天之后的第五大疆域，已成为国家主权的重要组成部分。谈论网络社会治理的基本前提是网络主权的存在，如果没有网络主权的存在，就没有网络社会治理的前提，也就没有国际网络秩序，即所谓“皮之不存，毛将焉附”。尽管世界各主要大国之间的观点对立、利益差异和政策矛盾成为当前界定和实施网络主权的主要障碍，但从实践来看，当前各国普遍根据其发展和安全需求，

自主制定和实施互联网政策和法规，不受外部力量的干涉。可以说，网络主权是各国维护自身互联网发展权益以及保护本国互联网不受外部入侵和攻击的最基本的法理依据。根据对主权的理解，网络主权至少包括独立权、平等权、自卫权、管辖权四个基本权力。在网络空间，上述网络主权要得以维护必须要对主权国家网络社会进行战略规划和顶层设计。中国是互联网发展起步比较晚的国家，虽说网络发展进步比较快，但是与网络技术先进的英美等国相比有着很大的差距，同时还是受恶意网络违法侵害比较大的国家，如果要想发挥后发优势，必须要对网络发展、推进、控制进行战略规划和顶层设计，具体来说有以下几项工作要做：其一，科学界定我国的网络管辖权、独立权、平等权、自卫权，把握适当时机，运用适当方式，向世界进一步宣示我国网络主权，我们认为，可以把信息网络与信息系统的物理设备是否放在中国领地上作为网络主权的判断依据；其二，加快网络立法步伐，尽快制定我国网络技术发展政策及网络经济政策，尽快出台我国网络技术标准；其三，规划设计新一代互联网时，一定要把“建设、应用、安全”三位一体地纳入顶层规划设计之中。

二、完善主体定位，提升多元网络治理能力

（一）发挥政府主导，推动多方参与治理

多元治理是治理体系扁平化和治理主体多中心化的重要体现，有利于消解一元治理或政府市场简单二分法思维模式带来的掣肘，有利于解决网络失灵等网络社会发展中的诸多问题。明确政府、个人、群体和市场的主体功能定位，有利于更好地发挥各自的治理作用。确保政府在公共价值、公共行为、公共舆论和国家意识形态等公共领域的主导作用，从根本上保证虚拟社会有序、规范和健康发展；倡导个体或群体网络行为的公共契约化，构建以互为共享、互为尊重、互为理解、互为包容为主要内容的网络公共道德，形成相对自由、宽敞、公正、平等与和谐的网络文化氛围，引导公众形成良好网络公共行为；发挥互联网技术和服务企业的市场机制，不断改进和完善互联网技术平台和服务应用，促使互联网产业发展打破垄断经营实现公平竞争，从技术、市场和服务

上进一步改善网络社会发展。

（二）拓宽公共参与平台，倡导网络公共契约行为

不断拓宽和创新公众参与社会治理的平台，推动官方媒体、主流媒体和民间媒体互动式发展，满足公众对知情权、参与权和监督权的诉求。倡导网络公共行为契约化，引导公众从混杂的网上“呐喊文化”行为向“理性释放文化”行为转变，对待非理性的诸如恶意造谣、谩骂和攻击性的网络行为要予以惩戒，以尊重、平等、公开、理解和人性化等价值引导增进网络公共平台的包容性，更好地发挥文化的思维方式、价值理念来引领公众网络行为，实现网络社会的良性发展。发挥互联网成本低、选择自由、隐蔽的优势，推动网络政治参与更加科学化、民主化的渐进发展，尝试以维护公共利益或个人利益为出发点地监督和制约滥用公共权力的行为，逐步推进网络监督进入实体发展，以合理的制度安排、成熟的技术支撑和完善的门户网站平台形成有秩序、合法化的公众监督。

三、筑牢网络法治根基，提升依法治网能力

（一）完善互联网法律规范体系

1. 互联网立法规划

抓紧制定出台国家网络安全和信息化立法规划，真正把互联网领域涉及的基本法律架构搭建起来，把我们多年来互联网管理的成熟经验和做法上升到法律法规层面。具体来说，立法的规划目标：建立起以宪法为根本，以传统法律为基础，以网络基础设施立法、网络服务提供者立法、网络用户立法、网络信息立法、网络管理立法为补充的网络法律体系。利用互联网发展的战略机遇期抓紧制定以下法律和行政法规：电信法、电子商务法、个人信息保护法、互联网信息服务法、电子政务法和未成年人网络保护条例。

2. 网络立法的指导思想和基本原则

（1）应遵循三个网络立法指导思想：一是在价值追求上坚持权利与义务平衡，发展与安全平衡，权利与责任一致；二是在立法项目安排上，既要全

面规划统筹兼顾又要突出重点，根据轻重缓急优先安排解决当前热点问题、根源性问题的立法；三是网上和网下立法关系处理上面注重网络立法与传统法律的有机结合，坚持传统法律同样适用于网络的基本原则，对于传统法律能够覆盖的直接延伸使用，传统法律需要修订和解释后才能覆盖的修改传统法律或制订司法解释，对传统法律无法覆盖的制订专门的网络法律法规。

（2）网络立法应坚持安全与发展并重原则、依法管网原则、开放中立原则、统筹协调原则。

3. 制定网络安全基本法

目前我国虽有为数不少的网络法律文件，但是还没有生效的网络基本法律，不管是部委还是地方在互联网立法时都缺乏相应的立法基础。因此互联网立法应首先制定基本法律以对网络的基本问题做出统一规定，这样才能更好地治理网络空间，维护网络安全。网络基本法生效之后，各部委和地方在进行互联网立法时才能减少相互之间的冲突，实现“全国一盘棋”。在这部基本法中应包括以下内容：一是明确网络、网络安全、网络主权等概念的定义和网络治理的基本原则等一般问题；二是明确网络参与主体的权利义务关系；三是要明确网络安全战略、规划与促进；四是要明确网络安全的具体运行；五是要明确相应法律责任。在制定基本法的基础上，各部委和地方可以结合自身的实际情况，出台具体的可操作性强的法规和规章，以使基本法在实践中得到较好的实施。

4. 集中梳理、修改、完善现有相关法律法规

信息技术更新换代速度快，网络问题也是层出不穷、不断更新，因此没有必要有新情况新问题出现时都制定新的专门法律法规来约束。可以通过对原有法律法规进行修改或通过司法解释的方式来约束、解决相关问题。这样一方面降低了网络技术的更新对现有法律法规造成的冲突，另一方面也降低了立法成本。对现有法律法规进行完善时应注意结合网络技术的特点，使法律法规与网络技术进行有效衔接。建议在《刑法》中增设“破坏信息网络安全秩序罪”的专门章节，改变以个别化的条文应对信息网络安全的立法模式。

5. 网络立法应具有针对性和可操作性

在立法过程中，要注重立法的针对性。面对微博、微信、社交网站等新媒体业务，电子商务、电子支付、电子版权等新型经济形式，网络暴力、网

络水军、淫秽色情、网络侵权等新现象，应该制定具有较强针对性的法律法规，这样，才能及时、有效地解决目前网络社会中存在的问题，做到有法可依。同时，还要注重立法的协调性和系统性，明确网络管理的职责，力争解决目前我国在互联网管理当中存在的多头管理、交叉管理、无人管理的问题，各个部门应该根据自身的职责制定相应的规章制度，统一部署、协调进行。同时，网络立法必须具有可操作性，这样才能有效发挥法律法规的作用，凸显出法律的权威。在进行网络立法时，一是要符合我国国情。不要照搬照抄国外的所谓先进经验，只有切合实际的立法才能与现实可操作性结合起来。二是要与符合当前网络技术发展现状。网络技术更新换代极快，因此在立法时要具有前瞻性，要确保新的立法能够与网络技术发展相衔接，能够在实践中得到有效地贯彻实施。

（二）完善网络安全执法机制

强化法律实施和执法力度，形成完善的网络安全法治机制，健全和完善网络社会信息安全的法治机制，关键在于促进信息网络法律在现实的网络生活中得以实施和实现，能够保障信息网络法律主体的权利被实际享有、义务被切实履行。具体措施如下：

一是严厉打击整治网络违法犯罪活动。网络法治的重点是对网络违法犯罪行为的防控。面对网络违法犯罪藏身虚拟世界、增加打击难度的实际，公安司法机关必须迎难而上，不断提高网络侦控能力，果断出击，坚决惩处。同时，依法加强对存在违法有害信息问题的网站、网络论坛、公共账号等进行集中整治，对给未备案违法网站提供接入服务的网络服务商进行严厉查处，切实保障网络主体的合法权益。要深入研究常态化、制度化和法治化的打击机制，坚决遏制住信息网络违法犯罪活动的蔓延之势。教育广大网民知晓信息网络不是完全的虚拟空间，网络社会与现实社会紧密相连，在现实社会不能做的，在网络照样不能做，否则，就会受到处罚，更好地保护网民权利，有效遏制信息网络犯罪，创建文明、有序、守法、依法、健康的网络社会。

二是加强政府的信息网络行政执法管控。政府是社会公共事务管理者，对信息网络违法有害行为进行管控，维护信息网络公益，是政府义不容辞的责任。第一，要进一步明确政府相关部门的职责任务，理顺关系，完善机制，搞好协调配合，形成管控“拳头”。比如，德国采取了屏蔽不合法网页内容等措施；我国《关于加强网络信息保护的决定》中已明确指出，有关主管部门应当在各自职权范围内依法履行职责，采取技术措施和其他必要措施，防范、制止和查处窃取或者以其他非法方式获取、出售或者非法向他人提供公民个人电子信息的违法犯罪行为以及其他网络信息违法犯罪行为。第二，要堵塞漏洞。目前政府对信息网络基础设施建设的宏观调控和管理比较重视，而对信息网络安全、信息网络犯罪防范、电子商务、电子政务等网络管控治理存在薄弱环节，亟待加强。第三，要建立信息安全事件报告制度和监督检查制度。目前《关于加强网络信息保护的决定》对此已提出要求，即网络服务提供者应当加强对其用户发布的信息的管理，发现法律、法规禁止发布或者传输的信息的，应当立即停止传输该信息，采取消除等处置措施，保存有关记录，并向有关主管部门报告。下一步政府还要建立健全规范有效的安全监测预警体系，重视信息安全事件的及时响应处置。第四，实行有限管制，不能“一管就死，一放就乱”，在管控中，要保证信息网络有足够的发展空间和宽松的发展环境。第五，要发挥信息网络自律公共组织的作用，让他们参与信息网络建设和安全保卫，甚至在很多方面要以他们为主导。

三是完善网络安全的法律责任制度。当前，一些违法网站屡关屡开，网络违法犯罪屡打不绝，最重要的原因是他们还有生存空间。微博、论坛、供求信息发布网站、手机短信平台等是网络信息传播的主要渠道，因此，必须明确网络主体的安全责任。首先，要明确基础电信运营商和增值接入服务商的安全责任，要求他们对接入网站实行严格审查，切实落实《关于加强网络信息保护的决定》中关于网络服务者应当要求用户提供真实身份信息的规定，从违法有害信息传播源头上筑牢网络“防火墙”。其次，明确网络服务商、网络广告商以及网络支付第三方等的安全责任，特别要防止他们与违法网站结成利益链条，为违法网站“输血供电”，真正建立起网络的安全运营模式。第三，明确信息安全产品生产商和工程商在研发、生产、施工、维护、管理上应负的安全责任，进一步明确信息安全产品的安全标准，严格对信息安全产品的检测认证，不符合安全标准的，坚决不准销售、应用等。第四，明确广大网民的安全责任，加强网民的责任意识和信用意识，对违反相关网络安全规定的网络服务者和网民，要记入社会信用档案并予以公布，树立网民自觉遵纪守法、秉承社会公德的品格，建设好网络的“安全阀”。

四是提高保护网络主体信息等权利的能力。当前，发达国家都非常重视依法保护公民隐私通讯数据问题。韩国界定了“一般位置信息”和“个人位置信息”的概念。在相关法规中，明确规定：任何人不得在没有获得他人同意的情况下，私自收集、使用及为他人提供个人或物品的位置信息。任何位置服务商都要为防止“位置信息”的泄露、编造、损毁而采取相关措施来保护该信息。我国随着移动互联网发展，特别是“三网融合”以后，信息网络的安全问题显得尤为突出和重要，我们更要重视依法保护公民隐私网络通讯等个人信息权利。2012 年颁布的《关于加强网络信息保护的决定》已对此作出了明确规定，比如，任何组织和个人不得窃取或者以其他非法方式获取公民个人电子信息，不得出售或者非法向他人提供公民个人电子信息等。但相比之下，目前还缺乏相配套的具体制度和有效的技术措施，有待进一步加强这方面研究，切实保障好公民的信息网络权利，弘扬网络法治精神的真谛。

五是实行网络实名制。坚定不移地依法推进网络实名制，建立“实名登记，网名上网”的互联网电子身份认证技术及可信的安全验证服务管理体系。目前，日本已间接实行了信息网络实名制。目前有关科研机构的“IPV6”网络实名制项目，进行技术研发，探索建立适合我国国情及符合相关法律法规的电子身份认证技术及可信的安全验证服务管理体系，将公民的身份证、指纹/声纹特征与信息网络身份证书相关联，实现“三位一体”的统一管理，建设公民身份根认证中心及认证网络，保证网络安全和可信度。

四、加强国际合作，切实提高社会面控制的能力

各国互联网彼此相联，同时又分属不同的主权范围，这决定了加强国际交流与合作的必要性。网络是世界的网络，它的一个基本特征就是打破了地域和国家界限，把世界连成了一个网络地球村，但是如果各国家、各地区都以自己的规则来参与网络，必然导致网络地球村无法正常运作。网络安全问题作为非传统安全问题，不只是个别国家的国内安全问题，也不是单凭一个国家、一个地区或者一种技术就能解决得了的问题，而是一个必须通过开展长期、广泛和深入的国际合作，包括各国政府、各种国际组织、民间团体、

私营企业和个人之间充分合作才有可能解决的国际问题。例如，在打击网络犯罪方面必须要加强国际合作，否则就可能对跨地域、国际性越来越强的网络犯罪无能为力。因此，要解决网络安全问题，就必须要透过国际合作，并且在互信、互利、平等、协作的基础上，将新安全观取代传统以军事武力保障国家安全的安全观。在严峻的全球性网络安全形势下世界各国的安全观已经在很大的程度上发生了变化，加强网络安全国际合作将是大势所趋。同时，维护网络社会安全需要各国的相互合作、密切配合，要积极拓宽网络安全国际合作渠道，建立多渠道、多层次的合作机制，逐步形成各国参与、普遍受益的网络安全格局。我们主张各国在平等互利的基础上，积极开展互联网领域的交流与合作，共同承担维护全球互联网安全的责任，促进互联网健康有序发展，各国政府可以建立双边交流机制，就互联网政策、互联网立法、互联网安全等问题交流观点、经验和做法，平等协商解决分歧。面对日益突出的跨国网络犯罪问题，各国执法机构应加强共同防止和打击网络犯罪的侦查协作，建立多边或者双边的合作机制。

第五章　我国网络社会综合防控体系建设的基本构架

随着信息技术的迅猛发展，网络虚拟数字化世界与现实生活日趋交互汇融，互联网的影响开始遍及全世界的政治、经济、文化以及社会生活的各个领域。网络的存在加大了社会发展的不可预测性。互联网信息经过碰撞与交汇，衍生出许多游离于主流甚至正当文化之外的“亚文化”，究其原因，人们喜欢将现实生活中的种种情绪带到网络社会中，发泄不满，展现“价值”，还有一些别有用心的人，将网络社会作为其在现实社会无法实现目标的实现地，以互联网为工具，肆意妄为，采取种种不法行为，对网络社会及其他社会成员造成极大的危害。因此，在网络社会不断发展的过程中，如不对这些危害公共安全的问题加以认真研究和对待，势必会严重影响其良好的发展态势，进而影响到现实社会的政治、经济、生活。党的十八大报告指出要“深化平安建设，完善立体化社会治安防控体系”。这是党站在新的历史阶段提出的社会管理新目标，为公安机关维护社会治安的阶段性工作指明了方向，可谓高屋建瓴，意义深远。作为现实社会在互联网上虚拟空间的一种“投影”，网络社会已俨然与现实社会并存，成为人类社会存在的一种新形式。网络社会，正在发挥着巨大的影响力和作用，成为现实社会在数字时代的延伸和扩展。因此我们有必要建立并完善网络社会综合防控体系。

网络社会综合防控体系是通过打击各种危害社会的网络违法犯罪活动，通过行政和社会等各种手段的综合运用和全社会的统一行动来预防和治理网络违法犯罪，维护网络“虚拟社会”的和谐与安全。在我国的网络社会综合防控体系中，党和政府起着特别重要的作用。只有党和政府才有能力采取强有力的措施来预防和解决网络犯罪和网络秩序问题，它可以通过制定专门的方针、政策和措施来领导、指挥综合治理的全局。还有能力广泛发动社会力量和综合运用各种措施对网络社会综合防控体系实施有效的组织管理。

第一节 网络社会综合防控体系的构成

一、网络社会综合防控体系的防控力量

治安问题源于社会，是社会问题的一种表现，构建网络社会治安防控体系应当动员社会力量参与，充分利用社会资源。就网络社会治安防控的主体而言，公安机关集打击、防范、管理、服务等多项职能于一身，是维护社会治安秩序的主力军，也是网络社会治安防控体系中不可缺少的专门力量，具有核心地位和主导性。但网络社会治安防控的主体绝不是单一的，仅仅依靠公安机关职能的发挥并不足以构建起完善的社会治安防控体系。因为治安问题的形成，不可能只是公安部门管理失控造成的，它涉及社会各个方面、各条战线、各个部门的管理及其功能是否得到了正常发挥。仅仅依靠公安机关的有限警力，防控的范围必然有限。这就意味着网络社会治安防控体系应当是由多元的防控主体所构成的统一整体，所以必须进一步拓宽社会治安防控的主体范围。由多元主体开展网络社会治安的防控，其意义主要体现在两个方面。首先，多元主体开展社会治安的防控契合于社会治安综合治理的内在要求。社会治安综合治理之所以成为新形势下维护社会治安的战略方针及宏大的实践活动，原因之一在于它有效地将维护治安由传统的政府行为、部门行为，变为政府、部门、各种社会组织和广大公众行为合一的广泛社会行为，最大限度地组织发动广大人民群众广泛地参与，使之成为维护社会治安的主体。其次，唯有多元主体构成的社会治安防控体系，才能形成全方位、深触角、多层次、无空隙的治安防控网络，从而最大限度地压缩违法犯罪的发生和发展空间，减少治安问题立足生根、坐地成势的可能性，实现社会治安的良性循环。

社会力量的参与注定了治安防控手段应当是多样的，既包括预防、打击、控制，也包括建设、教育和服务；维护治安秩序和公众安全感是构建网络社

会治安防控体系的出发点和最终归宿，防控体系的建设和运行必须以两者为基点，网络社会治安防控体系本质是对治安问题的系统化控制，是对社会失序的一种系统性矫正与纠偏，是一项系统工程。因此，网络社会治安防控体系可界定为：在党委、政府领导下，以公安机关为主体，以维护治安秩序和公众安全感为目标，科学整合和利用警力与社会资源，综合运用各种措施和手段，对危害治安秩序的行为进行有组织的系统化控制工程。网络社会综合防控体系是一个全社会参与构建的宏大的系统工程。必须以政府为主体，其中包括公安、文化、信息产业、新闻宣传、通信管理、教育、工商等职能部门，还必须将全社会对网络“虚拟社会”治理有益的组织、团体、企事业单位等非政府组织及公众个人都纳入到综合治理参与体系中来，共同参与网络社会综合治理。

首先，公安机关作为主体，应发挥其主导作用。公安机关应坚持以科学发展观为指导，以构建网上现代警务机制为主线，以加强网络社会人口、社区、行业“三项管理”为抓手，以强化网络社会管理专门能力、控制能力、构建网上和谐环境能力“三项建设”为重点，以建立完善日常管理、执法部门联动、应急组织协调、社会合作“四项机制”为纽带，全面构筑规范高效和整体联动的网络社会综合防控体系，并通过网络社会管理和现实社会管理的紧密结合，进一步提高对网络社会的管理控制能力和水平，努力实现舆情可控、数据安全、网络环境和谐的总体目标，全面有效维护国家安全和社会和谐稳定。网络社会的安全，事关国家安全和广大网民的切身利益，单靠公安机关的打击和防范，还不足以形成保护网络社会安全有效的社会化机制。因此，公安机关要充分发挥自身优势，充分参与网络社会的综合治理。

其次，公安机关应加大与其他部门的合作。当前，法律法规依明文规定的拥有互联网管理权的其他政府职能部门有文化、工商、国安、新闻办、通信管理等诸多部门。这些政府管理部门在互联网管理领域具有公安机关无法替代的优势，在历次开展的互联网安全管理专项行动中，都发挥了重要的作用。可以说，它们也是网络社会综合防控体系主要职能部门，而与它们建立正常和密切的工作关系，争取他们的协助和合作，也是公安机关参与网络社会综合治理的一个重要环节。此外，也要加强与法院、检察院的沟通以及与执法部门间的联动，形成打击合力。经侦部门要与金融监管等部门建立联动机制，保障网上金融交易活动安全；治安部门要与市场文化、工商等部门建立联动机制、协作机制并开展专项整治行动；网监部门、刑侦部门要与通信管理部门建立联动机制，提升对利用互联网实施违法犯罪活动的打击效果。公安机关也要与网络企业建立良好的技术协作关系，与网络运营商、网络服务商建立良好的管理协作关系。加强与相关职能部门合作，强化对网络舆情的控制，公安机关要与宣传、新闻、文化等职能部门加强研究，明确各单位在重大舆情应急联动处置工作中的职责，建立网络社会管理专家顾问组，并成立专门监管队伍，开展经常性地对网络舆情进行收集、分析工作，运用专业方法，提出科学预判，进一步健全网络舆情收集分析机制。加强与教育部门的合作，大力开展网络道德和法制教育网络安全的保护。

第三，各政府职能部门在明确自身管理职责的同时，必须清醒地认识到作为综合防控体系的重要组成部分，还要积极与其他执法部门开展合作，以实现对网络社会的有效监管为共同职责。

第四，网络的特点决定了政府不可能对网络社会进行全方位的治理，还应当充分发挥非政府组织和社会公众的作用，才能够达到网络社会治理的根本目的。因此，我们还应当鼓励非政府组织参与到网络社会综合治理，充分调动非政府组织的积极性，发挥它们的作用，通过它们更好地落实国家方针政策，密切政府、企业与网络个体之间的沟通与协调，积极倡导行业自律，听取会员和行业对政府部门的意见和愿望，积极参与国际互联网组织的活动和事务，加强国际合作与交流，特别是在政府行政管理难以企及或者效果不佳的地方发挥出协调作用。例如，中国互联网协会的一系列举措，不仅很好地解决了网络公共服务不足与网民强烈需求之间的矛盾，同时也承担了部分政府不能做或者做不好的大量工作，并以此服务于网络社会，有效地弥补了政府网络监管机构在公共管理中的不足和监管的缺失。

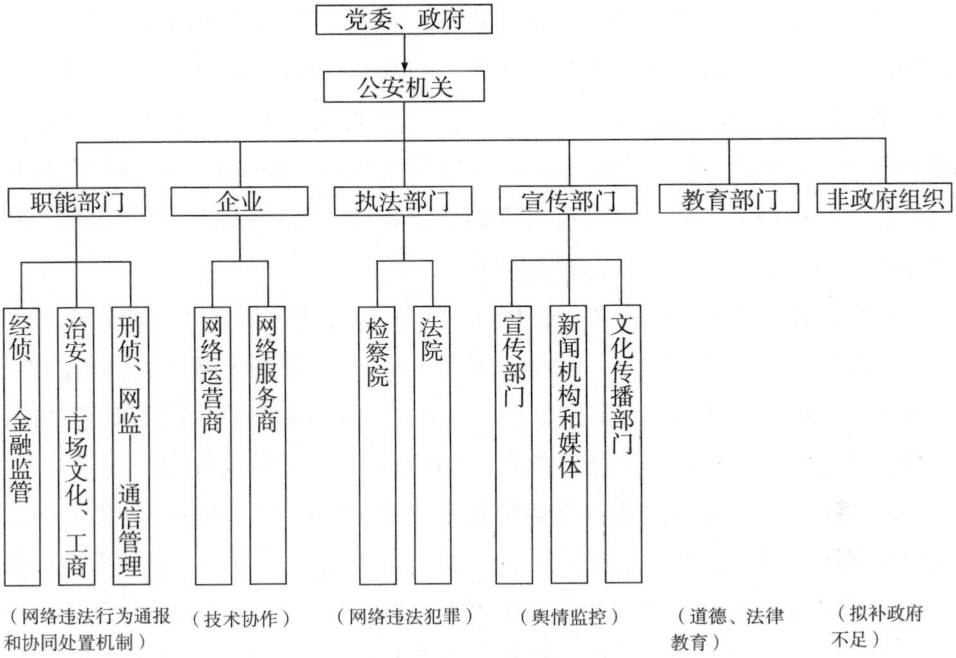

图 5.1　网络社会综合防控力量

二、网络社会综合防控体系的机构

网络社会治安防控体系是集战略性、全局性于一体的系统工程，它的协调运作应在指挥中枢的统一指挥调度下，有机、高效运转。因此，构建一个高效、灵敏的指挥中枢是社会治安防控体系建设的首要环节。就目前全国各地的发展形势来看，网络社会治安防控体系的指挥中枢可以在 110 报警服务台的基础上加以升级改造，增设相应机构，完善职能。通过 110 报警服务中心，提供报警服务功能；通过信息中心，提供信息的汇总、分析、研判、预测、反馈，为领导决策提供综合服务和为公安各职能部门、基层单位提供警情、案情、社情的反馈和通报功能；通过指挥控制中心，实施对警力分级调遣控制和为市领导应急调动指挥全市相关部门共同参与应对危机事件提供指挥平台；通过协作配合中心，向境内外城市警方提供协作配合功能。

1. 报警服务中心。报警服务中心的功能主要是面向社会接受报警求助，提供服务，其具体构建包括：

第一，实行“三台合一”，一号报警。1997 年全国地级市统一开通 110 报警服务台后，经过近 8 年的规范运作，群众对 110 的认知度和信任度都显著增强，110 已家喻户晓，深入人心，成了人民群众遇难遇险时报警和求助的第一选择。如果将 110、119、122 报警台从技术上合并起来，形成综合的指挥中心，即减少了多中心建设所带来的分散投资，又可以形成高效灵敏、指挥畅通、快速反应、一呼百应的指挥体系。

第二，建立实时监控系统。在指挥中心大厅建立大屏幕实时监控系统和电子地图系统，对党政机关、金融、商贸中心、重点主干路段、科研院所、危险物品生产储存基地、广场、车站、码头、重要文化体育场所等要害部位、繁华场所和城市出入口等陆海空要道卡点进行现场实时图像监控。

2. 信息中心。信息中心一是承担对来自报警服务中心和社会其他方面以及公安机关内部的各种信息进行汇总、分析、预测、反馈，为领导决策提供依据，同时发布预警信息，制定工作预案的职责；二是承担对公共危机信息进行汇总、综合、存储、分析、研判、上报的职责。公共危机预警信息主要来源于政府相关职能部门，通过与政府相关职能部门的预警信息系统联网，可直接获取各类预警信息。如，气象部门提供的灾害性气象预测信息；卫生部门对各种大规模流行疾病的发病及流行趋势和危害的分析预测信息；地质部门对严重地质灾害的分析预测信息；公安部门提供的重大治安信息等等。信息中心通过一定的媒体向公众发布预警信息，还知情权于民，并在此基础上引导全社会防灾避难，防止造成社会恐慌，力争在防范和先期处置上取得双佳效果。

第一，建立信息分析研判室。将其确立为信息处理平台，对各类情报信息加以分析研判，去伪存真，提高信息的层次性、准确性和有效性，为决策和指挥提供依据。应配备能够对各类情报信息进行汇总、分析、研判，对形势进行分析预测，具有一定综合能力的专业人员。

第二，预警信息发布室。对社会治安状况进行调研，制定各类工作预案，并通过新闻媒体等各种途径发布预警性信息。

3. 指挥控制中心。在平时作为公安机关的指挥中心，对所属各部门、各警种实施控制与指挥调度；在公共危机到来时，转为公共危机处置指挥的参谋部和决策部，开设现场指挥，实现与新闻中心、气象中心、医疗救助中心、防疫中心和陆海空救援中心开通专线音像传输，为领导应对各类重大灾难提供指挥决策平台。具体构建重点包括：

第一，人员配备。应配备思路清晰、反应灵敏、经验丰富、果断干练、具有一定威信的决策指挥人员。指挥人员要了解与各警种、各有关部门和各友邻地区联络配合，掌握处置各类警情的方法步骤等。

第二，赋予指挥权力。①先期处置权。当指挥中心接警后，按照既定的工作预案下达先期处警指令，同时上报有关领导，受令部门必须绝对服从指挥，不得推诿拖延甚至拒绝执行。②合成作战指挥权。指挥中心根据实际处警情况，有权打破警种、辖区、业务分工的界限，根据需要，指挥调动相关警种到达指定地点执行任务，指挥协调诸警种合成作战。③装备器材调用权。根据处警实际，有权调用各级公安机关、各相关部门和各种交通工具、武器、通信器材装备等。对重大行动、重大事项、公共危机事件的指挥决策，首先要依据职责权限向有关领导请示或由相关领导坐镇指挥。

第三，运用多种指挥手段。通过有线、无线、音像传输等先进的指挥通讯设备，实现基地与现场结合，保持全天候、全方位、不间断指挥。在指挥程序上，根据实际需要，按照预案规定，实行垂直指挥、平行指挥和委托指挥相结合，简化程序，缩短时间，提高效率。

4. 协作配合中心。由于网络社会的特点，犯罪活动的大区域流窜、多地区勾结等特征越来越突出。因而部门之间以及警察之间的协同配合也显得越来越重要，大到国际刑警组织中各国警方之间，小到国内相邻城市之间及各警种之间的协同配合不可或缺，因此协作配合中心必须具有“接口”功能，即部门间及各公安机关之间建立起密切的联系，包括相互间的熟知，经常性的联系，工作中的支持，情报上的交流等，以保证相互间能有效协作配合，共同打击防控犯罪，维护社会治安稳定。

三、网络社会综合防控体系的特点

（一）整体性

网络社会治安防控体系作为一个系统，具有鲜明的整体性。体系的各组成元素并不是完全孤立、彼此无关的，它们处在相互联系和相互作用之中，体系中每个元素都是与整个体系互为规定的，每一元素的质量、水平及其定幅度的变化，都会影响到其他元素的质量、水平及其一定幅度的变化，甚至会影响到整个系统。任何系统都是由相互作用、相互依赖的若干要素组成的有机整体，各个要素处于相互联系、相互作用之中，各个独立的构成要素并不能直接等同系统的整体性能。作为一项复杂的社会系统工程，网络社会治安防控体系更是强调系统的整体功能和整体优势。构建防控体系的目的是要将相互独立、各自为政的公安、社会力量，按照系统优化原则组建成一个经济、合理的治安防控力量体系，以极大地提高网络社会治安防控的整体效能。

（二）开放性

系统具有不断地与外界环境进行物质、能量、信息交换的性质和功能。网络社会治安防控体系需要随时保持与社会环境之间的人员、信息、能量的流通，以实现内外的平衡，并在最大程度上取得社会环境的支持与配合，来促进网络社会治安防控体系自身的建设，保证防控体系的运行方向和效率。这样网络社会治安防控体系的系统功能才能真正得以实现。总之，网络社会治安防控体系存在于社会环境之中，功能的发挥必须充分考虑到其制度外在的社会环境，而不能只沉浸在理想的设计状态之中。

（三）动态性

对一个稳定的系统而言，不仅系统的构成要素在能量与物质的交流中不断变化，而此系统与彼系统之间、系统与环境之间能量也不断进行着物质与能量的交流。网络社会治安防控作为一个系统，由于其内部各要素之间是相互作用的，治安防控与治安环境之间也是相互作用的，所以必然导致治安防控处在发展变化之中，不可能停留原来的水平上。治安防控作为维护社会稳定的一种手段，必须同社会各个方面的状况相适应，否则，不可能发挥应有的作用。任何事物只有保持动态特征，才能不断地自我调节以适应环境变化，不断地向前发展。网络社会治安防控体系虽然具有一定稳定性，但这种稳定性是相对的，与动态性不是矛盾的。当社会形势和环境出现了变化，而原有体系的结构、层次等已不能适应新的变化后的要求，网络社会治安防控体系就会根据需要做出调整，灵活变动，以适应变化后出现的新情况、新形势。只有一个保持动态的网络社会治安防控体系，才能保持一定的新陈代谢，不断地调自身结构与措施，适应社会出现的新情况、新问题，发挥自己应有的功能。

第二节　网络社会综合防控体系的结构

一、网络社会综合防控体系的架构设计

（一）对立体化网络社会治安防控体系的理解

2009 年，公安部首次提出建立全天候、全方位、立体化的社会治安防控体系。十八大提出完善立体化的社会治安防控体系。而对于网络社会的综合防控体系我们也应强调全天候、全方位、立体化。立体化的防控既包括防控主体的立体化，防控手段的立体化和防控对象的立体化，同时还包括防控体系运行的立体化。防控主体的立体化指的是防控力量的多元化，以公安机关为主导，各职能部门、社会力量、企业力量和个人的参与。防控手段的立体化指的是不局限于传统的政府自上而下的社会动员这一政治手段，而是包括政治的、经济的、文化的手段等在内的综合手段，如向市场购买安全防控服务等。防控对象的立体化指不仅针对违法犯罪行为，还包括对越轨行为的矫正与教育和公民个人自我防范意识的培育；不仅注重时间和空间的防控，也注重社会和公民个人心理的防控。运行体系的立体化指的是不再将防控简单局限于某一区域或者某一个行业，而是实现有机的整合，如全国信息共享、资源的整合、区域的联动等。

（二）立体化网络社会治安防控体系的结构

根据系统论的原理，系统的结构决定系统的功能，网络社会治安防控体系的结构对治安防控功能的实现具有重要的作用。如何构建一个协调有序的

系统是构建立体化网络社会治安防控体系的重中之重。网络社会治安防控体系应当坚持打防结合、预防为主、专群结合、依靠群众的方针，以社会化、网络化、信息化为重点，健全点线面结合，人防、物防、技防结合，打防管控结合的立体化网络社会治安防控体系。

立体化的网络社会治安防控体系应当是一个开放型的体系。这里的开放是指要大力动员社会力量参与治安防控，对于处于现代化进程中的国家，没有社会力量的参与，单纯依靠政府和公安机关进行的防控是难以做到的。在当前的社会治安防控体系构建中，我们更多依靠的是政府组织的力量，而不是现代制度的力量，在如何放手让社会通过自组织形式发挥自身防控力量中，还有很长的路要走，应当看到，政府也在通过制度化的手段逐步放开对社会自组织的控制。但是，转型的加速导致的社会问题与现代制度有效供给不足的问题凸显，这导致目前社会治安防控体系构架中政府力量居于主导地位。因此，一个开放型的社会治安防控体系是社会发展的必然，如何动员社会力量参与治安防控仍是努力的方向。

大数据时代的今天，如果各地各级公安机关各自为战、区域独立、信息封闭，势必导致防控的被动与滞后。如何实现基础信息的整合与共享成为及时防控的重要前提，也是保证公安工作先发制人的重要基础。立体化网络社会治安防控体系离不开基层基础信息收集工作，更离不开信息的整合与共享。如何收集信息、整合信息、共享信息，成为防控体系一个重要的问题。当前，全国公安机关十分重视情报信息工作，成立了专门的情报信息中心，加强情报信息工作的建设。因此，在社会治安防控体系建设中，必须建立信息整合与共享机制，加强信息整合与共享步伐，为警情的研判和预警工作打好基础。

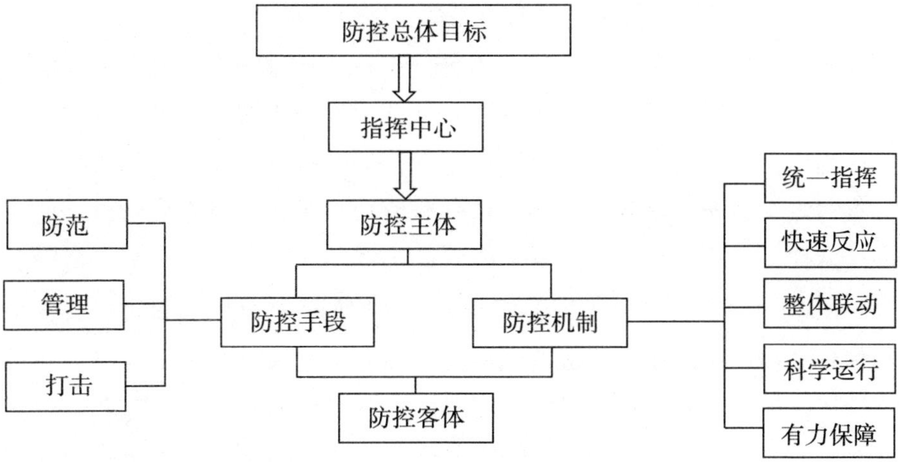

表 5.2　网络社会综合防控体系结构图

(三) 立体化网络社会治安防控体系的要点

立体化社会治安防控体系运作模式必须遵循适合当地社会治安状况的防控体系和工作机制。既要公安机关和政府部门的职责分工，也要公安工作与社会公众的紧密配合，必须发动全社会、联合诸警种，实施联动推进、统筹实施、整体提升。必须从整体设计到具体实施都针对治安防范的漏洞、治安管理的难点、案件多发区域的有效治理，确保贴近实战需求。

1. 资源整合。即以公安机关力量为中坚，群防群控力量为依托，广大群众积极参与为根本，科技化防控为基础，完善社会广泛参与机制。网络社会治安防控体系建设是一项基础性、系统性、战略性工程，要以“政府工程”来推动，纳入当地经济社会发展总体规划，落实工作机制，协调、动员政府各部门、企事业单位和街道、乡镇基层组织，以及各种群防群治力量参与，最大限度地整合利用各方力量资源，强力推进各项建设，形成“党政领导、公安牵头、部门协同、社会参与”的防控格局，确保防控的无缝对接和全覆盖，发挥出防控体系建设的最大效益。

2. 贴近实战。即各项基础作用前置化、各种防控资源利用有效化、各层级防控一体化、各子系统运作规范化。要形成立体化架构、专业化运作、社会化推进体系。立体化治安防控体系要实现“信息主导警务”“民意主导警务”“视频主导警务”三大战略有机统一，在宏观上追求统一，在微观上寻求有效结合，使立体化防控体系具有更大的实践价值。

3. 防控调度。全面实施防控跟着警情走，依托公安指挥中心建立防控调度中心，突出防控指挥调度权威，建立社会治安防控资源共享的数字化、集成化、网络化、智能化视频监控实战平台，提升指挥调度、视频监控、无障碍的点对点互动能力水平，确保警情一呼百应、梯级及时有效响应、实时调度有效防控。

4. 多警种合作。公安机关要提高治安防控的针对性和实效性，必须树立情报信息效益观念，确立情报信息优先的原则，把情报信息工作作为建设重点，置于优先发展的位置，不断巩固情报信息工作的基础。实行“情报信息全警化”。打破警种界线，全警动员，建立起以国保、治安、经侦、技侦等专职部门为龙头，以派出所为基础，各警种及全体民警参与的情报信息网络，并作为考核民警工作业绩的重点内容之一。以国内安全、治安问题、不稳定因素三本台账为重点，引入社会治安信息考核机制，完善情报信息的收集、整理、利用、反馈等各个环节的制度建设，建立健全全警采集、运行顺畅、信息共享和集约高效的工作体系。加强社会治安信息员队伍建设。依靠治安信息人员及时、全面、准确地掌握各类治安动向，在社会面打下坚实的基础。

5. 机制保障。完善立体化网络社会治安防控体系是一项费时、费力、费财的工程，必须在党委、政府统一领导下，有关部门各司其职、各负其责，健全综合型的保障机制。使之上升为政府工程、平安工程、务实工程层面，集全社会的力量来推进。各级政府应将立体化社会治安防控体系建设列入重要议事日程，切实加强组织领导、切实加大投入、切实强化督导，将系统建设所需资金纳入财政预算，予以重点保障。将体系建设所需的硬件纳入建设总规划，合理布建、分期实施，予以重点强化。将体系建设所需的人力，予以重视和倾斜。将体系运作纳入重点项目建设检查考核的总体框架，列入有关部门和领导绩效考核、任职政绩、评先评优、提级晋级的考核范畴，切实做到“高看一眼、重扶一把、保障到位”。

二、网络社会综合防控体系的运作

根据“网上网下同步防控”的工作理念，要深入推进网络社会现实化管理工作，加强网上舆情监控，强化网络技术手段和信息化建设。重点建立涉网违法犯罪“落地查证”工作机制和网上“跟帖追踪”机制，加强网上有害信息高发部位、重点人员等基本要素的管理控制，以技术手段和网安基础管理工作为支撑，核查出上述有关人员的真实身份，逐一登记造册，全面纳入管控视线，以提高打击网上违法犯罪活动的精确性。同时进一步强化网络舆情的日常监测制度、信息研判制度、处置机制和事后评估制度。舆情导控队伍通过信息采集、制定预警措施、发布舆情形势评估，分析其规律特点，并结合专业技术手段，实施多种措施，使舆情不失控、不漏报，努力创新和规范公安舆情导控工作新机制。

构建“网格化”社会治安防控体系。研发应用“网格化管理、链接式服务”应用平台，涵盖公安、计生、城管、安监、街道等多部门基础业务，集标准地址管理、实有信息动态录入、社会资源共享、信息化实战、网络社会管理、综合数据分析研判等多项功能于一体，形成了相对完善的工作机制。该机制的基本框架搭建为“五张网”。“基础信息数据网”：通过与街道、计生、城管等政府部门共享实有人口基础平台，实现了一方采集、多方受益。“信息动态采集网”：通过在互联网、手机设立面向全社会的信息采集端口，方便小区物业、行业场所等社会单位和辖区信息员动态、实时采集录入源头信息。“人员动态管控网”：将重点人员的异常轨迹信息即时指派到网格化管理系统，由社区民警“按图索骥”，动员发动其周边信息员关注核实，实施落地管控。“治安联控联防网”：在对格内每座建筑的发案情况和防范漏洞情况进行积分标注、分色预警的基础上，实施重点管理，以此宣传、发动沿街单位门店、小区物业和居民群众加强自身防范，开展“监控联建、治安联巡”，形成防范合力。“民情动态收集网”：将“千人监督”计划延伸至网格每名居民，通过定期入户走访、网上交流走访等，及时收集网格群众对社会治安状况、警务工作的意见建议。

加强三项管理。一是加强信息情报管理。推行每日检查制度，对重点网站、论坛进行全天候巡查、收集，及时发现热点问题和敏感事件，迅速启动舆情控制预案，有效制止各种网上炒作及群体性事件的发生。在开展情报信息主导警务的工作基础上，第一步要增强情报信息的主导意识，形成全警采集应用浓郁氛围。信息采集是情报的根本，是信息研判的基础，如果信息采集不到位，情报就成为无源之水、无本之木。壮大情报员队伍，让广大民警意识到自己就是情报员，在社会的各个区域、治安防控的重点地区、复杂场所逐步扩展，实现阵地控制。例如街面犯罪的情报信息搜集方面，利用特殊人群如环卫工人、出租车司机等提供信息的办法予以收集。第二步要拓宽渠道，全面收集，特别需要注重的就是情报信息的质量。情报信息的质量之所以重要，是因为毛糙、低端的情报严重干扰情报的有效性，所以注重情报的质量是情报发挥作用的前提。情报信息的采集原则是坚持“数量、质量、时效”有机结合，首先在数量上要全面，不能存在漏采的信息；其次在质量上要高质，信息采集的标准要符合要求；再次在时效上要注意时效性，当天采集的信息绝不过夜，及时录入并上报。在应用现有工作的基础上，进一步拓宽信息采集广度，缩小信息采集死角，充分调动积极性，广泛收集各类信息数据。积极拓宽思路，创建多层面立体的情报信息脉络，涵盖整个社会经济领域，多渠道地搜集情报信息。信息采集的范围需要逐渐扩大，此时主要依靠的力量为基层的实战民警和充分掌握情况的广大群众，将社会各方面、各层级的信息充分收集，拓宽信息渠道。将警务工作向各行各业进行延伸，开展经常性、制度化的联系交流工作，加强相互间的违法犯罪情况预警通报。因此，情报信息要逐渐从粗放的、分散式管理过渡到高效的、集约式管理，这样打防控工作才更具有全局性、前瞻性和针对性。二是加强网吧阵地管理。全面落实网吧视频监控系统安装，积极推进二代身份证刷卡系统建设，严格执行互联网营业场所上网人员实名登记制度，定期组织网吧管理人员进行培训，同时积极配合文化、工商等部门，坚决取缔市场巡查中发现的、群众举报的、相关部门通报的、新闻媒体曝光的“黑网吧”，严格禁止网吧接纳未成年人。坚持不定期错位错时检查工作方法，做到日常巡查与突击检查相结合，重点加强夜间、双休日和节假日对网吧的检查。此外，还要强化社会监督，坚持群防群治，鼓励广大群众积极举报违法违规网吧，做到有报必查，有查必果。三是加强网络社会警务建设。进一步建立完善警民 QQ 群、网上警务室，组建网上巡逻警察，把网络监管触角向 QQ 群、BBS、博客、贴吧等管理薄弱空间延伸，提高对网络群体和网络社会的发现、管控能力。

三、网络社会综合防控体系的“六项机制”建设

（一）情报信息研判应用机制

按照“工作体制顺畅、运行机制健全、基础工作扎实、信息资源充沛、系统平台实用、资源共享充分、情报队伍壮大、情报产品丰富、应用成效显著”的总体思路，大力加强情报信息综合应用平台建设，严格落实情报信息研判会商机制，切实抓好基层派出所的信息采集录入关，坚持以有用采集为导向、以方便应用为要求、以落实责任为抓手，着力健全“派出所建成初级研判平台、局建成中级研判平台、省厅建成综合研判平台”的三级工作架构，注重自主开发实战性强、操作简单的“小平台”，规范情报信息上报、研判、反馈、应用等各个流程，使情报产品能顺畅、快捷地转化为现实战斗力。

（二）集成化扁平化指挥机制

搭建动态情报信息研判与警务指挥一体化平台，健全现代警务指挥体系。推行扁平化勤务指挥模式，减少指挥层级、畅通指挥关系，充分运用 GPS 定位、警务通等现代化手段实施移动警务，实现指挥中心与一线民警的点对点指挥，做到指挥与处置的间接对接，最大限度地缩短接处警时间，提高公安机关快速反应能力。同时要建立跟踪监督机制。全程跟踪监督接警单派送、警情下达、警力调用、现场到达、结果反馈等接处警环节，适时对基层所队的勤务报备、警力到位、系统运行等情况进行专项督查，及时堵塞工作漏洞。

（三）社会治安等级防控机制

要依托情报信息研判机制和扁平化指挥机制，以“警力跟着警情走”为总要求，科学设定防控等级及其启动标准，全面落实责任单位、责任民警及防控措施，实行定岗定责、专项考核和随机督察的责任追究机制，确保防控责任单位及民警随时按照防控指令自觉落实防控措施，切实提高用警效率，实现公安机关对社会治安环境的动态掌控。建立季节性多发性案件防范宣传通报机制，组织全体社区民警开展治安防范宣传“进村居、进机关、进学校、

进企业、进家庭”活动，扩大安全防范宣传的覆盖面，进一步提高群众的自我防范意识和防范能力。

（四）治安防控整体作战机制

深入贯彻整体作战法的指导思想，依托社会治安等级防控机制，通过全面运用等级防控，找准整体作战与治安防控的结合点，健全刑侦、治安、交警等警种之间治安防控整体作战机制，把整体作战思想融入各项日常打防管控工作之中，充分发挥各个方面治安防控资源的整体效能。

（五）突发性事件处置机制

要建立健全重大突发事件快速处置预案体系，根据事前、事中、事后的不同特点以及可能产生的次生事件，建立完善各类突发事件处置预案，明确处置责任单位、责任人员和处置措施，规范处置流程。建立完善各类突发事件处置预案，加强信息研判工作，加强重大突发事件专业处置力量建设，适时组织实战演练，不断提高处置能力。

（六）工作绩效考核评估机制

督促检查和考核评估是推动立体化防控体系建设不断发展的必要环节。因此，各级公安机关作为系统中枢，必须科学界定绩效评估的指标，制定出台绩效评估的有效方法，切实强化绩效评估的综合运用。必须加强对网络社会治安防控体系建设工作的督导检查力度，建立合理的考评机制，对工作得力、成绩显著的，要加大表彰、奖励力度；对治安问题突出、重大案件处置失误的，要严格按照有关规定进行责任倒查和责任追究，确保各项工作部署都能落到实处。

第三节　构建网络社会综合防控体系的战略研究

一、网络社会综合防控治理理念创新

从意识层面构建网络社会的治安防控，要树立以人为本的核心价值观，更要注重人在网络社会中的活动所产生的生态效应。这就要求在意识层面树立保证网络社会能量流动过程中无障碍的世界观，以人们的信息价值观、信息道德观和信息生态观为标准，逐步引导人们在网络社会活动中树立正确的意识观念。

（一）树立正确的网络信息价值观

信息价值观指的是指信息生产者在网络上发布信息，信息消费者在收集和使用信息时，形成了一套对待信息及使用信息的个性倾向系统。进一步来讲，信息价值观是指信息主体即网民在与信息发生交互作用时自发形成的对待信息的尺度。其表现为：主体辨别网络信息的能力、对网络信息的类型爱好、面对网络信息时表现出的敏感度等。总而言之，信息价值观就是主体在对待网络信息时所产生的个人价值取向，促使信息主体根据自己确立的价值尺度来处理遇到的各种信息，在网络社会中发挥着引导性的作用。因此，引导人们在网络社会中树立正确的网络信息价值观，是从意识层面对构建和谐网络社会的要求之一。

首先，要培养积极主动的网络信息意识。在网络社会中网络信息意识是人们获取信息的内在动因，具体主要指对网络信息的敏感性、辨别能力、选择能力和消化吸收能力等。信息意识的强弱程度决定着人们的信息需求程度。目标意识越明确，信息活动的动机就越稳定。这就要求人们必须意识到信息就是资源、信息就是能量，信息可以创造财富的观念，以积极主动的信息意识，及时准确的收集当前各领域中最新的前沿信息，把收集到的信息在工作、生活中加以消化吸收再创新，创造出新的信息，从而提高生产、生活的效率和效益。

其次，应当增强辨别网络信息真伪的能力。在网络信息总量的增加的同时伴随着网络信息质量的下降。目前存在大量未经过滤的有害信息、非法信息在网络上广泛传播，给网络社会造成不同程度的信息污染。目前网络社会信息污染已经成为一大公害，网络社会的正常秩序被扰乱，影响着网络功能的正常发挥。如少数网站为了追求利润，宣传封建迷信，刊载虚假信息，败坏社会风气，污染社会环境，毒害人们思想，与和谐网络社会的建设背道而驰。网络信息主体在面对各种复杂的网络信息时，要取其精华，弃其糟粕。

再次，注重网络信息收集的质量。只注重信息量的收集，不仅消耗大量的精力，而且对于获到的信息来不及即时处理，不能转化为对自己有用的财富，造成这部分信息的过时，浪费。网络信息中不仅有新闻、调查、广告弥漫世界，更有谣言招摇过市。在当前的网络社会中，人们想用的和可用的信息数不胜数，但真正对自身有用信息却不多。因此面对大量的网络信息资源，人们一定要树立正确的网络信息价值观，分析信息资源所包含的价值，使信息资源真正为我所用，这样既能够对信息的渴望得到有效的控制，又能够对信息资源作出合理的选择。

（二）树立正确的网络信息伦理观

道德作为社会意识形态范畴，用来规范人们的日常行为习惯。对社会的发展起着不可估计的作用，在网络社会中，网络信息道德对网络社会的和谐发展有着同样的作用。在网络社会中网络信息道德作用在于调节和规范网络信息活动中的信息生产者、消费者、分解者与监督者之间的各种关系。由于网络的开放性特征，任何人在网上都能轻易发布、获取或传递信息而不受限制。网络主体信息生产者、消费者、分解者和监督者在网上从事的各种信息活动，都必须以信息道德规范约束自身的信息行为，遵循一定的信息伦理，树立良好的信息道德风尚，说到底就是要遵守信息法律法规，负责任地利用信息技术，维护信息安全，尊重知识产权，对于知识侵权、信息泄密和信息犯罪等现象要坚决予以抵制，还要自觉承担在网络社会活动中的各项责任和义务。网络信息道德建设在现实道德框架的基础上，开创新的道德机制。在网络信息活动中，信息主体要自觉养成良好的网络道德观，树立和谐正确的网络道德意识导向，强化网络社会情感，培养和谐自觉的网络道德行为习惯。

首先，要树立正确的网络道德意识导向。自觉养成良好的网络信息道德观，解决主要矛盾。这就要求网络主体自身要有良好的道德意识，加强自我道德修养。自我道德修养是网络主体按照一定的网络道德原则，在道德认知、道德情感、道德行为等方面进行自我教育、自我改造的过程。在网络社会中要培养网络道德自律的精神，就要把现实社会中传统伦理道德的精华在网络社会中发挥作用，建立道德自律的长期有效机制。用儒家“自省”和“慎独”伦理来影响网民的自律精神。所谓“自省”就是要求网民经常检查、反省自己的言行，以便发现与伦理道德要求相违背的地方而及时加以改之。所谓“慎独”，就是指网民一个人在独居、独处之时，当其个人行为不为他人所见之处，也要做到谨慎不苟，最大程度地避免与违背道德的念头和不符合道德要求的行为在网络社会中出现。在网络社会中由于其本身的开放性，网络主体从事的一切活动，都不受他人和社会的监督，更不在法律约束中，因此“慎独”在网络社会中的影响显得尤为重要。网民要时刻保持清醒的认识，坚守和谐网络社会发展规范的信念，自觉按网络伦理准则和道德规范行事。在用道德规范约束自己的同时，也要呼吁他人规范自身网络信息道德，提高其他人的网络道德行为的自觉性。

其次，强化网络社会情感，培养和谐自觉的网络道德行为习惯。情感是人们在长期的实践生活中所形成的喜怒、哀乐、好恶等方面的心理态度，其一旦形成对主体的行为选择就产生直接的影响。情感相对于伦理道德而言，“情感是道德信念、原则性和精神力量的血肉；没有情感，道德就无从谈起。”在以自由开放为基本特征的网络社会中，特别要注重对网民情感的培养，在培养过程中除了使网民学会如何正确对待网络的精神与价值，还能使其对网络道德规范的要求认识有新的突破，要从感性认识上升到理性的认识的高度，在网络道德的践行过程中体验情感雨露的滋润，从中真正形成一种自律的意志，更加积极主动的与不良的网络道德行为作斗争，自觉养成良好的网络道德行为习惯，促进和谐网络社会朝着健康稳定的方向发展。强化社会情感要以换位思考的方式进行，培养网民换位思考的意识和能力，使网民了解并深刻体会他人的思想和情感，对他人网络权利要加以尊重，有利于激发网民自觉维护网络社会良好秩序的主动情感。只有这样才能引导网民正确认知网络伦理道德行为准则，对网络伦理道德的约束自觉接受，在促进个体的发展和网络社会进步的基础上，实现个人与自然、个人与社会、个人与个人、个人与网络的和谐发展。

（三）树立正确的网络信息生态观

我们应当树立起正确的网络信息生态观。在网络社会中，网络信息人、网络信息资源和网络信息生态环境各要素之间关系较为复杂，在一定程度上彼此相互关联、相互依存。

应当认识到人是网络社会中的主体，是网络社会的核心因素。而网络社会中出现的各种问题大都由于人的不正当社会活动引起的，网络社会问题的解决，就需要用生态的、系统的、发展的观点解决好人的问题。这里的人主要包括网络信息生产者、网络信息消费者、网络信息分解者、网络信息监督者。他们在网络社会中从事的信息活动的规范程度对网络社会的平衡状态起着重要的作用。

把网络社会看成是一个整体的系统，人和各种网络信息生态环境相互联系、相互影响。网络信息基础设施是网民从事网络信息活动的首要前提条件，网络信息技术是网民进行网络信息活动的主要力量支持，信息政策法规和信息伦理是规范网民信息活动的重要保障手段。反过来，人在网络社会活动中的各种行为对网络信息生态环境又产生影响，随着网络信息活动的进行，网络信息生态环境旧状况会发生改变，产生出新的网络信息环境。可见网络信息生态环境是经过人类加工而形成的人工环境并随着人们的信息活动而不断改变着，而不是一成不变的。这就如同马克思所说的，环境对人的改变和人对环境的改变是同时发生的，或者如同在现象学的视野中，这种互相建构印证了“世界是某种我们必须通过我们的行动加以修正的东西，或者是修正我们行动的东西”。

网民在从事各种信息活动时，要注重自己的网络信息活动能引起哪些生态效应，对网络社会的发展起促进还是阻碍作用，从而作出是否要继续进行这样的信息活动的决定。网络信息人的信息活动所产生的生态效益有正负之分。恶劣的网络信息生态状况会使人的精神缺少信任感和安全感，这样的结果必将导致网络社会网络信息混乱、“信息恐惧症”和“网络信息强迫症”

等各种网络信息的“疑难杂症”，另外如果对信息的分配不合理，网络社会中的网民占有信息量不对称，就会出现“信息垄断”或“数字鸿沟”的怪象，一部分人群出现“信息荒漠化”，而另一部分则出现“信息过剩”。信息匮乏会使人空虚无助，但过量的信息也会使人因找不到有用的信息而出现和信息荒漠化同样的效果。此即黑格尔所说的：绝对的光明与绝对的黑暗，对于一个人来说，结果是一样的，都是什么也看不见。这就是“信息越多反而意味着信息越少”的道理。在此时，对于信息的“饥饿已迅速转化为消化不良”。要使人类第二生存空间即数字空间能够健康的发展，最根本的是要注重网络信息所产生的生态效应，最大程度的减少或消除由不良的网络信息活动带来的负面效应，尽量增加网络信息活动的正面效应，使信息生产和信息消费长期处于一种和谐稳定的状态，必须树立正确的网络信息生态观。

二、网络社会综合防控体系政府综合治理

根据网络社会的发展形势，富有政治智慧地开展对网络社会的政治控制工作，确立政府在网络社会的政治权威，并牢牢把握网络的主导权。信息垄断是传统政治体系加强隐性政治控制的基本手段之一，而互联网和网络社会的发展在客观上已经打破了政府的信息垄断，如“广东孙志刚事件”“辽宁宝马事件”“陕西煤矿矿难事件”等都是通过网络和网络社会瞬间传遍了全国，从而形成了强大的社会舆论影响力，并对相关事件的处理产生了实质性的影响。当前我国正处于各种社会矛盾层出不穷的转型时期，网络社会也因而成为社会矛盾延伸和发展的新领域，而由于各种真真假假的信息充斥了网络社会之中，更容易使不明真相的人民群众对政府形成误解或者激化社会矛盾。故而政府应充分认识到这种历史形势的变化，富有政治智慧地开展治理工作，最终才能真正确立自身在网络社会中的政治权威。当前的治理工作的重点有两个：

第一，规范管理网络社会中各种信息的公开和传播过程，要完善政府自身的信息公开制度，最终确立政府在网络社会的信息权威，以保障政府对信息流动控制的战略主导权。政府不能对现在网络社会混乱的信息传播过程放任不管，因为各种不实的、虚假的、甚至是恶意攻击的语言不但影响了网络

社会的有序发展，而且冲击了政府的权威地位。从长远看，这种混乱的信息流动不利于国家和社会的稳定，这就要求政府在把握控制和自由平衡关系的基础上善于运用法律手段对网络社会的信息流动进行规制。同时政府要确立信息权威地位，也有待于规范自身对于重大信息的公开制度，以保障广大民众的知情权和监督权，不能搞信息垄断的老思路，只有这样才有可能成为网络社会的信息权威。

第二，建立和完善网络社会的危机处理体系，切实提高政府驾驭危机处理大局的能力。网络社会之中的突发危机表现形式是多种多样的，例如由虚假信息或谣言引发的群体事件、信任危机和社会动荡。这些危机都需要政府进行系统性的科学研究，并责成相关职能部门建立日常完善的安全管理制度和危机处理制度。值得注意的是，政府对于“内容层危机”的处理一定要有高度的政治敏感性，要逐步完善自身驾驭危机处理大局的各项重要能力。

三、网络社会综合防控体系立法建设

互联网越来越成为社会管理的热点和难点，迫切需要网络立法。网络社会的和谐与安全也离不开健全的网络法制体系。虽然各国的政策法规和具体措施因政治体系、民族文化和信息化程序的不同而有差异，但通过立法与公共政策来监控网络秩序的目的却基本相同，那就是既要充分发挥网络对经济发展和社会进步的促进作用，又要消除其消极影响。做到兴利除弊，既要规范企业、社会组织、政治团体以及个人的网络行为和秩序，又要保护和推进本国信息产业的发展。因此，我们要将网络立法提升到国家战略全局的高度来看，把信息网络法治化作为依法治国的重要内容。通过立法的手段，突出加强网络安全的守护，提高整体防控能力，创建安全的网络世界，防范网络犯罪，从源头上遏制、压降高速膨胀的网络犯罪案件，这是加强网络犯罪综合治理的治本之策。网络立法是个新事物，目前还处于探索阶段，但是从1994 年我国引进互联网至今已积累了十多年的经验和教训，我们应该加快网络立法进程，制定一套有针对性、系统性、可操作性强和具有前瞻性的专门的网络法律体系，为依法治理网络社会提供法律保障。

网络立法必须遵循安全原则，鼓励、促进与引导原则，开放、中立原则和协调性原则。网络立法应符合网络特点和现实斗争的需要，涵盖对网络违法犯罪的惩处、网络虚拟财产的立法保护、电子证据的规范与界定、个人资料隐私的保护以及网络安全监管体制等各个方面，增强网络立法的针对性、系统性和可操作性，为依法治理网络违法犯罪提供法律支撑。

完善刑事立法。第一，对现行《刑法》中关于计算机网络犯罪的条款进行充实、细化，还需增设一些罪名，以便于理解和操作。对计算机网络犯罪，根据罪刑法定的原则，应当适用我国现行《刑法》第二百八十五条，二百八十六条规定的非法侵入计算机系统的犯罪和破坏计算机信息系统的犯罪追究其刑事责任。我国刑法坚持法无明文规定不为罪的原则，对刑法中未规定为犯罪的行为不得进行刑事处罚，并且严格禁止类推。但是目前信息技术的发展已经远远超出了立法者的想象，致使很多性质类似于传统犯罪的网络行为无法得到相应的处罚。比如目前绝大多数传播木马病毒的行为，由于没有造成实质性的破坏或财产损失，按照目前刑法的相应规定，对该行为无法给予刑法处罚，因此由于打击不力客观上造成了目前木马病毒泛滥的局面。同时，针对网络犯罪与计算机操作的直接关系，建议广泛适用财产刑和资格刑。比如没收作案用计算机设备及与之有关的一切物品、设备，禁止犯罪分子从事与计算机系统有直接关系的职业等。针对网络色情传播犯罪、网络侮辱、诽谤与恐吓犯罪以及网络盗窃、诈骗、教唆等犯罪，在本质上属于传统型犯罪，但是鉴于网络犯罪的传播迅速，传播范围广，危害严重的特点，建议在法定刑的规定上，可以较普通侮辱、诽谤罪、盗窃罪、诈骗罪、教唆犯从重处罚。第二，适当调整办理网络犯罪案件的管辖规定。对于网络犯罪案件中犯罪地的确定应限定为行为实施地和行为后果的直接指向地或者是直接后果的发生地。如果有多个结果发生，应由有利于案件办理的行为实施地管辖为宜，而行为直接结果的指向地的侦查机关则有受理案件配合调查取证的义务，并将获取的有关犯罪证据移交行为产生地的侦查机关。这样既解决了互相推诿管辖的问题，也可以最大限度地打击和震慑网络犯罪。

加强行政立法。就现行刑事立法而言，对网络犯罪问题未能实行全面、有效地规制，需要通过行政立法弥补刑法的不足，预防和打击网络犯罪行为。因此，我国要加快对网络行政立法方面的研究，通过制定一系列专门的行政法规、规章，全面规范网络行为，规范和权利义务关系。同时在一些基本法中补充有关网络内容的规定，建立起配套的行政法规和部门规章。

四、网络社会综合防控体系信息建设

数字化和网络化社会的各个领域在深层次的信息资源建设上是紧密相关的，具体表现为国家和社会对信息资源的培育、整合、流通及共享等诸多方面。全国统一数据库集群首先代表的是国家对于事关国计民生和国家长远发展的重要信息资源的战略整合，对于在未来高度发达的网络社会之中构建国家未来的竞争力体系以及增强社会控制能力均有着基础性战略意义。在未来高度发达的信息社会，信息就是生产力，信息就是权力。就目前而言，美国作为当今世界上最大的互联网强国，其强大的国家竞争力的一个重要表现就是其所拥有的庞大数据库群。据不完全统计，在 1975 年全球 301 个计算机可读的数据库中，59% 来自美国；而到了 2000 年，美国的数据库比 1975 年增加了 41.2 倍，数据库记录条数增加了 293 倍。当这些庞大的数据库群为整个社会和各个层面所共享时，自然成为整个国家经济和社会发展的最重要战略资源之一。除此之外，值得我们思考的问题是国家统一数据库集群对于政府进行社会控制的重要意义。正如学者周伟所言："借鉴和引进西方的理论、制度、法律和先进科学技术是自中共十一届三中全会以来改革开放的发展路径。但是，将科学技术主动与社会制度改革结合在一起似乎没有受到足够的重视。学者们总是将法律实施的不好的原因归结为法律制定得不好，或是不适合中国国情，或是公民法律意识差等精神领域的因素，而较少从物质层面考虑问题。但欧美发达国家却始终将科技成果与法律实施紧密结合在一起。"[①] 这实际上表明了社会制度改革和法律的有效执行问题离不开物质基础的观点。政府对现实社会和网络社会要实现有效的社会控制，运用法律这一最重要的社会控制工具时离不开坚实的物质基础，这种物质基础除了结构优化、运转高效的政府部门之外，还离不开作为用于社会控制方面的科技手段。因而，运用先进信息技术构建出来的国家统一数据库集群实际也成为国家进行社会控

① 周伟：《社会控制能力：司法改革的物质基础》，载崔敏：《刑事诉讼与证据运用》第一卷，中国人民公安大学出版社 2005 年版，第 36 页。

制的战略性资源和物质基础。

现实社会是网络社会的基础。例如，当司法机关打击网络犯罪，调查犯罪事实和抓获犯罪分子的整个过程时，都离不开对现实社会中各种信息资源的综合利用；其他部门如税务部门要打击偷漏税也离不开对现实社会诸多社会信息资源的综合利用。因而总体而言，政府对网络社会进行战略控制时离不开现实社会中的国家统一数据库集群建设。从目前来看，政府为了培育其强大的社会控制能力，当务之急还应建设好以下数据库系统：

1. 进一步深化人口基础数据库建设，在原有数据库建设的基础上重点增加指纹、DNA 等子库。这一数据库的建设对政府实行社会控制的意义显而易见，因为它构成了现实社会中验证身份系统架构的数据基础，同时也是政府对网络社会进行战略性控制的基础资源。

2. 建设国家诚信统一数据库。我国目前严重的社会信用缺失问题同我国缺乏企业和个人的原始诚信记录、基础信用数据密切相关的，因而在最短时间内建立起国家诚信数据库不但有利经济社会的发展，而且构成政府进行社会控制的又一战略性资源。我国目前的诚信数据，主要分布在工商、税务、海关、经贸、质检、市政、银行、证券、保险、民政、公安、司法等诸多政府部门。在关于强制性公开诚信数据的国家立法形成之前，只有政府能够协调和强制性地要求有关部门和社会各方将其管理范围内的诚信数据有偿或无偿地贡献出来，故由政府出面组建国家诚信数据库是目前我国唯一可行的选择。

3. 建设金融机构面向司法机关的数据库综合查询系统。目前我国各家银行的数据库结构、数据库完善程度、司法查询规定各不相同，甚至每家银行的不同地方分行应对司法查询的流程规定也有很大不同，这一点给司法机关的侦查取证带来了极大的成本和精力浪费，尤其是司法机关一旦涉及跨地域查询银行数据时更是如此。从总体上而言，传统的银行信息查询模式对司法机关查处大部分跨地域作案的网络犯罪是一种沉重的财政和精力负担，是对社会财富和公共资源的巨大浪费。基于此，应加快对各家金融机构查询数据的整合进度，尽快建立起统一的全国银行数据库查询系统。

综上，这些在现实社会中对于社会控制具有基础性意义或者说可以视为基础战略资源的数据库集群，对于政府构建对网络社会战略性控制的基础架构同样具有基础性作用。网络社会并非完全脱离于现实社会的“亚社会”，政府无论是在通过对互联网基础行业的管理或是打击网络犯罪来创造网络社会的有序发展局面，均是在现实社会和网络社会两者的结合之中活动，故而现实社会和网络社会中的数据库集群可以为政府的管理行为奠定了坚实的物质性基础。

五、网络社会综合防控体系的文化建设

文化是人类社会生活的重要内容，是一个民族或国家赖以生存和发展的重要智力资源和精神动力。网络文化作为人类文化的最新组成部分，主要是指以网络价值观为中心而形成的各种思想、伦理、道德、习惯和心态等网络精神文化。如同现实社会中一样，人们在网络社会中的行动也总是在一定的网络文化的氛围和环境中进行的。通过对人们在网络社会的行动所起到的潜在的无形影响，网络文化与网络价值观在对网络社会的社会控制问题方面占有特定的一席之地。

政府之所以要构建有中国特色的、先进的网络文化，原因在于：其一，网络社会的开放性导致很难有某种网络文化价值观能够独立地占据统治和支配性的地位。网络社会中多种互不相同甚至互相冲突的文化价值观构成了活动主体虚拟生存时的理想及信念，必然也会在行动层面上直接延伸和塑造出了相应的行为模式，这种多元文化价值观的冲突往往会削弱我国主流文化的影响力。其二，发达国家利用网络控制权、信息发布权及英语的强势传播地位，不断地寻求确立在虚拟空间内的文化霸权地位，这种扩张现象实质上体现了欧美发达国家通过网络社会对后发展国家的文化殖民倾向。其三，文化影响力和竞争力已成为各国综合国力的重要指标和表现。正因如此，十六届四中全会把提高建设社会主义先进文化的能力作为执政能力建设的一项重要任务。先进的网络文化是我国社会主义先进文化的重要组成部分，对于社会主义精神文明的发展具有日趋重要的战略意义，将为网络社会和现实社会的和谐发展提供精神支撑和文化条件。最后，作为网络文化体系中的深层次部分，网络道德伦理方面所出现的不良现象不容乐观。例如假冒他人身份在论坛上或即时聊天工具中自称“寻找一夜情”，最终导致被假冒人正常生活受到

严重干扰的事件有许多；再如近几年来个人为了出名而无所不用其极地炒作的网络事件更是凸显了传统道德伦理价值观在网络社会的无力感。从社会控制的角度看，法律与道德作为社会控制手段的最终目的都是为了规范人们的生活和行为，促进社会的有序运转，只有在法律与道德之间实现良好互动的状态才能促进对网络社会真正的控制。当前人们对待网络社会中诸多问题的双重道德标准现象恰恰说明了网络道德的状况堪忧，因此加强网络道德伦理体系建设是与构建完善的网络法律制度这一战略举措互相配合的重要任务。

因此要高度重视互联网等新型传媒对社会舆论的影响，积极探索和实践网络宣传工作的新思路、新方法，确立政府的信息权威，加强以文化和意识形态为核心的政府“软权力”，以牢牢把握网上舆论的主导权。传统社会的“出版”的主动权是严格控制于出版商的手中，并通过电视、收音机、报纸和书刊等传统媒介进行信息传播，属于典型的“一对多”模式。而网络社会中的“出版”方式与之相反，已经演变成了“多对一”或“多对多”模式，这表明互联网是一种在信息传播的结构上、广度和深度均不同于传统传媒的新型传媒。这就要求政府深入把握互联网这种新型传媒的特殊性，不断地探索利用这种新型传媒进行宣传的新思路、新方法，积极总结经验，最终培育出灵活驾驭互联网这种新型传媒进行信息传播的高超本领。只有这样，政府的信息权威才能真正确立，政府的“软权力”——利用网络文化为核心要素施加无形控制力和影响力的能力才能得到真正的加强。

第四节　网络社会综合防控体系的重点工作

一、着眼“基础性”防范，大力加强基础工作

就目前的执法实践而言，公安机关在维护网络社会安全的政府机构体系中处于实质性的核心位置，然而其目前的地域封闭性特征却与社会发展趋势不相契合，甚至可以说已经不适应由网络社会的结构开放性、行动虚拟性特征所带来的犯罪发展态势。所以公安机关是否能够打破目前的地域封闭性，

真正建立起互联互通、运转灵活、协调高效的管理和办案协作体制，事关国家维护网络社会公共秩序的大局。这里值得注意的是公安机关管理互联网和网络社会的主力警种——网络警察的整合状况。应该说这个新生的警种对于信息资源共享及流程协作的需求远比其他警种大得多，这是因为它的管理客体——网络社会的数字化特性，同时网络社会发展速度极其之快，各种新生事物层出不穷，这就导致网络警察根本无法以传统地域分割的原则来进行封闭性的管理。因而，当前构建大网警工作格局有着更为迫切和现实的需要，这种格局中有三个最基本的要素：首先，网警对于自身要有正确的战略定位，作为一个新生的警种，网警工作经过全国各地网安部门数年来的探索和工作实践，目前已经到了必须理清总体发展思路、科学确定各层级的分工配合、实现全国跨地域一体化的历史阶段。其次，打破地域封闭性，最大限度地实现信息资源的全国共享。一方面，要对网络社会的诸多关键性数据建立完整的数据库，例如全国网站备案数据库、案情动态汇总数据库、重点刑事防控对象数据库、网吧实名上网数据库及其他共享数据库；另一方面，理顺根源于数据资源所有权的利益之争，打破目前低效的信息共享模式，围绕数据库资源建立科学高效的共享流程，这也就是“互联互通”的基本内涵。第三，建立全国统一的网上综合指挥调度系统，并将全国网警的层级分工、跨地域协作和信息通报机制集成到这一指挥系统，这样无疑将在宏观层面上全面提高网警的整体工作效率并加快一体化整合过程，并为网警管理未来高度发达的网络社会奠定坚实的体制基础。

二、着眼“动态”防范，切实提高社会面控制的能力

网络社会结构具有开放性、网络行为的虚拟性和自由性等特征，这决定了影响网络社会稳定的网络社会问题的解决对内需要政府对自身进行结构重组和业务整合，对外则需要国际社会的大力合作。例如网络犯罪问题中的诈骗网站、色情网站的危害影响是无国界的，经过司法机关的沉重打击之后，目前犯罪分子经常将这几类非法网站转移到国外虚拟主机空间以逃避本国政府机关的管理和侦查取证。这一问题并非仅是我国政府要面对的难题，对于世界其他国家来说同样是难题。故而从长远看，该类问题的蔓延发展必然会

将打击网络犯罪的国际合作问题明确摆在各国政府面前。目前，政府对网络社会进行战略控制处于战略机遇期，主要是由于目前全球化带来的社会整合尚处于初级阶段，各国人民之间的语言和文化沟通从网络社会的全球层机上看尚具有一定的地域性封闭特征，可以说只是实现了物理上的互联互通，但并未完全实现文化层面和经济层面的互联互通。一个富有远见的政府应该清醒地预见到随着全球化的不断发展，要解决各种各样的网络社会问题更离不开国际社会的通力合作，所以要充分利用战略机遇期积极地开展对外交流合作，努力建立起针对网络社会的公平、高效、互助友好的国际合作机制。

三、着眼“系统性”防范，构筑了社会治安防范网络

所谓“系统性”防范，是指建立专群结合，动静结合，人防、物防、技防结合，社会面、居民区和内部单位结合的防范工作模式，最大限度地预防和减少犯罪。社会治安防范工作是一项社会工程，需要社会各阶层、各单位、各部门和广大人民群众的共同参与，齐抓共管。政府对网络社会的治理是一个综合治理的问题，在网络社会中会出现各种各样的新型社会力量，如各种公益性的虚拟组织、技术精英群体及其他各种新社会力量。这些新型社会力量的存在有其客观必然性，实践已证明政府在现实社会中解决社会治安问题离不开综合治理的思路，到了网络社会之中同样离不开充分发动与网络社会相关的各种社会力量来构建齐抓共管、群防群治的管理局面。以厦门市为例。该市目前已成为华南地区信息服务行业的发展重镇和最大的互联网数据中心，全市托管的服务器总数达到两千余台，名列全国第二，而开设的网站也已几乎占到全国网站总数的六分之一。此外，由于该市还位处台海前沿这一特殊地区，所以作为对现实社会延伸和发展的网络社会不可避免地给当地政府带来大量需要深入治理的管理难题。该市网警从警力严重不足的实际情况出发，积极探索警力延伸和社会防治的新思路新方法。2005 年“1. 27”会议标志着该市互联网安全管理由条状型管理模式向条块结合型管理模式的转变。该次会议通过明确信息安全责任和下放信息安全管理权限，将互联网行业主体的自身经营发展与其解决自身安全隐患任务捆绑，促使其将解决自身信息安全问题由被动应付转化为自觉的行动。目前各大 ISP 单位、IDC 机房、ICP 公司

等运营单位的信息安全组织已经成为该市互联网安全管理体系中的重要组成部分，成为该市信息安全监管工作的“桥头堡”。

四、着眼“重点性”防范，形成稳固的专项预防系统

所谓“重点性”防范，是指针对犯罪分子重点侵犯的目标而开展重点保护的安全防范工作模式。一是加强了对犯罪侵害重点目标的防护。犯罪预防工作应根据不同时期犯罪行为所侵害的重点目标，采取相应的措施，提高技术防范能力。减少犯罪。二是加强了对主要易犯罪人员的控制。有效地控制当前容易走上犯罪道路的群体主要是社会闲散人员。三是重点对网上媒体进行规范管理，这是因为网上媒体作为互联网这一新型传媒的基本活动主体，其信息传播的数据量、受众范围从总体上都远远大于互联网上的论坛、BBS和即时聊天工具，在传播速度或者说效率方面也是远远占有优势。部分重要新闻网站更是广大网民天天都要浏览数次的门户网站，这些重点新闻网站是网上新闻信息传播的主导性力量，是其他各式网站转载新闻的重要来源，这就更需要政府对其重点控制，不断使其增强政治意识和大局意识，唱响主旋律，在网上新闻信息传播中发挥导向和标杆的作用。

五、着眼“主攻性”防范，营造了打造了违法犯罪的高压态势

所谓“主攻性”防范，是指针对某段时期、某个地方、某个行业、某些单位违法犯罪的特点，主动采取集中整治的办法，遏制违法犯罪蔓延的安全防范工作模式，达到以打促防的目的。因此，一要正确处理打防关系，找准各自的位置。打击和防范是相互渗透、相互作用的，通过打击可找出发案特点和规律，指导防控，使防控工作重点突出，更贴近治安实际，提高防控效果；通过防控可抓获现行作案分子，提高打击能力。二要建立完善目标责任制，促使打防有机结合。一方面，要明确派出所通过防控服务现实斗争的要求，以增加派出所的防控工作压力；另一方面，要明确刑侦队在防控中发挥作用的要求，以加强刑侦队通过打击来指导防控工作的作用。三要突出工作重点，加大打击力度，营造严打氛围。把杀人、抢劫、涉爆、涉枪、涉毒、绑架等严重暴力犯罪作为工作重点，集中优势兵力，合力攻坚克难。

第六章　网络社会综合防控体系实证研究

——以J省网络社会立体化防控建设为视角

J省是全国较早开展网络社会防控体系研究与建设的省份之一，其信息化发展程度在全国处于领先水平。鉴于该省网络安全保卫形势非常严峻，任务十分繁重，全省各级公安机关始终高度重视网络安全保卫工作，将网络社会防控体系建设工程作为各项工程的重点加以推进，多措并举，进一步深化信息化建设应用，夯实网络管理基础，形成了网安部门牵头多警种积极配合联合作战的良好格局，全省网上斗争能力不断提升，网络治安环境得到进一步净化，网络违法犯罪现象得到更好遏制，有力维护了全省网络安全。

第一节　J省互联网发展与网络违法犯罪现状

J省作为全国比较发达的省份之一，与其经济社会发展相适应，该省互联网硬件设施建设以及互联网应用也长期走在全国前列，与此同时，与J省有关的网络违法犯罪也呈现出严峻态势，这也是该省在全国较早开展网络社会防控体系研究与建设的重要原因之一。

一、J省互联网发展现状

J省互联网发展，包括互联网基础设施建设、互联网普及率、互联网应用率、互联网行业发展等一直走在全国前列。据2014年度该省互联网发展状况报告显示，2014年该省互联网普及应用和行业发展呈现以下五个方面的显著特征：

（一）互联网基础设施建设稳步推进

截至2014年年底，全省光缆线路总长度200余万公里，位列全国第一；互联网省际出口带宽8453G，宽带接入端口总数3000多万个，移动电话基站数近25万个，均位列全国第二；全省固定宽带接入用户1820余万户，4M以上用户占比90%。

（二）互联网基础资源维持较高水平

全省IPv4地址近1600万个，占全国IPv4地址的近5%，居全国第五位；域名总数80多万个，占全国域名总数的4.1%，居全国第七位；备案网站主体近28万个，备案网站总数34余万个，企业主办网站占比超过70%，达到近25万个。

（三）互联网普及率不断提升

截至2014年年底，该省互联网普及率近54%，较2013年增长2个多百分点，比全国平均水平高近6个百分点；全省网民4270余万人，较2013年增长4个多百分点；手机上网成为网民增长的主要动力，全省手机网民3740余万人，比全国平均水平高出1.7个百分点。

（四）互联网应用快速普及

即时通信、搜索引擎、网络新闻、网络音乐、网络视频等满足网民基本的沟通、信息查询、娱乐功能的应用使用率排在前列。全省网民的网络购物、网上支付的使用率超过50%，旅行预订、团购软件的使用率30%左右，互联网理财的使用率接近20%，商务交易类应用的使用率高出全国平均水平3个百分点。

（五）互联网行业发展态势良好

政府部门不断简政放权进一步激发企业和市场活力。截至2014年底，该省互联网企业2025家，较2013年增加415家，年收入300万以上的互联网企业近300家。电子商务、信息服务、网络游戏、互联网金融等业务发展迅猛，带动了全省互联网经济的增长，全省增值电信业务年收入342亿元，增长率14%。互联网全面推动实体经济发展，涌现出一批互联网经济骨干企业，一批知名企业陆续上市实现规模发展，总市值超过1470亿元。

二、J省网络违法犯罪现状

然而，伴随着J省互联网的迅猛发展和应用的普及，与J省有关的网络违法犯罪亦呈现出严峻态势，各类传统犯罪借助互联网大肆扩散蔓延，网上贩卖枪支弹药、毒品等违禁品犯罪活动多发高发，传播淫秽色情信息、网络招嫖等危害社会治安管理秩序的犯罪活动屡打不绝，网络传销、非法集资、网络攻击敲诈、倒卖个人信息等犯罪活动，不仅干扰经济社会秩序，而且直接危害人民群众的切身利益。以下数据可资说明该省网络违法犯罪的严峻形势。

1. 公安部公布的2014年网络犯罪十大典型案例中，就有4例主要涉及J省，分别是“5·28”跨国网络赌博案、手机植入木马盗窃案、利用伪基站群发短信诈骗案和“8·7”特大网络诈骗案。

2. 2013年6月公安部公布一批网络诈骗犯罪典型案例，共4个案例，其中主要涉及J省的2例，分别是2012年的QQ视频系列诈骗案和2013年“兼职信誉刷客”网络诈骗案。

3. 2012年，J省公安机关组织开展了打击网络违法犯罪“破案攻势”专项行动，突出网上“打黑、灭枪、扫黄、打假”4条斗争主线，全面打击各类网络违法犯罪活动。在为期仅仅8个月的专项行动中，全省共发现处置网上违法信息15704条，关闭违规网站46家；破获各类网络犯罪案件155起，抓获犯罪嫌疑人390名；打掉利用黑客手段实施网络盗窃团伙14个，涉案金额500余万元；破获网上贩枪案件52起，收缴各类仿真枪支1.2万余支，捣毁枪支制造窝点1处；破获境内人员在境外开办淫秽网站、担任境外淫秽网站版主等网络色情案件53起。此外，全省公安机关派出警力长期驻守国内主要网络诈骗犯罪源头地区，持续不断对网络诈骗开展打击，共破获QQ好友诈骗、机票诈骗、公务员考试诈骗等各类网络诈骗案件25起，打掉诈骗团伙10个，抓获犯罪嫌疑人51名，挽回群众损失300余万元。其中，在C市，公安机关破获一起利用网络组织出卖人体器官案，抓获16名犯罪嫌疑人，打掉人体器官中介团伙4个，捣毁圈养“供体”窝点1处，解救卖肾青年20人；在H市，公安机关破获的一起网上贩卖枪支弹药案中，共收缴各类仿真枪支5000余支，截至被抓获时，2名犯罪嫌疑人已成功交易1100余笔，非法牟利10余万元；在N市，公安机关破获的冯某非法获取计算机信息系统数据案中，警方抓获9名犯罪嫌疑人，彻底摧毁了这一横跨数省的特大黑客盗号团伙。

4．2010年2月7日20时至8日8时，J省公安机关组织开展了以抓捕网络赌博犯罪嫌疑人为重点的第三次“天网”集中统一行动。行动期间，全省共出动警力3000多名，破获网络赌博刑事案件101起、治安案件100起，捣毁了“澳洲888”等一批网络赌球团伙，抓获网络赌博违法犯罪嫌疑人382名，查获网络赌博的总投注额15亿多元。其中，J市公安机关对“京都国际”“澳洲888”等网络赌球团伙以及登录“皇冠”“金沙”等赌球网站进行赌球违法犯罪活动嫌疑人开展集中收网行动，一举抓获赌球涉案人员15名，涉案总额达2亿元，成功捣毁相关赌球网站和涉及该市的赌球团伙；W市公安机关抽调警力350余人，成立了19个抓捕小组，共抓获涉案人员19名，扣押作案电脑31台；S市公安局侦破涉网赌博案件49起，抓获违法犯罪嫌疑人53名，涉及境外赌博网站53个，投注总金额9800多万元，扣押涉案电脑51台。

5．2009年，J市公安机关根据上级安排与部署，于4月初组织开展了“09亮剑”专项行动，集中打击各类网络淫秽色情违法犯罪活动。在为期4个月的行动中，警方根据市民举报、网警部门网上巡查等途径，先后破获包括公安部督办的“红磨坊”色情淫秽网站案共11起，抓获违法犯罪人员26人，有效地维护了网上治安秩序。

第二节　J省网络社会防控体系建设概况

网络安全问题事关国家安全、社会稳定大局、公安工作全局，网络社会防控体系是社会治安防控体系的重要组成部分。为此，J省在全国较早开展网络社会防控体系建设。近年来，在J省省委、省政府和公安部领导下，全省各级公安机关积极适应社会信息化、动态化的新形势，按照省公安厅完善立体化、现代化社会治安防控体系，建设平安中国示范区的战略部署，深入推进网络社会防控工程建设，在突出抓好优化网上斗争实战机制、加快升级完善手段装备、夯实网络社会管理基础、全面整合力量资源四个方面的工作上，取得了明显成效，全省网络安全管理工作绩效保持全国领先，公安机关核心战斗力显著提升。

一、不断优化网上斗争实战机制

（一）优化完善网上舆情监测处置机制

加大经费投入，建设了全国领先的国家一级互联网监控中心，充实网上舆情监测警力，全面实行24小时不间断网上巡查勤务模式，全省初步形成由省到所的四级属地为主、错位交叉监控与巡查机制。同时，积极搭建与网络资源大省（市）舆情处置绿色通道，与驻省网络媒体建立了战略合作关系，全省网上舆情发现处置和引导控制能力明显提升。

（二）优化完善网上情报信息工作机制

省、市网安部门全面组建专业情报研判队伍，做到警力资源全面倾斜、技术手段全面开放、情报信息全面汇聚，开展实时化、综合性、深层次分析研判工作，有效提升了情报信息研判预警水平。

（三）优化完善网络犯罪常态打防机制

始终保持对网络违法犯罪严打高压态势，深入开展严打整治各类网络违法犯罪专项行动，先后组织开展了打击网络政治谣言、网络黑客、网络淫秽色情、网络赌博等专项行动。针对网络诈骗案件持续高发的情况，进一步建立完善网安部门现场必勘、驻点侦查、定向协作、宣传防范等新机制。积极协调电信部门研究落实钓鱼网站技术防范措施，取得了初步效果。

二、加快升级完善手段装备

（一）深化网络安全“大数据”实战应用

在建立完善各类网侦手段的基础上，在全国率先建成技术手段和信息资源高度集成、全省上下联动应用的网络安全综合平台，以此为基础，建立并进一步完善网络安全数据中心，全面推进网安“大数据”建设应用，目前数据存储规模已达 PB 级，百亿级海量数据查询响应时间达到秒级，比对准确率超过99%。同时，充分借鉴互联网企业经验，集聚专搜、数据魔方、可视化展示等多项综合查询研判功能于一体，网综平台查询应用更加优化，实战应用成效更加凸显。

（二）加强网侦技术自主研发

加大经费投入，建成全国公安机关首家网络安全重点实验室，现已全面投入实体化运行。此外，积极主动加强与部队、高校、科研院所合作，立足于网络攻防能力建设，有针对性地开展网侦工具研发，目前已自主研发出具备全国领先水平的网侦工具百余款，在实战中发挥了重要作用，得到普遍肯定。

（三）升级更新网侦手段装备

突出抓好移动互联网管控措施建设，全面部署公共无线上网认证措施和开展重点部位网络围栏建设。大力加强电子数据勘查取证能力建设，建成国家一级电子数据检验鉴定实验室，全省电子数据检验鉴定系统联网对接方案已经形成，部分市县两级系统实现了互联互通，全面开展了基层派出所手机智能终端信息采集工作。此外，进一步开阔视野，积极引进一批世界顶尖的勘察取证、定位追踪等网侦技术装备，实现全省共享共用。

三、夯实网络社会管理基础

（一）管好网上“人”

一方面，参照现实社会人口管理模式，按照“以人建库，一人一档”的原则，建设全省实有网民档案库，打造服务全警的“网上户籍身份库”，努力实现全省实有网民建档全覆盖，并向全警提供现实人口“网上档案”查询应用。另一方面，对网上各类重点人员，建立分级分类管控、联网动态管控、网上网下一体化管控工作机制，加强对全省列管涉网重点人员的管理和网上活动情况的监管。

（二）管好网上“地”

制定出台《互联网基础管理工作规范》，对互联网接入服务单位、互联网数据中心、互联网信息服务单位、联网单位等七类对象按照重要性进行分级管理，有效解决了网安部门基础管理工作干什么、怎么干的问题，同时积极协调科信部门对全省警务平台进行改造，在社区警务模块中增加相关功能，为基层所队开展涉网场所管控、基础信息采集等工作提供载体。对全省各大网吧、重点互联网数据中心、非经营性上网场所、重点联网单位、重点网络应用全面落实了管控措施。同时，在省内大型网站、基础电信运营商、连锁网吧建立了网安警务室，对省内重点网络服务提供商，建立了省厅和属地公安机关共同监管机制，阵地管控水平进一步提升。

（三）管好网上“事”

针对涉及面广、管控难度大的网络事件，一方面，积极推广属地管理经验，全面摸排事关本地活跃网民的真实身份，加强沟通联系、互动交流。另一方面，强化公开执法、主动管控，在互联网统一搭建网警平台，针对重点网络社区，实现一点登录、多点发布，全面开展网上公开执法和宣传服务，有效掌控网络舆论战场话语权。

四、全面整合力量资源

（一）做强做精做实网安专业队伍

一方面，健全网络安全保卫专门机构，建立了由省到县的三级网络安全保卫专门机构。另一方面，按照做精、做强、做实相应级别网络安全保卫机构的建设思路，坚持以专业化、实战化为导向，锻造网安核心队伍。此外，实施网安人才建设工程，推行全警网上学习考试积分制度，初步形成了布局合理、上下联动、素质过硬的网安队伍新格局。目前，与当地警察院校协同培养选拔网安专业人才工作已经正式启动并将形成长效机制。

（二）抓实抓细派出所网络社会管理工作

派出所是社会治安管理的最基层组织，同时也是网上网下最紧密的结合点，强化派出所网安工作对于加强网络社会防控体系建设具有基础性作用。为此，J省公安厅专门制定下发了《派出所互联网管理工作意见和分类指导规范》，并组织遴选示范派出所予以重点培育和推广。此外，积极协调信通部门，完成了全省警务平台与网综平台的对接，为基层派出所开展网络社会管理工作提供了技术支持。加强派出所网络社会管理队伍建设，全省所有派出所均落实了专兼职网警，部分派出所还建立了工作室，涉网信息采集、重点人员管控等工作取得了明显成效。

（三）积极构建群防群治工作格局

一方面，以切实加强网警队伍建设为龙头，进一步调优警种协作机制，打造全警管网格局。省市县三级公安机关全部成立了互联网管理领导协调小组，统筹资源力量，构建了合成作战体系，建立网情联判、专案联侦、人员联控工作机制，切实打好“组合拳”和“整体战”。各级公安机关普遍建立起“三侦”合成侦查队伍，有效提升了合成作战能力。同时，强化网安区域警务合作，与部分省市建立了数据资源共享和重点人联控等工作机制、网络舆情联动处置机制、打击网络诈骗协作机制等。另一方面，理顺外部协作关系，进一步密切与网信部门的协作与配合，理顺网络管理工作机制，与相关政府部门建立联席会议、联合执法检查、情况通报等工作机制。积极整合、高效利用社会资源力量，加强互联网管理，建立信息网络安全协会，形成了一支专业技术支撑力量和网络群防群治力量。此外，开通网警账号上线执法，查办网络违法犯罪。公安网警巡查执法账号主要职能包括：通过 24 小时巡查，及时发现网络各种违法犯罪信息和有害信息；制止网络违法犯罪和网上不良言行，对情节轻微的网民进行教育，对涉嫌违法犯罪的，依法追究相应法律责任；发布典型网络犯罪案例和警示防范信息；接受网民举报网上违法犯罪行为的线索，开展网上法制宣传教育等。

第三节　J 省网络社会防控体系建设的展望

J 省网络社会防控体系建设虽然取得一定的成绩，但当今社会科技发展日新月异，以大数据、云计算、移动互联网为核心的新技术迅猛发展，微博、微信等网络新应用层出不穷，对公安机关网络安全保卫工作带来了新挑战，给网络社会防控体系建设提出了新要求。适应 J 省省委、省政府和公安部深化公安工作改革最新部署要求，在总结固化全省网络社会防控工程建设工作的基础上，需要进一步推进全省网络社会防控体系升级工程建设。

一、网络社会综合防控体系的目标定位

开展网络社会综合防控体系建设，首要是明确公安机关网络社会防控体系的目标定位问题，这是进一步加强网络社会综合防控体系建设的出发点和根本遵循。理清目标定位问题，重点要紧扣四个方面来考虑：

一要对接中央要求。党和国家高度社会治理和网络安全工作，对加强社会治理和网络安全工作作出了一系列部署，核心要求包括两个方面：一是十八届三中全会明确提出的社会治理体系和治理能力现代化。网络社会治理体系和治理能力的现代化既是网络社会管理的根本目标，也是公安机关开展网络社会防控体系建设的着力点和落脚点。二是中央网络安全和信息化领导小

组第一次会议上提出的网上政治安全、网络空间清朗、网络安全保障有力、网络攻防实力均衡等国家网络安全战略的总体部署。公安机关开展网络社会防控体系建设必须紧紧围绕确保网上政治安全、公共安全和网络安全这一根本要求。总的来说，开展网络社会综合防控体系建设应该是公安机关对接中央新要求，全面提升网络社会管控能力的一条工作主线，这是今后数年网安工作的核心内容和战略决策，防控体系的目标定位首先需要明确这一点。

二要分析发展历程。经过10余年的发展，目前全国网安工作的组织体系基本建立，由部到市的三级公安机关全部成立了专职网络安全保卫机构，大部分县区公安机关也建立了相应的网络安全保卫机构，其中部分县区还在积极推进网安工作向基层派出所延伸。同时，各地网安部门初步建立了一整套覆盖网络各个环节的技术手段和管控措施，形成一套比较成熟的网上警务业务工作模式，网安部门在维护国家安全和社会稳定工作中也发挥了重要作用。但发展中也存在很大问题，如不有效解决，将制约网安工作的健康可持续发展。最为突出的，一是网安工作缺乏科学长效的顶层设计，包括网安部门的职能定位、体系架构等问题；二是网安工作缺乏一整套科学有效的理论体系和工作方法。开展网络社会防控体系建设，必须准确回答这些困惑和问题。

三要立足全警谋划。网络管理是公安工作的重要内容，网上综合防控体系也是社会治安综合防控体系的重要组成部分。特别是当前网上网下的界限愈发模糊，网络社会与现实社会联系愈加紧密。因此，研究谋划网络社会防控体系建设，必须立足于公安机关整体而不应仅仅局限于网安部门，必须坚持统筹网络社会和现实社会两个战场。当然，网络社会管理与现实社会管理也有明显不同，现实工作更多地强调“属地”，而互联网管理更多是强调“涉地”。因此既要将互联网管理纳入公安工作整体视角，又要跳出现有公安工作框架，紧紧抓住互联网的特点，网络社会综合防控体系要有鲜明的网络社会特点属性。

四要突出问题导向。网络社会防控体系建设涉及网安工作的方方面面，是一个统领网安工作发展的全局性工程，但这并不意味着研究部署网络社会防控体系建设要面面俱到，而一定要突出问题导向，瞄准重点难点问题，全面系统地提出思路对策。我们认为，当前制约网安工作发展的突出难题有五个方面：

一是情报工作不准不深问题，情报工作还普遍存在粗、滥、散的情况，情报信息资源分散，工作机制不完善，情报产品层次比较低，服务实战效能不足。

二是网上漏管失控问题，重点部位、重要阵地、关键环节技术建设不到位，互联网基础管理要素掌控不到位，比如无线上网、智慧城市、加密通信等。

三是网络舆情处置被动应对问题，网络舆情处置工作定位不准、职责不清、发现不及时、联动处置机制不健全。

四是网上安全防范问题，这既有面广量大的网络违法犯罪案件难以有效打击防范的问题，又有重点单位、重要信息系统安全防护不到位的问题。

五是公安机关网络综合管控机制不健全问题，与公安机关内部其他警种部门的职能边界划分不清晰、协作配合机制不顺畅，与基层派出所网络管理工作延伸对接不到位。

因此，开展防控体系建设应突出解决以上五个方面的问题。

基于以上考虑，我们认为网络社会综合防控体系建设的总体目标是：以党的十八大和十八届三中、四中、五中全会精神为指引，按照中央实施网络安全战略的总体部署，紧紧围绕全面提升国家安全和社会稳定能力的总要求，坚持依法管网、以人管网、技术管网、综合管网，紧盯互联网上的事件、人员、阵地、舆情等核心要素，按照现实化、属地化、动态化管控的思路，综合运用法律法规、行政监管、网侦技术、行业自律等多种手段，全面落实网上网下打防管控措施，加快构建集研判预警、打击防范、管理控制、宣传服务于一体的网络社会综合防控体系，建立形成适应社会发展要求的网络社会管理现代警务机制，形成全网覆盖、全时运转、全省联动、全警互动的网上工作格局，牢牢掌握新时期公安机关互联网管理和网上斗争主动权，全力维护网上政治安全、公共安全和网络安全。具体来讲：

在防控体系建设整体布局上，力求做到“四个更加”：一是体系架构更加科学。公安机关网络安全保卫工作职责更加清晰，各级公安机关网络防控体系建设任务更加明确，全网联动、全警管网的工作格局基本建立。二是工作机制更加完善。研判、调度、处置三位一体、紧密衔接、高效运转的网安警务机制逐步完善，网上打防管控一体化运行模式高效运转，网上网下联动配合有序有力。三是资源整合更加到位。有效整合网上各类数据资源和手段装备，全面构建形成集发现、控制、侦察、打击、防范于一体的网络社会防控核心技术体系。四是支撑保障更加有力。网络安全保卫实战力量建设到位，各警种部门和基层派出所网络社会管理任务落实到位，网上斗争各项组织保障措施全面强化。

在防控体系建设效能上，着力实现“四个提升”：一是网上情报预警能力显著提升。建立灵敏高效的网上情报工作机制和覆盖境内境外的情报搜集网络，做到对重大政治事件、群体性事件、暴力恐怖事件早发现、早研判、早预警。二是网络舆情导控能力显著提升。网上各类负面敏感舆情第一时间发现预警、第一时间有效处置，确保网络舆情管得住，网络空间更加清朗。三是网络社会管理服务水平显著提升。网上见警率和管事率明显提升，各类违法有害信息明显减少，涉网违法犯罪案件大幅下降，人民群众网络社会安全感明显增强。四是网络安全动态防护水平显著提升。网络安全监管的制度措施全面落实到位，信息网络基础实施和重要信息系统安全防护水平明显提升。

二、全面推进网安基础信息化转型升级，进一步提升网络要素掌控能力

（一）做强“专业网安”

进一步建强网络安全保卫部门，明确各级网络安全保卫部门以及派出所网络警务室的职能任务和职责定位，理顺网络安全保卫部门与其他警种部门之间的关系，建立长效机制，有效调动各方积极性。加强网络安全保卫专业人才队伍建设，不断充实网络安全保卫专业人才力量，加强对网络安全保卫人才队伍培训、考核与管理，不断提高专业工作能力、水平，调动工作积极性。

（二）做强“数据网安”

进一步扩大数据采集范围，延伸数据采集范围，全方位采集汇聚涉网数据资源。为此，一要强化外部协作获取。加强与相关部门和单位的协作，依

托公开管理职能，交换获取涉网数据信息。加强对重点网络应用单位的安全监管和信息采集，与重点网络应用建立警务合作机制，全面加强数据信息的采集。二要强化内部交换获取。积极推动网综平台与公安警综平台数据共享，积极适应三网融合等新业务发展，加强相关部门电信数据和互联网数据的融合，最大限度发挥综合效能。三要强化数据处理应用。应用“大数据”技术，调整完善省市两级网安“数据中心”，构建基础资源、业务资源、外部资源三大数据库体系，全方位汇聚各类数据资源，同时，强化数据“预处理”环节，实现各类信息高效整合应用。

（三）做强“智慧网安”

一是深化网情应用。在全面强化网情获取的基础上，加强网情的分析研判，及时做好网情推送，切实推进网情在公安实战中的应用。

二是完善网度应用。积极适应移动互联网特点，推动网安数据中心和地理信息系统对接，开展基于地理位置的网度应用。

三是探索网脉应用。对互联网海量数据进行实时处理，针对上网账号、手机号码、网络身份等核心要素，建立人与人、人与物、物与物之间的多维度、深层次、虚实对应的关联关系。

四是创新网域应用。重点在网络案件事件检测通报和网络案件预警防范等方面，建立分析模型、搭建应用平台，支撑社会防控能力的提高。

三、全面推进防控体系建设要件转型升级，着力夯实网络社会防控体系根基

（一）上网接入环节全面落实实名登记措施

积极推动落实网络实名制，依法督促基础电信运营商尽快落实手机实名注册和上网留存等措施。搭建网络身份实名验证平台，对家庭宽带上网、网吧上网、手机上网等所有上网环节，全面落实实名登记和采集措施。加快推进交互式服务网站落实实名登记措施，严格落实网吧等经营上网场所实名登记措施，实名登记率和公共场所身份认证率逐步达到100%。此外，要深入研

究落实非经营上网场所无线热点等方式上网的实名登记措施，使之落地并逐步加以推广。

（二）网络重要节点全面落实侦查管控措施

紧跟网络发展速度，加快推进网络侦控手段建设，尤其是省市所有互联网基础运营企业有线、无线互联网节点、IDC 等网络数据中心等重点环节，全面建立网上管控手段。加快推进网络管控手段建设，依法督促互联网数据中心全面落实安全保护技术措施，网吧全部安装运行实名制登记管理系统和网吧视频监控系统，督促宾馆饭店等非经营性上网服务场所建立落实安全保护技术措施。

（三）网上公共场所全面落实实时监控措施

针对用户规模较大的网站和网络应用，搭建资源共享查询、信息过滤处置、用户报警定位的网络管控平台，确保网络社区全方位落实人技结合的 24 小时动态巡查监控措施。引进“大数据”等先进技术，进一步建设完善全国公安机关一体化的互联网舆情监测系统，并全面延伸应用到基层派出所，形成由部到所五级错位监控网络，实现对网上违法有害信息的自动感知预警。

（四）网民活动轨迹全面落实日志记录措施

加快网综平台业务应用功能开发，全面汇聚整合各类数据资源，建成全省互联网数据中心，按需交换共享。加快推进全省实有网民基础信息库建设，打造形成服务全警的网上“居民户籍库”。加快推进公安机关电子数据检验鉴定实验室建设，派出所普遍建立网络数据勘查取证室，装备便携式电子数据采集设备，全方位采集入所审查人员涉网信息。

（五）重要信息系统要有防护措施

以实施等级保护为主线，全面落实对事关国家安全、经济命脉、社会稳定、公共利益的基础信息网络、重要信息系统的信息安全等级保护措施。建立完善网络和信息安全通报机制，由部到市三级公安机关建立网络和信息安全通报中心，打造网络安全态势预警感知平台，依托行业协会建立专业技术支撑队伍，及时发现预警和快速处置重大网络安全事件，有效提升基础网络安全防护水平。

四、全面推进网上斗争深化发展，进一步提升网上打防管控效能

（一）深入实施网络情报信息提档升级行动

把情报信息置于网安工作更加突出的位置，构建完善一体化情报侦察网络，提升网上情报主导警务水平。重点包括以下工作：

其一，做深网上情报收集工作。进一步建立完善网上情报收集的手段方法，坚持定期情报搜集与重要敏感期、重大安保活动、重大事件专项情报搜集相结合，建立完善情报搜集工作指导机制，建立健全重大事件网上情报预警机制，落实由事到人、由人到事的网上动态管控。进一步加强网侦队伍和机制建设，形成一张多层次、广角度搜集网上情报信息的人力资源网络。

其二，抓实情报综合研判。着力破解当前网上情报分散、应用不高问题，进一步改进和完善网上情报信息分析研判机制，省市网安部门成立专业化队伍，统筹指导和扎口负责网上情报信息工作，建立实时化、专题化、常态化的综合研判工作模式，并与同级相关警种部门建立情报共享和研判会商机制，建立网下落地核查，网安部门直接对接派出所的工作机制，强化网上网下情报对接核查，提升网上情报信息实战价值。

其三，调优情报工作流程机制。建立全国统一的网络情报资源库和由部至县的四级联网的网上情报信息工作平台，统一、规范地开展网上情报流转处置、核查反馈、考核评估工作。同时，依托网上情报信息平台和公安机关大情报系统的有效对接，及时将重大网络情报信息、情报研判成果推送相关警种，实现情报共享共用，为公安机关整体情报信息工作提供有力支撑。

（二）深入实施网络舆情监测体系提档升级行动

进一步强化“舆情就是警情”的实战意识，全力构建集“发现、处置、引导、反制”于一体的网络舆情工作体系，提升新媒体时代敏感舆情应对和重大突发事件处置水平。重点做好以下工作：

其一，落实网络舆情监测处置责任。严格落实各级公安机关对本地重大涉警涉稳网络舆情属地发现、报告和处置责任，严格落实各警种部门涉及本部门敏感网络舆情的发现、预警和网下调查处置、主动发声责任。严格落实公安机关内部新闻办、网安、宣传等部门网络舆情监测处置工作职责，理顺工作关系，明确职能定位，形成宣传、引导、管理相结合的网络舆情引导格局。

其二，完善网络舆情监测处置机制。搭建全国一体化互联网舆情系统，建立24小时网上动态巡查工作机制，升级改造省市互联网舆情分析系统，完善多元化的预警模型，实现网上智能预警全面延伸到县区公安机关和基层派出所。健全完善舆情每日汇总分析、会商研判以及快速反应机制，加强对网上违法有害信息快速处置、落地查证和依法查处工作。健全完善紧急状态下网络通信管制机制，根据工作需要，分区域、分时段、分等级实施断网、屏蔽等管制措施。建立与党委宣传、政府新闻办等有关部门多层面的沟通协调和舆情会商机制，积极构建与新闻媒体的良好沟通关系。

其三，加强舆情导控力量建设。开展基础信息摸底调查，落实网上网下相结合的管理措施，扩大重点管控视线，对网上有不良行为的网民适时教育、引导其发出正面声音。积极引导本地网民在本地网站、论坛、贴吧表达诉求、反映问题，畅通网民网上举报渠道。建立全省公安机关网络舆情专业导控队伍，构建一支兼职网评员队伍，积极协助公安机关开展网上舆情导控工作。

（三）深入实施网络犯罪打防质效提档升级行动

牢固树立“网络社会是法治社会”的理念，坚持以我为主、主动出击、情报引领、打防并举，全面维护网络社会治安秩序，切实做到网络案件“底数清、情况明、打击防范有力，网上发案少、秩序好、人民群众满意”。重点做好以下工作：

其一，强化基础工作。依托信息化手段和基层派出所工作，建立完善涉网案件数据自动采集汇聚机制，做到对涉网案件发案情况底数清、情况明。建立全国范围的涉网违法犯罪案件统一举报、受理系统，有效规范举报受理、跨区域案件线索串并、移交等工作。明确界定网络案件侦办工作职责任务，合理划分各地公安机关管辖范围和职责边界，完善跨地域案件的受理、初查、串并、移交、立案、侦查等协作配合机制。

其二，强化情报导侦。建立完善网络犯罪情报导侦工作机制，加强对网络社会治安状况的总体分析，加强对特定类型网络违法犯罪的跟踪研判，有针对性地开展专项打击整治行动。深化网综平台等系统实战应用，搭建完善各类工作模型，主动挖掘研判案件线索，提升主动精确打击水平。

其三，强化合成打防。县级以上公安机关全面建立落实重点案件网侦同步上案机制。进一步调整优化积分制考核激励制度，建立网上打处绩效评估标准，推动多警钟合成侦查机制切实落到实处。积极会同相关部门和电信运营企业，研究落实源头技术防范控制措施，全方位加强网络宣传防范工作，坚决遏制网络犯罪高发势头。健全完善公安机关与有关行政执法部门联动查处网络伪网站、黑网吧、制假售假、侵犯知识产权等犯罪工作机制。进一步完善跨区域的网络犯罪情报线索通报、查证反馈、联合行动机制。

（四）深入实施网络安全监管能力提档升级行动

依法履行信息网络安全监管职责，坚持源头管控、动态监管、应急处置，有效防范和快速处置各类网络安全事件。重点做好以下工作：

其一，强化源头管控措施。积极推动建立公安机关牵头负责的网络应用安全评估制度，行业部门开展信息系统建设、互联网服务单位推出新型应用前，必须通过公安机关等部门的安全审核评估，加强网络产品和应用的安全管理。严格落实网络安全产品检验鉴定制度，对不符合安全标准的产品一律不得对外销售。建立健全公安机关网络安全监管执法体系，强化事前安全审查、事中检查指导和事后行政处罚措施，建立重点网络应用和互联网服务单位法人约谈制度，督促落实信息网络安全管理制度和技术防范措施。积极推进网络应用后台实名制，搭建身份认证平台，落实用户身份核验工作。建立公安机关网络安全警务室，前置管理触角，加强安全监管。对特大型网站和重点网络应用建立部省和属地公安机关共同监管机制，提高监管效能。

其二，突出重点信息系统。全面加强信息安全等级保护工作，依法督促指导事关国家安全、经济命脉、社会稳定、公共利益的基础信息网络、重要信息系统和政府网站，全面落实信息安全等级保护措施。依托信息网络协会，整合社会力量和资源，建立常态化的技术监测、安全检查、测评定级等工作机制，联合行业主管部门开展重要信息系统安全监察工作，建立全省信息安全等级保护管理系统，全面列装等保检查箱，督促指导重要信息系统全面落实信息安全等级保护措施。积极推动等保工作向县区延伸，加强对县级以上政府网站和重要商业网站的安全监管，有效提升网络安全防护水平。

其三，提升应急处置能力。加强信息安全通报和监测预警机制建设，省市两级网安部门要全部成立网络和信息安全通报中心，搭建全省互联网安全监测通报平台，与国家互联网通报中心建立长效合作关系，及时开展网络安全监测预警和信息通报，逐步形成以各级通报中心为核心，重要行业部门和重点网络企业为成员，安全技术企业单位为支撑的网络安全通报预警机制。要建立健全重大网络安全突发事件应急处置机制，严格落实信息网络案件和安全事件报告制度，进一步优化完善应急处置预案，省市两级公安机关组建一支内外结合、梯次合理的应急处置专家组和社会联动队伍，全面提升公安机关网络安全应急处置能力。

（五）深入实施网上警民关系和谐提档升级行动

主动适应网络时代群众工作新特点，积极构建网上和谐警民关系，重点打造“三大平台”：

其一，网上警民联系平台。大力推进网安警务室、网上报警岗亭、网上110报警平台建设，畅通网民投诉举报和报警求助渠道，完善网民信息处理机制，提高网上“见警率”“管事率”，依托互联网载体，深入开展网上走访、网上评警、在线访谈、网民恳谈等工作，构建“网络问政”新机制。进一步整合公安微博、门户网站、警务QQ群等互联网资源，建立覆盖各类不同群体的“网上警方”互动交流平台。

其二，网上办事服务平台。大力推动公安机关“网上公安局”“网上派出所”“网上警务室”建设，运用互联网做好警务公开、便民服务等工作。升级完善全省网上办事服务平台，梳理推出一批贴近民生需求、富有创新特色的网上服务举措，真正做到“让数据多跑路，群众少跑路”，进一步创新服务群众方法，在交通处理、证件办理、社区服务等方面，研发智能手机应用软件，供手机用户下载使用，提升服务效能。

其三，网上群防群治平台。在全省公安机关部署开展网络群防群治工程建设，大力推进网上“信息员”“安全员”“消防员”“协管员”四支队伍建设，建立行政管理、行业自治、网民自律有机结合的网上群防群治工作格局。

五、全面推进警务机制改革创新，进一步提升网络社会管理实战化水平

（一）打造实体化的网络防控综合调度中心

面对当前日益严峻的网上斗争形势和网上网下无缝对接的迫切需要，网络社会防控体系高效运转，首要就是打造以网上综合调度中心为龙头，反应迅速、协调有力、资源共享的快速反应和整体作战机制。必须立足当前需要，加快推进实战型网络防控综合调度中心建设，省市网安部门全部建立多功能、实战型的网上作战大厅，实现情报指挥一体化运作，全网扁平化调度，提高快速反应能力。进一步强化全省联动、垂直指挥的应急响应机制，对处置网上重大舆情、应对重大网络安全事件、侦办跨省市重大网络犯罪案件等工作，下级网安部门主要服从上级网安部门的条线指挥。

（二）健全完善主动的网安警务运行机制

进一步强化网安部门实战功能，按照警力跟着网情走的要求，建立科学灵活的勤务运行机制，保证网上实战警务 24 小时不间断。要进一步总结完善专项会战、驻点侦查等实战警务模式，在现有网络诈骗案件驻点侦查工作的基础上，积极探索在网络资源集中地建立派驻网安工作组，密切与当地网安部门和互联网企业的联络，提升各类事件的快速响应能力。要全面推进网安部门服务实战斗争“三同步”机制建设，即重大案件网安部门同步上案，开展侦查取证工作；重大突发事件网安部门同步到场，开展网上处置工作；重大安保活动网安部门同步进驻，落实网上各项工作措施。

（三）健全完善规范的涉网执法勤务机制

积极推动互联网安全管理地方立法和司法解释的制定出台，加强网安民

警法律知识和执法技能培训，进一步提升网安部门法律运用能力和执法办案水平。进一步深化网安执法规范化建设，省市网安部门全面设立执法监督机构或专职法制员队伍，强化对网安刑事司法、行政执法和技术手段使用的监督管理。依托网综平台，进一步完善业务工作在线流转、执法过程在线监督、绩效考核在线进行的规范化工作体系。

（四）健全完善专业的网警队伍保障机制

大力加强网安专业队伍建设，做强省市网安部门，做实县级网安大队。特别是针对当前市局网安支队人员力量与工作任务极不适应的情况，全面加强市级网安队伍建设，实现人员力量翻一番，突出做优做专各类专业队伍。要进一步加大专业人才引进培养力度，推进网安特殊人才招录改革，多渠道提升特殊人才福利待遇，建立完善专业技术人才管理、使用、激励等制度机制。进一步优化县级网安队伍建设，保持一支精干稳定的县级网安队伍。切实用好管好文职人员，使之成为网安部门的重要辅助力量。

六、全面推进力量资源优化整合，进一步提升网络社会整体管控能力

（一）推动建立各方齐抓共管格局

要积极争取将网络社会防控体系建设纳入平安建设的总体规划，列为网络安全和信息化工作的重点工程，努力构建“大防控”格局。在省网络安全和信息化领导小组统一领导下，要主动对接相关网络社会管理部门，建立常态化的联动工作模式，推进数据资源整合共享，健全完善防范打击网络犯罪协作、网络安全通报预警、网络舆情联动处置等网上联合执法工作机制，着力形成部门协作、齐抓共管的工作局面。

（二）调优调顺警种合成作战机制

要积极推进各警种业务工作向网络空间延伸，发挥公安机关的全警作战优势，实现网上网下工作有机衔接。网安部门要全面落实网上对接服务措施，

建立边界服务平台，将网上重要工作信息第一时间推送相关警种部门。同时，建立落实网安部门与各警种之间“网上监管—情报报送—措施落实—信息反馈—优化监管”的全流程工作体系，实现网上网下实战警务的闭环运行，切实提升整体工作效能。

（三）着力打造派出所互联网警务模式

要积极推动派出所传统警务工作向网络社会延伸，落实专兼职网警力量，最大限度地应用网安专业手段资源，实现网安基础工作与派出所执法办案、社区巡逻、勤务指挥、宣传防范等传统社区警务有机融合。在全省警务“大数据”工程总体框架下，为派出所一线民警开发个性化、定制化的网安专业服务 APP，第一时间将有关情况和信息推送到民警警务通终端，并同步录入采集获取网安基础工作信息。

七、强化网络社会防控体系建设组织保障

（一）强化组织保障

各地要积极争取党委、政府和有关部门的重视支持，将网络社会防控体系建设纳入本地平安建设的总体规划，列为网络安全和信息化工作的重点工程，推动构建网络社会“大防控”格局。各级公安机关要把网络社会防控体系建设作为“一把手”工程，摆到突出位置，深入研究谋划、统筹协调推进。要成立专门机构，明确牵头部门，落实相关警种部门和基层派出所责任，实现网上网下工作有机衔接。要统筹本地经济社会和网络发展实际，认真研究制定建设规划和具体方案，实施项目化管理，确保各项工作扎实有力推进。

（二）完善法制保障

积极提请有关部门尽快出台网络安全基本法，明确政府、互联网企业和网民等各方主体的网络安全权利义务责任，重点解决上网实名管理、落实运营商网络安全责任、建立实施网络应用安全风险评估制度、网络违法犯罪行为界定等互联网管理的源头性问题。对现行刑法、刑事诉讼法、治安管理处

罚法等相关条文作进一步修改、补充、完善，从专门法和基本法出发建立配套的行政法规、部门规章以及相关规范性文件，制定出台公安机关办理网络行政案件、刑事案件程序规定。加强培训指导，引导各地用足用好现行法律法规，更好地运用法律武器，推进防控体系建设，维护网络安全稳定。

（三）加大投入保障

充分发挥网安部门的牵头作用，大力加强网安专业队伍建设，做大省市公安网安部门，做实县级网安大队，科学规划和优化调整网安警务机制和工作模式，加快推进网安警务工作、技术装备、专业队伍的现代化建设步伐。要积极推动派出所落实专兼职网警力量，推进派出所互联网安全管理工作深入开展，各主要业务警种全部建立网侦联络员制度，建立网上网下密切联系的有效通道。要积极推动建立网络社会防控体系建设经费保障机制，采取财政单独立项或公安经费切块保障等方式，对经费需求较大的网侦手段和技术装备建设，予以全额优先保障。

（四）优化考核督导

要积极协调争取将网络社会防控体系建设纳入年终社会治安综治考核，调整增加在全省公安机关绩效综合考评中的分值，选取核心工作指标，制定科学的考核评估标准，对工作成效显著的予以表彰奖励，对工作不力的地方、部门和单位及时督促整改，充分发挥考核奖惩机制的导向作用，推动各项工作责任的落实。网安部门作为网络社会防控体系建设的牵头部门，要加大督促检查和工作指导力度、及时总结推广成功经验、选树先进典型、构建常态长效机制。

第四节 J省网络社会综合防控体系建设典型实例

网络社会综合防控体系建设离不开全省各级各地公安机关的共同努力，长期以来，全省公安机关在省厅的统一领导下，统筹协调、上下联通，始终将网络社会综合防控体系建设作为社会治安防控体系的重要战略组成部分常抓不懈，取得显著成效，涌现出大量值得广泛推广的典型做法。

一、S 市局加强互联网舆情监控系统建设

长期以来，S 市局网警支队按照上级部署，着力开展全市互联网监控体系建设，主动研发一体化网情智能预警处置系统（即互联网舆情监控系统），实现了互联网监控方式由人工巡查向信息化自动监测转变，覆盖范围由重点网站向全媒体覆盖转变，处置方式由事后化解向源头预警转变，得到了公安部等上级领导的充分肯定。其主要做法是：

一是研发一体化网情智能预警处置系统。引入先进的云计算技术，从海量的互联网数据中采集与当地有关的各类信息和舆情热点，并在全国首创舆情指数化理念，将搜集的信息通过系统绘制成曲线，图形化、直观化、动态化展示舆情走势，实现了网站监控、实时预警等功能的自动完成，以信息化促进专业化，大大提高工作效率。目前巡查覆盖数万家，预警范围涵盖教育医疗、食品卫生、社会经济、安全生产等各个方面，运行至今成功预警网上不安定线索数千条。

二是开展互联网监控中心建设。在市局网安部门设互联网监控主中心，在下设各区县公安机关网安部门设互联网监控分中心，在各级党委宣传部门建立同步中心。以监控中心平台为节点，通过视频指挥调度实现省、市、县纵向实时联动，通过数据同步和信息推送，做到公安机关、宣传部和其他政府职能部门的横向信息交互和联勤联动。

三是开展互联网舆情监控系统推送工作。通过政务网向相关政府职能部门和事业单位延伸并建立联系点，通过公安网向基层派出所延伸并拓展互联网警务工作室（即网安警务室）功能，定制并推送与之相关的特定舆情，建立健全舆情处置、反馈机制，形成点面结合、覆盖全市的互联网监控体系。

一体化网情智能预警处置系统的运用，取得良好成效，实现了网络安全管理三个方面的转变：

一是监控方式由人工巡查向信息化自动监测转变。打破多年来依靠人工浏览、甄别、搜索的劳动密集型监控模式，依托互联网舆情监控系统，对“事关当地、事关稳定、事关经济民生”网上信息进行实时采集和自动分析。

工作范围从单一涉稳信息拓展到国计民生、信访维权、安全事故、食品卫生、经济民生等各个方面。信息化自动监测有效减轻了网警部门的工作压力，减少了相关政府职能部门的人力配置，也进一步拓展了派出所网安工作的范畴。

二是覆盖范围由重点网站向全媒体覆盖转变。依托一体化网情智能预警处置系统，网上监控的覆盖范围从网站为主，向全媒体延伸，从重点网站为主，向全覆盖延伸，网上监控触角从境内向境外延伸。

三是处置方式由事后化解向源头预警的转变。依托一体化平台和网上作战机制，通过与相关职能部门、基层派出所之间的舆情推送和联勤联动机制，对于网上不安定因素，从过去发酵后网上“删、封、堵”，转变为现在发酵前网上网下联动，各职能部门主动介入、提前化解。

二、C 市局大力加强警务大数据工程建设

C 市局于 2013 年 3 月被确定为全省市级数据中心建设试点城市，并于 2015 年 2 月被确定为公安部数据标准化 11 个地市级试点单位之一。

（一）总体思路

一是确立工作理念。按照“实战、实用、实效”的理念，开展警务大数据和信息化建设应用工作。

二是严格扎口管理。严格落实公安部关于“信息资源共享工作由科信部门牵头，信息资源全部汇聚到科信部门管理”的要求，强化数据信息共享管理。

三是明确框架体系。构建以“人、案（警情）、车、单位、地址”为专题要素，以“应急指挥、反恐维稳、治安防范、侦查破案、民生服务”为重点业务方向，以“合成指挥、合成维稳、合成防范、合成研判、合成作战”为警务机制的“五纵、五横、五联”大数据应用框架体系，做好顶层设计。

（二）组织推进

宏观层面，牢固树立“谁赢得了大数据，谁就赢得了未来”的理念，把警务大数据工程作为引领和推动公安工作创新发展的基础性、先导性工作来

谋划，用大数据思维引领和推进公安工作创新发展。市局出台《“警务大数据”工程建设应用工作实施意见》，指导全市开展“警务大数据”工程的建设应用工作。

微观层面，树立三个方面意识：一是数据全面性意识。分析判断不仅仅满足于案例分析或抽样调查，而是尽可能采集和应用更加全面的数据用于分析。二是数据相关性意识。充分运用“在相关关系分析法基础上进行预测”这一“大数据”的核心思路，在预警分析等方面大胆尝试。三是数据规律性意识。充分挖掘已有数据内在价值，寻找其中规律，进而预测发展趋势。同时，在实际应用过程中，统筹考虑大数据、小数据的应用场景，因材施用、用其所长、相辅相成。

（三）基础保障

一是建立基础设施云环境。将全局200余个应用部署到市局云计算平台，节约机房用电、散热和机柜空间近60%，实现了基础设施资源按需使用、绿色节能。将全市35亿条车辆卡口信息导入海量数据处理环境，车辆查询分析响应时间从8秒钟缩短到1秒钟、区域碰撞响应时间从5分钟缩短到10秒钟。引进分布式搜索引擎技术，全市239类结构化和非结构化数据统一建库，任意关键字全库搜索时间控制在3秒钟以内，实现了电子笔录等非结构化数据的分析应用。

二是建立数据资源生产体系。从五个方面加大数据资源整合力度：对上争取公安部、省厅支持，获取全国人口信息等请求服务接口20个；中间争取党委政府、同行支持，梳理上报政务数据资源需求近200条，与市检察院、工商局和邻地公安等部门开展共享交换；对下落实数据采集；对外整合互联网数据资源，推进互联网实名制交易数据收集工作，自主研发模块抓取互联网数据；对内加强专业部门数据资源整合，与专业警种对接，获取互联网数据。积极探索移动互联状态下的社会化采集新模式，如利用手机App软件实现物品信息和价值视频数据的采集、交换、整合。结合基础信息化提档升级工作统筹规划人工、技术、社会三大类源头信息采集，建立全市公安源头信息采集目录标准；建设全警采集、全警协作、全警共享的数据采集新机制，切实把源头数据采集的责任分解落实到位。建立源头信息质量监督管理制度，严格实行信息质量终身负责制，确保源头信息真实、准确、鲜活、管用。

三是建立数据标准化管理体系。推行目录管理、质量管理、标准规范“三项措施”。推行目录管理，即实现目录结构、内容按权限查询、浏览，动态统计入库数据，自动监控数据采集任务、资源变化情况，发现异常状态及时预警等功能。推行质量管理，即依据公安部和省厅的数据标准规范，建立数据质量管理平台。推行标准规范，即基于标准规范构建信息资源库，面向全警查询应用。

四是建立数据安全访问体系。落实访问授权、日志审计、分级管理三项措施：落实访问授权。对各类数据资源采用按需授权模式，与数字证书、手机短信捆绑，实现数据资源在线申请、即时授权和按需访问。落实日志审计。采购专用数据安全审计设备，实现数据层访问操作的安全监控和日志审计；在各应用系统数据库建设时，同步建设应用日志登记功能，实现系统访问和数据调用轨迹的自动记录管理。落实分级管理。对各类数据实行等级化管理，建立相关数据库，并必须严格办理审批手续。

五是建立数据应用服务体系。在确保安全前提下，提供综合服务、专业服务和定制服务三项服务。提供综合服务，建设信息资源服务平台，提供查询、统计、提醒、分析四类主题服务。提供专业服务，对数据分析挖掘类应用需求，由业务部门推送具体分析模型，以服务的方式推送分析结果，为大型专项行动提供专门服务。提供定制服务，面向全警开放统一标准的数据定制服务。

六是建立人才队伍保障体系。制定公安科技信息化人才管理办法和创新型、复合型人才培养发展计划，在市局、辖市区局和警种部门、基层所队三个层面，分别建好专业技术人员、数据分析员、科技管理员三支队伍，推行专业人才聘用任用制度，创新专业人才的培养、使用、评价、流动和激励机制。建立全市公安科技信息化专家人才库，实施信息化“111”人才工程。

（四）实战应用

一是大数据可视化。目前，市局数据中心已汇聚 5 大类来源、578 类警情，共 67.22 亿条数据。依托各种可视化工具，对人员、警情、车辆、图像、地理 5 大类核心数据资源进行实时监测，各级指挥员能够快速、直观地了解掌握全市治安形势、警情态势和面上工作情况，依托客观的数据实现科学的决策。

二是大数据挖掘分析。通过对盗窃电动车打处人员通讯录信息以及全部入所人员通讯录分析，找出入所审查人员的通讯录中共同的关系号码或联系人，发现需要重点关注通讯号码，随后形成工作指令、开展经营研判。这种分析方法本身不是源自案件发生，正是大数据相关关系的表现，不关注“为什么”，只关注“是什么”。

三是犯罪时空分析。利用犯罪案件空间既定的原则，破解犯罪行为预防难问题；利用案件的时空特征，破解“由人到案”“由案到人”载体问题。建立“一人一档”，设置人员属性维度，可查看人员的基本信息、详细住址、联系方式等。基于大数据图数据库技术，对关注的人员关系可进一步的挖掘，可快速查询某人的多层关系，以及多人之间的关系。

三、J 市局多措并举全面提升网上作战水平见成效

近年来，J 市局深入贯彻“网络社会现实化管控”工作理念，通过整合资源、创新方法，不断强化网侦和刑侦、技侦、图侦的联动配合机制，努力构建网上“管、控、侦、防”一体化格局，全面提升网上作战水平。

（一）强化联动协作，提升打击合力

加强多警种、跨区域和社会行业之间的协作配合，多途径集合资源，服务网安实战需要，不断集聚打击涉网犯罪合力。一是加强内部联侦协作。健全完善多警种会商联侦机制，通过横向协作，有效深化“由人到案、由物到案、由案到案”的侦查模式，凸显“1 + 1 > 2”的集约效应。二是加强跨区域配合协作。主动加强与外地公安机关特别是网络电信诈骗高危地区警种部门的沟通交流，发挥异地资源优势，为信息查询、人员布控、资金冻结、远程追赃等提供多方支持。三是加强相关行业单位关联协作。密切与电信、移动运营商以及大型网络公司的联络协作，及时获取涉案数据，为固定电子证据、开展后续侦查打下基础。

（二）强化战术运用，扩增侦查绩效

不断总结整理各类典型案例及侦查方法，及时归纳提炼成“技战法”在民警中推广应用，有效提高了民警实战能力和破案绩效。一是针对涉网案件多为团伙作案的特点，采取多警协作，多地联动，同时抓捕，同步收网，实现打击成效的最大化。二是在做好基础信息数据采集的基础上，通过信息碰撞，使抓捕更精准、速度更快捷。三是加强对重点区域的网上巡查力度，及时主动发现各类涉网违法犯罪线索，循线经营，一查到底。

（三）强化机制建设，夯实工作基础

高度重视网安工作机制建设，通过健全完善合成侦查、一案一议等工作机制，为提升队伍能力素质和工作整体绩效的奠定坚实基础。一是推行合成作战例会机制，多部门和警种实行每周碰头、定期会商，切实打破警种壁垒、业务界限，采取有效手段破案攻坚，最大限度将源头线索转化为现实战果。二是强化一案一议学习机制。坚持“打一仗、一反思，破一案、一总结”制度，及时对破获的典型案件、有影响案件及时进行梳理总结，固化经验，帮助民警拓宽办案思路、提高侦查办案水平。

四、Y 市局推进网络社会属地治理再上新台阶

近年来，Y 市局充分发挥网络安全保卫职能，坚持以加强和改进网络安全管理为切入点，以推进重要信息系统安全等级保护为龙头，以县级公安机关网安部门等级化创建为契机，建立健全了“网络社会属地治理四级管控”工作机制，网安基础工作得到夯实，初步形成了全警触网的网络社会现实化大管控工作格局。

（一）优化顶层设计，理清思路谋划网安基础工作的发展之路

网安基础管理工作是网安工作可持续发展的根基和生命线。为此，一是加强协调，提升站位。主动与市委、市政府及相关职能部门沟通对接，建立并形成“党委领导、政府主导；公安牵头、行业配合；突出重点、兼顾全面；

条线结合、共同推进”的互联网基础管理工作机制。将安全保护技术措施建设、信息安全等级保护工作、国际联网备案管理等基础工作纳入市委市政府《关于加强和改进全市互联网管理工作的实施意见》等文件中，将网络社会综合防控体系建设纳入政府规划范畴，改变了公安机关以往“单打一”的工作局面。二是强化调研，明确方向。以新形势下网安工作长远发展为课题，深入基层公安机关及警种部门开展调研，确立了“网安基层基础为主题、网络社会属地治理四级管控工作机制为主线，不断推动网安工作提档升级”的工作思路。同时，精心制定网络安全保卫基础建设方案，将建设任务逐一分解落实到各网安大队和基层派出所，采取领导挂点督导、项目专项督察、定期通报进度、实行责任追究等措施，强势推进。三是提高认识，明确重点。新媒体时代谁控制了网络，谁就掌握了平安建设的主动权。一方面，通过会议宣传、业务培训、考核通报等形式，大力引导全市公安机关提高对网安基础管理工作的重要作用的认识；它是基层公安机关做好公安管理工作的重要环节、是打击涉网违法犯罪和维护网络社会稳定的重要保障。另一方面，市局成立由“一把手”挂帅、主要警种部门负责同志参加的互联网管理工作协调小组，健全工作机制，全市上下形成了“点面结合、纵横交叉、多级联动、立体推进”的治理氛围。

（二）坚持高标建设，多措并举探索网安基础工作的保障之路

从机制、技术、规范三方面入手，切实加大建设管理力度。一是机制支撑。探索建立并大力完善“市局管面、县（市、区）局管线、派出所管块、社区民警管片”的“网络社会属地治理四级管控”工作机制。在市局层面：建成并推广应用“网安业务双推双办快捷通”服务平台，建立了网安部门与其他警种和基层公安机关网安基础数据查询、情报线索流转、任务交办和申办、涉网案件查处的工作机制，打通上下级之间、警种部门之间、网安与基层派出所之间以及网安内部各级平行部门细分业务之间的通道，破解网安信息化应用中多网安全应用壁垒，众多业务应用系统联动管理的难题，提升了网安业务工作效率；按照“一个办公区、一组工作台、一班人马、一套工作机制”“四个一”的要求，国保、刑侦等警种在网安支队设立“网侦工作站”，建成警种网侦联络员队伍，打通了各警种快速协作的通道，形成大问题

小门槛、小部门大综合的实战应用格局；深化合成作战，积极参与市局接处警联合扁平化指挥建设。通过网综平台延伸应用、互联网舆情监测系统、“网安业务双推双办快捷通”服务平台，探索建立网侦24小时服务各警种和基层一线的业务工作模式。在县（市、区）局层面：在推进“市县两级网侦工作模式”的基础上，不断深化县级网安大队等级化达标建设；大力推广属地检察院在网安大队设立驻点办公室，推动疑难涉网案件检法提前介入指导。在派出所层面：加强基层网安警务室建设，统一网安警务室标识，明确“一所、一长、一室、一员、一协、一证”的“六个一”的建设要求，制定出台《全市基层派出所“网安警务室”工作规范》，规范网安基础工作规程，统一工作台账格式，全市各派出所全部建成了网安警务室；积极开展专兼职网安队伍建设，大力推动网络社会防控进社区，建设专兼职网安民警队伍，并实行持证上岗制度，让网安业务接地气，形成网安工作全局化，网络社会底层管控现实化。二是技术支撑。切实推进网侦基础手段建设和资源整合，积极开展国家二级电子数据检验鉴定室建设工作，做好固网系统扩容升级；强化“网综平台”建设，开展了系列高端业务应用，为网安工作提供了重要的技术保障；建成互联网舆情监测系统，并将系统应用延伸至派出所网安警务室，完善“市、县（区）、派出所、社区民警”四级应用体系，全面提高网上作战合力。三是规范支撑。印发《全市公安机关“网络社会属地治理四级管控”工作目标考核办法》，明确网安大队、基层派出所各项指标，将网安工作涉及面上量化采集工作向基层延伸和县局延伸。专门编印《“网络社会属地治理四级管控”网安业务手册（派出所篇）》《互联网基础管理工作菜单（社区民警篇）》《互联网基础管理“七步工作法”（社区民警篇）》三项业务指南，逐步将成熟的网安业务规范固化，做到“质有标杆，量有标尺”。

（三）创新方式方法，夯实根基探求网安基础工作的推进之路

结合本地实际，创新开展工作。一是创新开展信息安全等级保护工作。确定等保工作的基础和龙头地位，成立市信息安全等级保护工作领导小组，搭建“信息安全等级保护网”工作平台，建立等级保护联络员队伍，全面推进互联网基础管理质的深化、量的提升；推广应用“国际联网信息备案管理平台”，实行属地备案管理制度；建立“社区民警采集、专兼职网警预审、县

级网安部门初查复审、市级网安部门反查倒查”的四级备案管理机制。二是创新开展互联网安全保护技术措施建设。成立全市网安工程建设领导小组，提请市委市政府印发《全市非经营性上网服务单位落实安全保护技术措施集中会战实施方案》，根据公安部“统一平台、统一标准、统一接口”要求，市网安工程建设办组织财政局等社会专家、公安专家以及企业和业主代表参加的产品选型评估会；在全市党政机关等联网单位全面建设互联网安全保护技术措施。三是创新开展网吧安全监管工作。通过“一网管”系统，建立“社区民警、派出所、网安大队、网安支队”的四级监管机制，认真落实“五查五抓”措施，确保全市网吧安全规范经营和网吧实名登记系统、视频监控系统、拍照系统的常态运行。

（四）转变服务理念，面向实战寻求网安基础工作的反哺之路

进一步拓展群众工作路径，充分运用网上派出所、网上警务室、民警个人微博等网络媒体资源及能为公安机关所用的网络论坛、微信、手机短信平台发布发送“治安预警”防范类信息和宣传信息；通过行政引导指导、行政告知警示、流动办事服务，建立“行政预告”制度，提高零发案管理服务水平；建立面向群众的24小时网安办事“服务预约”制度。

参考文献

1. 尹建国：《我国网络信息的政府治理机制研究》，载《中国法学》2015年第1期。

2. 谢俊贵：《中国特色虚拟社会管理综治模式引论》，载《社会科学研究》2013年第5期。

3. 党高聪：《网络舆论的消极影响与有效监管》，载《中共天津市委党校学报》2014年2期。

4. 何哲：《网络社会治理的若干关键理论问题及治理策略》，载《理论与改革》2013年第3期。

5. 杨述明：《现代社会治理体系的五种基本构成》，载《江汉论坛》2015年第2期。

6. 金国坤：《国家治理体系现代化视域下的行政组织立法》，载《行政法学研究》2014年第10期。

7. 陶希东：《国家治理体系应包括五大基本内容》，载《学习时报》2013年12月30日。

8. 陈力丹：《论突发性事件的信息公开和新闻发布》，载《南京社会科学》2010年第3期。

9. ［美］凯斯·桑斯坦：《网络民主共和国：网络社会中的民主问题》，黄维明译，上海世纪出版集团2003年版。

10. ［美］库巴利加：《互联网治理》，中国互联网协会译，人民邮电出版社2005年版。

11. 刘文富：《网络政治——网络社会与国家治理》，商务印书馆2002年版。

12. 李永刚：《我们的防火墙：网络时代的表达与监督》，广西师范大学出版社2009年版。

13. 甄丹华：《因特网发展中的公共政策选择》，北京邮电大学出版社2004年版。

14. 顾丽梅：《信息社会的政府治理》，天津人民出版社2003年版。

15. 马俊：《中国的互联网治理》，中国发展出版社2011年版。

16. 钟忠：《中国互联网治理问题研究》，金城出版社2010年版。

17. 唐守廉：《互联网及其治理》，北京邮电大学出版社2008年版。

18. 风笑天：《社会学研究方法论》，中国人民大学出版社2010年版。

19. 李柯：《日本信息通讯法研究》，光明日报出版社2011年版。

20. ［美］埃莉诺·奥斯特罗姆：《公共事物的治理之道：集体行动制度的演进》，余逊达、陈旭东译，上海三联书店2000年版。

21. 唐子才、梁雄健：《互联网规制理论与实践》，北京邮电大学出版社2008年版。

22. ［美］詹姆斯·E·凯茨、罗纳德·E·莱斯：《互联网使用的社会影响》，郝芳、刘长江译，商务印书馆2007年版。

23. ［美］理查德·斯皮内洛：《铁笼，还是乌托邦——网络空间的道德与法律》，李伦等译，北京大学出版社2007年版。

24. 杜敬明等：《互联网时代的法律探索》，法律出版社2004年版。

25. ［英］萨莉·斯皮尔伯利：《媒体法》，武汉大学出版社2004年版。

26. ［美］约瑟夫·斯特劳巴哈、罗伯特·拉罗斯：《信息时代的传播媒介》，熊澄宇等译，清华大学出版社2002年版。

27. ［美］哈伊：《美国法律概论》，沈宗灵译，北京大学出版社1997年版。

28. 宫志刚、李小波：《社会治安防控体系若干基本问题研究》，载《中国人民公安大学学报（社会科学版）》2014年第2期。

29. 杨俊：《社会治安防控体系之基本内涵、运行模式和功能界定》，载《学海》2012年第3期。

30. 曹海东：《网络“虚拟社会”综合治理研究》，上海交通大学2010年硕士学位论文。

31. 吴惠羽：《潍坊市高新区农村社会治安防控体系研究》，中国海洋大学2013年硕士学位论文。

32. 宫克：《我国城市社会治安防控体系研究》，大连理工大学 2005 年硕士学位论文。

33. 郝英兵：《社区治安防控战略研究》，华东政法学院 2006 年硕士学位论文。

34. 陈兴、陈新川、黄清观、卢洪樟：《立体化社会治安防控体系运作模式探究》，载《福建警察学院学报》2013 年第 5 期。

35. 赖根法：《完善县域立体化社会治安防控体系的架构设计及实践探索——基于余姚市公安局的实践》，载《公安学刊——浙江警察学院学报》2014 年第 1 期。

36. 丁庆：《动态环境下治安防控体系建设的探索》，华中师范大学 2003 年硕士学位论文。

37. 张传发：《当代中国社会转型与社会治安综合治理创新》，华中师范大学 2004 年硕士学位论文。

38. 叶旭锋：《政府对虚拟社会的战略性控制》，厦门大学 2006 年硕士学位论文。

39. 王鹏程：《构建和谐"虚拟社会"的哲学思考》，沈阳工业大学 2012 年硕士学位论文。

40. 范娟：《社会转型期治安防控体系建设研究——以郑州市社会治安防控体系建设为个案》，郑州大学 2005 年硕士学位论文。

41. Lawrence Lessing, Code and Other Laws of Cyberspace, Basic Books, New York, NY, 1999.

42. Adam Thierer (Eds), Who Rules the Net? – Internet Governance and Jurisdiction, CatoInst, 2003.

43. John Mathiason, Internet Governance: The New Frontier of Global Institutions, Abingdon: Routledge Publisher, 2009.

44. David Buckingham, Media Education in the UK: Moving Beyond Protectionism, Journal of Communication, 1999.

45. Dov Wisebrod, Controlling the Uncontrollable: Regulating the Intemet, Media Comms, 1995.

46. Peng Hua Ang, Ordering Chaos: Regulation the internet. Singapore: Thom-